utb 2747

Eine Arbeitsgemeinschaft der Verlage

Böhlau Verlag · Wien · Köln · Weimar
Verlag Barbara Budrich · Opladen · Toronto
facultas · Wien
Wilhelm Fink · Paderborn
Narr Francke Attempto Verlag / expert verlag · Tübingen
Haupt Verlag · Bern
Verlag Julius Klinkhardt · Bad Heilbrunn
Mohr Siebeck · Tübingen
Ernst Reinhardt Verlag · München
Ferdinand Schöningh · Paderborn
transcript Verlag · Bielefeld
Eugen Ulmer Verlag · Stuttgart
UVK Verlag · München
Vandenhoeck & Ruprecht · Göttingen
Waxmann · Münster · New York
wbv Publikation · Bielefeld
Wochenschau Verlag · Frankfurt am Main

Dr. Hartmut Blum ist Akademischer Oberrat am Seminar für Alte Geschichte der Universität Tübingen.

Prof. Dr. Reinhard Wolters ist Vorstand des Instituts für Numismatik und Geldgeschichte der Universität Wien.

Hartmut Blum, Reinhard Wolters

Alte Geschichte studieren

3., überarbeitete und erweiterte Auflage

UVK Verlag · München

Einbandmotiv: Schulszene auf einem Grabstein des 2./3. Jahrhunderts nach Christus, der in Neumagen gefunden wurde und sich heute im Rheinischen Landesmuseum in Trier berfindet. © Rheinisches Landesmuseum Trier

Bibliografische Information der Deutschen Nationalbibliothek
Die Deutsche Nationalbibliothek verzeichnet diese Publikation in der Deutschen Nationalbibliografie; detaillierte bibliografische Daten sind im Internet über http://dnb.dnb.de abrufbar.

3., überarbeitete und erweiterte Auflage 2021
2., überarbeitete Auflage 2011
1. Auflage 2006

- ein Unternehmen der Narr Francke Attempto Verlag GmbH + Co. KG
Dischingerweg 5 · D-72070 Tübingen

Internet: www.narr.de
eMail: info@narr.de

Einbandgestaltung: Atelier Reichert, Stuttgart
CPI books GmbH, Leck

utb-Nr. 2747
ISBN 978-3-8252-5281-6 (Print)
ISBN 978-3-8385-5281-1 (ePDF)
ISBN 978-3-8463-5281-6 (ePub)

Inhalt

Vorwort

Die vorliegende Einführung in das Fach Alte Geschichte ist erstmals 2006 erschienen und 2011 leicht überarbeitet neu aufgelegt worden.

Nach beinahe einem Jahrzehnt ist eine grundlegende Neubearbeitung erforderlich geworden, die ein kompaktes und gestrafftes Format erhalten hat.

Wir danken dem UVK Verlag und unserer Lektorin Uta C. Preimesser für diese Möglichkeit und hoffen, erneut ein hilfreiches Werkzeug zur Unterstützung des Studienalltags vorgelegt zu haben.

Tübingen und Wien, im Frühjahr 2021

Hartmut Blum
Reinhard Wolters

1 Alte Geschichte in Vergangenheit und Gegenwart

Überblick

Eine Wissenschaft definiert sich gemeinhin über ihren Gegenstand, über die spezifischen Fragestellungen und über ihre Methoden. Thema dieses Kapitels ist die Alte Geschichte als Wissenschaft. Als Erstes gilt es also zu fragen, mit welchem Gegenstand sich die Alte Geschichte beschäftigt. Doch macht allein schon der Versuch einer Umschreibung ihres Zuständigkeitsbereichs in Zeit und Raum schnell deutlich, dass eine derartige Umgrenzung weder eindeutig vorgenommen werden kann, noch das Ergebnis von allen geteilt würde: Der Gegenstand der Alten Geschichte ist selbst ein Produkt historischer Entwicklungen, und er wird auch in Zukunft Wandlungen unterworfen sein. Warum ist das so? Aristoteles sagt hierzu: Wer eine Sache verstehen will, muss ihren Anfang kennen. Was für viele der Ausgangspunkt für eine Beschäftigung mit der antiken Geschichte und Kultur ist, soll hier einleitend auf das Fach selbst angewandt werden: Ein selbstvergewissernder Rückblick auf die Anfänge des Fachs und seine Geschichte. Auch die Frage, warum man sich überhaupt mit der Alten Geschichte beschäftigen sollte, wurde im Laufe der Jahrhunderte unterschiedlich beantwortet.

1.1 Was ist ‚Geschichte'?

1.1.1 Begriffsbestimmung

In einem fachbezogenen Sinne kann der Begriff ‚Geschichte' im Deutschen zum Ersten die Gesamtheit des vergangenen Geschehens, zum Zweiten die Darstellung des Geschehenen, drittens aber die wissenschaftliche Beschäftigung mit dieser Vergangenheit bezeichnen. Das vergangene Geschehen ist allumfassend, unumkehrbar und stets zunehmend: Was kurz Gegenwart ist, zählt schon im nächsten Moment zur Vergangenheit. Angesichts der schier überwältigenden Menge von globalen, regionalen, lokalen und individuellen Ereignissen im selben Moment, von Sprache und Handlungen, Bildern und Gedanken, kann sich die Darstellung des Vergangenen zwangsläufig immer nur auf einen sehr kleinen Ausschnitt beschränken. Die **Auswahl** wird so zum unterscheidenden Kriterium von der ersten zur zweiten Bedeutungsebene. Abhängig ist diese Auswahl vom Erkenntnisinteresse des sich der Geschichte zuwendenden Forschenden, doch ebenso von den **Quellen**, die als Informationsträger über diese Vergangenheit zur Verfügung stehen. Das Unterscheidungsmerkmal zwischen der zweiten und der dritten Bedeutungsebene ist schließlich die METHODE. Es ist vor allem dies, was ein Studium des Fachs Geschichte an der Universität vermitteln soll: die überprüfbare, festgelegten Regeln und Standards folgende kritische Herangehensweise zur Wiedergewinnung bestimmter Aspekte des vergangenen Geschehens (Was dieses für eine historische Untersuchung bedeutet, wird eingehender in → **Kap. 3.1** entwickelt).

In Abgrenzung zur Naturgeschichte konzentriert sich das Fach Geschichte auf all das, was sich auf den Menschen bezieht. Die Entwicklung des Weltalls oder der Erdformationen, Veränderungen des Klimas oder die Evolution von Pflanzen- und Tierwelt sind nicht ihr Thema. Wenn solche Umwelt- oder Klimaentwicklungen aber den Menschen betreffen, von ihm verursacht wurden oder reflektiert werden, so sind sie selbstverständlich Bestandteil des Fachs Geschichte.

1.1.2 Periodisierungen

Die Alte Geschichte ist innerhalb des Fachs Geschichte ein Teilbereich, der sich mit einer definierten Epoche beschäftigt. Deren Abgrenzung innerhalb eines Kontinuums von Ereignissen ist ebenfalls ein Teil des historischen Geschehens. Sie lässt sich bis Francesco Petrarca (1304–1374) zurückverfolgen und hat ihre Grundlagen in der RENAISSANCE und ihrer nordeuropäischen Variante, dem HUMANISMUS. Damals kam bei den europäischen Gelehrten eine intensive Zuwendung zur Antike auf, die man als dem eigenen Lebensgefühl und der eigenen Gegenwart sehr nahe empfand. Zwischen dem Ende der Antike und eigener Gegenwart schien hingegen eine sehr fremde Zeit zu stehen, für die man bald die Bezeichnung *media aetas* oder *medium aevium* (= Mittelalter) nutzte. Die damit vorgenommene Periodisierung half, ein ‚düsteres' Mittelalter aus dem Geschehensablauf zu isolieren. Spätestens im 17. Jahrhundert hatte sich die Differenzierung von **Altertum – Mittelalter – Neuzeit** gefestigt.

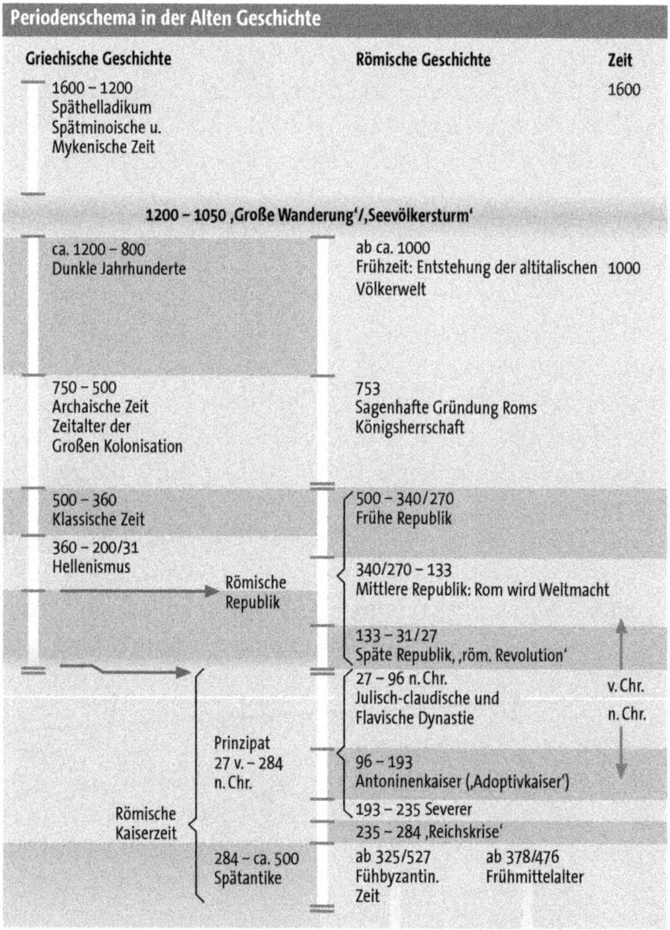

Abb. 1 Periodenschema der Alten Geschichte

Obwohl es sich also letztlich um eine Idee, nicht um eine Tatsache handelt, hat sich diese Dreiteilung bis heute durchgesetzt. An den meisten Universitäten liegt sie den Studienplänen zugrunde. Innerhalb des Schemas entwickelten sich Binnendifferenzierungen wie Früh-, Hoch- und Spätmittelalter; die ‚Neuzeit' wurde mit fortlaufenden Unterteilungen in eine Frühe Neuzeit, in Neuere und Neueste Geschichte bzw. Zeitgeschichte ausdifferenziert und fortgeschrieben. In der Alten Geschichte sind die grundlegenden Unterteilungen die ‚Griechische', die ‚Hellenistische' und die ‚Römische Periode'. Aus der Kunstgeschichte entlehnt sind für die Griechische Geschichte die weitere Unterteilung in eine ARCHAISCHE und eine KLASSISCHE Zeit. Die Binnenperiodisierung der Römischen Geschichte orientiert sich hingegen am Verfassungswandel und unterscheidet die Jahrhunderte der ‚Römischen Republik' von der ‚Kaiserzeit'. Mit dem Begriff ‚Spätantike' wird dann die Zeit ab dem Ende des 3. Jahrhunderts noch einmal separat angesprochen. Die Epocheneinteilung hilft bei der gegenseitigen Verständigung und zieht sich als Orientierungsrahmen durch die gesamte Fachliteratur.

Außerhalb des Dreierschemas, als noch vor der Antike liegender Teil jener auf den Menschen Bezug nehmenden Geschichte, steht die **Prähistorie:** Da die Wiederentdeckung der Geschichte des Altertums vor allem durch das Medium der klassischen Texte erfolgte, wurde die Zeit ohne eigene schriftliche Überlieferung konsequent zur ‚Vorgeschichte' (→ **Kap. 2.1.3**).

Die Einteilung der Epochen legitimiert sich durch politisch-kulturelle Gemeinsamkeiten in ihnen, sie ist aber auch von den jeweils zur Verfügung stehenden Quellengruppen und den je spezifischen Voraussetzungen und Methoden zu ihrer Auswertung bestimmt. Nur exemplarisch sei auf sprachliche Voraussetzungen, die unterschiedliche Beschaffenheit und Relevanz der materiellen Quellen oder auf kultur- und zeitgebundene Bildtraditionen verwiesen. Die Ausbildung von Spezialisten für die Erforschung der Alten, Mittelalterlichen und Neueren Geschichte ist grundlegend akzeptiert und in gewissem Rahmen von der Sache geboten. Die Kehrseite einer solchen Konzentration auf einen bestimmten Zeitabschnitt ist allerdings, dass epochenübergreifende Kontinuitäten weniger leicht in den Blick fallen. Gleiches gilt im Hinblick auf die bevorzugte Beschäftigung mit der Geschichte eines bestimmten Raumes, etwa des OKZIDENTS oder des ORIENTS, bzw. eines hauptsächlichen Studiums der Geschichte der alten oder der neuen Welt: Gegen alle arbeitsökonomisch sinnvollen Differenzierungen ist jeder aufgefordert, seinen Themenkreis immer wieder in die übergreifenden Zusammenhänge zurückzuführen und ihn inhaltlich und methodisch als Teil der einen Geschichte zu bewahren.

1.2 Der Gegenstand des Fachs ‚Alte Geschichte'

Gegenstand des Fachs Alte Geschichte, wie es an Universitäten des deutschen Sprachraums in der Regel vermittelt wird, ist die **griechisch-römische Zivilisation der Mittelmeerwelt**. Erscheint der Inhalt des Fachs somit zeitlich und räumlich klar umrissen, so treten bei einer Betrachtung der Ränder Kontinuitäten und Verbindungslinien hervor: Sie verdeutlichen abermals, dass die Abgrenzung einer Alten Geschichte ein Akt der Konvention ist, der sich wissenschaftsgeschichtlich begründet und heutzutage vorrangig pragmatischen Gesichtspunkten folgt.

1.2.1 Zeit

Die zeitlichen Grenzen werden einerseits gezogen mit dem Beginn der ‚historischen Zeit', also dem Einsetzen schriftlicher Quellen, andererseits durch den Übergang zum Mittelalter. Nach der Adaption des phönikischen Alphabets durch die Griechen im 8. Jahrhundert v. Chr. verbreitete sich die griechische Schrift äußerst schnell. Es war dies die Phase eines allgemeinen Erwachens, mit denen die auf das Ende der Bronzezeit folgenden DUNKLEN JAHRHUNDERTE von ca. 1200–800 v. Chr. ihr Ende fanden: Im östlichen Mittelmeerraum entstanden an verschiedenen Orten wieder größere Siedlungen, und es entwickelten sich übergeordnete politische Organisationsformen. Architektur und Kunst, Dichtung und Philosophie oder bald auch die Geschichtsschreibung veränderten Umwelt, Gesellschaft und Lebensweise. Eine besondere Wirksamkeit entfalteten die Innovationen nicht zuletzt dadurch, dass sie im Zuge der **Großen Griechischen Kolonisation** auch in den westlichen Mittelmeerraum und bis ins Schwarzmeergebiet verbreitet wurden.

Info: Probleme der Periodisierung

Die Beschränkung auf die griechisch-römische Kultur hat wichtige Konsequenzen, sie klammert nämlich die altorientalische und auch die altägyptische Geschichte (ab etwa 3000 v. Chr.) aus. Früher hielt man dies für sachlich gerechtfertigt, da man zwischen der orientalischen Welt und der Wiege abendländischer Kultur fundamentale Unterschiede zu erkennen glaubte. Doch diese für sicher gehaltene Abgrenzung ist im Verlauf intensiver Forschungen mehr und mehr ins Rutschen gekommen: Heute erkennen wir immer deutlicher, wie viel vor allem die frühe griechische Welt ihren ostmediterranen Nachbarn verdankte; dementsprechend ist verschiedentlich gefordert worden, den Alten Orient in die Alte Geschichte mit einzubeziehen.

Die vor den ‚Dunklen Jahrhunderten' liegende Minoische und Mykenische Kultur des 3. bis 1. Jahrtausends v. Chr. – von der Insel Kreta und dem griechischen Festland geprägte Hochkulturen – werden gelegentlich von der Alten Geschichte mitbehandelt. Kontinuitäten im Raum, aber auch die Schriftlichkeit dieser Kulturen und selbst eine sprachliche Verwandtschaft der Textzeugnisse zum späteren Griechischen können dies legitimieren. Doch auf der anderen Seite sind die aus der mykenischen Zeit (ab ca. 1600 v. Chr.) erhaltenen so genannten Linear B-Täfelchen in Bezug auf ihren Inhalt nicht mit der späteren griechischen Literatur vergleichbar; die älteren Linear A-Täfelchen sind überhaupt noch nicht gelesen: Im Kern handelt es sich bei ihnen um spröde Verwaltungslisten. Entsprechend basiert das Wissen über diese Kulturen zum überwiegenden Teil auf den von den Archäologen gemachten Funden und ihren Deutungen, nicht auf Schriftquellen. An großen Universitäten mit umfassender altertumswissenschaftlicher Ausrichtung ist erkennbar, wie sich die ‚Mykenologie' oder ‚Ägäische Frühzeit' als eigenes Fach etabliert.

Für die zeitliche Abgrenzung der Alten Geschichte zum Mittelalter gibt es mehrere Vorschläge. Auf der Suche nach einem ‚epochalen' Datum werden etwa das Konzil von Nicaea 325 n. Chr. genannt, der Sieg der Westgoten bei Adrianopel 378 n. Chr., die Absetzung des Romulus Augustulus durch Odoaker in Westrom 476 n. Chr. oder die Eroberung Italiens durch die Langobarden 568 n. Chr. Doch auch der Einbruch der Araber Mitte des 7. Jahrhunderts n. Chr. oder die Kaiserkrönung Karls des Großen Weihnachten 800 n. Chr. sind im Verlauf der Forschungsgeschichte als **Epochengrenzen zum Mittelalter** diskutiert worden.

Derartige Periodisierungen werden als Ordnungsvorschläge von außen an ein Geschehen herangetragen, was die Vielfalt der Antworten erklärt. Sie verdichten die Komplexität historischer Veränderungen und stellen einen als besonders relevant angesehenen Aspekt in den Vordergrund. Je nachdem, was man als wesentlich für die Antike ansieht, wird man auch ihr Ende datieren: Die oben genannten Einschnitte orientieren sich etwa am Aufstieg des Christentums, der Völkerwanderung, der DISKONTINUITÄT der Herrschaftsträger, territorialen Veränderungen oder – mit stärkerem Blick auf die Aufbrechung der Einheit des Mittelmeerraums, die in der griechisch-römischen Antike dominierend war – an der Ausbreitung des Islam bzw. Erneuerung des Kaisertums im kontinentalen Westen. Selbst unter der verengten Perspektive eines bestimmten Ereignisstrangs wird dabei immer nur ein Geschehen punktuell herausgegriffen, das beispielhaft für umfassende Veränderungen in Politik und Staat, Wirtschaft und Gesellschaft, Religion und Wissenschaften, in Denktraditionen und Ausdrucksformen steht. Es ist evident, dass sich trotz deutlicher qualitativer Unterschiede zwischen einem ‚Davor' und ‚Danach' kaum alle Veränderungen in sämtlichen Teilen des Geschehens auf einen Schlag ereignet haben können. Charakteristisch sind vielmehr unterschiedliche **Wechselwirkungen** und zeitliche Verschiebungen. Hermann Aubin (1885–1969) sprach deshalb von einem „breiten Streifen allmählicher Veränderungen". Im Universitätsalltag gibt man sich in Kenntnis dieser Gemengelage zumeist pragmatisch: Im Zweifelsfall zieht das Jahr ‚500 n. Chr.' die Linie zwischen Alter und Mittelalterlicher Geschichte. Der Bezug auf eine Rundzahl verdeutlicht in sehr anschaulicher Weise, dass es sich bei dieser Fixierung einer Epochengrenze nur um eine Hilfskonstruktion handelt.

1.2.2 Raum

Die zweite Eingrenzung der ‚Griechisch-römischen Zivilisation der Mittelmeerwelt' betrifft den Raum: Selbst wenn sie chronologisch in dieselben Jahre fallen, bleiben die ‚alte' Geschichte Japans, Chinas, Amerikas, Afrikas oder Australiens doch ausgeklammert. Auch dies erklärt sich aus der Geschichte des Fachs: Aus der Wiederentdeckung der klassischen Antike vornehmlich in den alten Texten resultierte eine Bindung des Gegenstands an die **griechische und lateinische Sprache**. Dies hat sich insoweit bewährt, als sie das althistorische Arbeiten in direkte Beziehung zu den Sprachkompetenzen setzt, die für das Verständnis der Quellen erforderlich sind. Die Kulturen des Alten Orients, obwohl in vielen Punkten mit der Geschichte der griechischen Zivilisation verwoben – und von Eduard Meyer (1855–1930) in seiner großen Universalgeschichte des Altertums souverän mit einbezogen – werden heute von der Alten Geschichte zumeist nicht mehr mitbehandelt. Nur die wenigsten Historiker des griechisch-römischen Altertums verfügen über die Fähigkeit, die entsprechenden Quellen in der Originalsprache zu lesen. Geleitet von der Sprachkompetenz haben sich entsprechend die Altorientalistik, Hethitologie, Assyriologie, Judaistik oder auch Ägyptologie als eigene Disziplinen ausgebildet.

Die **Nachbarkulturen** der griechisch-römischen Welt geraten im Allgemeinen dann in das Blickfeld der Alten Geschichte, wenn es Berührungen durch politische Ereignisse oder kulturellen Austausch gab, und oft heißt dieses: wenn sie Teil der griechisch-römischen Zivilisation wurden. So werden mit dem Siegeszug Alexanders des Großen nicht nur ein Großteil Asiens, sondern auch das kulturell und sprachlich so eigenständige Ägypten Gegenstand des Fachs. Ähnliches gilt für den Westen Europas, für Spanien und Frankreich, die britischen Inseln, die Alpenländer oder die westlichen und südlichen Gebiete des heutigen Deutschland: Erst mit der Ankunft der römischen Soldaten treten sie ins hellere Licht der Ereignisse, wo sie die einsetzende römische Überlieferung zu einem Bestandteil der Alten Geschichte macht. Die Alte Geschichte beginnt –und endet – in den verschiedenen geographischen Räumen zu höchst unterschiedlichen Zeiten.

Aus der Bindung des Fachs Alte Geschichte an Zeit und Raum resultiert, dass sie ein **regional gebundener Epochenbegriff** ist, und zwar der okzidentalen Geschichte. ‚Alte Geschichte' ist kein Strukturbegriff, etwa in Form eines definierten ‚alten' Entwicklungsabschnitts der Geschichte einer jeden Kultur. Derartige Ansätze ermöglichen zwar anregende Kulturvergleiche, doch werden diese von den Althistorikern im Allgemeinen nicht mehr vorgenommen: Gegenüber den dabei zumindest als Arbeitshypothese mitschwingenden Kulturstufenvorstellungen herrscht derzeit ebenso eine Grundskepsis vor, wie hinsichtlich der Entwicklung umfassender geschichtsphilosophischer Modelle.

Die Alte Geschichte beschäftigt sich also mit einer ganz konkreten Antike. Zwar befasst sie sich dabei – gemessen an dem Umfang der von ihr behandelten Zeit von deutlich über 1000 Jahren und ebenso der Größe des von ihr untersuchten Raumes – mit sehr heterogenen Dingen, doch aus größerer Distanz zeigt die griechisch-römische Zivilisation viele Gemeinsamkeiten. Eine andere Gefahr einer so definierten Alten Geschichte innerhalb des weit verbreiteten Drei-Perioden-Schemas aus Altertum, Mittelalter und Neuzeit ist eher, dass ihr Einsetzen im 8. Jahrhundert v. Chr. als Nullpunkt einer jetzt kontinuierlich aufstrebenden okzidentalen Kulturgeschichte wahrgenommen wird, wenn nicht als Anfang der Geschichte überhaupt. Doch auch die abendländische Geschichte begann nicht voraussetzungslos, sondern sie ist durch unzählige Elemente aus den frühen Hochkulturen des Orients geprägt.

1.3 Der ‚Sinn' der Alten Geschichte

Die Frage nach der Legitimation der Alten Geschichte stellen sich nicht nur die in der Alten Geschichte Forschenden regelmäßig zur Selbstvergewisserung, sondern in einer konsequent Kosten und Nutzen kalkulierenden Gesellschaft wird sie regelmäßig auch von außen an die Wissenschaft herangetragen. Innerhalb des Fachs fallen die Antworten unterschiedlich aus, doch geben sie dabei in ihren Akzentuierungen einen Einblick in den Pluralismus der Forschungen und in Denktraditionen.

1.3.1 Alte Geschichte als Teil der Geschichte

Zum einen ist die Alte Geschichte ein integraler Teil des Fachs Geschichte und sie ist von dieser im Hinblick auf die Notwendigkeiten einer Beschäftigung mit Geschichte nicht zu trennen. Die Verzahnung zeigt sich bei der Verfolgung der **Traditionen** und **Entwicklungslinien**, da ohne Kenntnis der Antike vieles aus dem Mittelalter, der Neuzeit und selbst in unserer Gegenwart überhaupt nicht verständlich wäre: Die Verbreitung der Sprachen in Europa, das Christentum oder die Grundzüge unseres Rechtssystems zählen zu den unmittelbar auf das Imperium Romanum zurückgehenden Tatsachen. In der Wahl von Siedlungsplätzen, in Stadtplänen, Straßenzügen und Bauwerken sind noch direkte Überreste aus römischer Zeit zu sehen, oft können sie nur vor diesem Hintergrund adäquat erklärt werden. Hinzu kommen die zahlreichen REZEPTIONEN und ganze Rezeptionsphasen – wie die Renaissance des 15. und 16. Jahrhunderts oder der Klassizismus des 19. Jahrhunderts –, die in ihrer Architektur, Kunst und Literatur, überhaupt in ihrem ganzen Lebensgefühl ohne Kenntnis der antiken Vorbilder unverstanden bleiben würden.

1.3.2 Zunahme der Quellen

Dabei ist die Alte Geschichte mehr als ein auf ihren Gegenstand hoch spezialisierter Gedächtnisspeicher der Gesellschaft, der für mögliche Fragen nach Ursprüngen, Vorbildern und Traditionen zum Verständnis der eigenen Kultur abgerufen werden kann. Sie ist ebenso ein sich selbst dynamisch verändernder Bereich. Zum einen befindet sich das für eine Auswertung zur Verfügung stehende Quellenmaterial der Alten Geschichte – gegen eine weit verbreitete Grundannahme – in einem unaufhörlichen Wachstum. Weniger betrifft dieses die literarische Überlieferung, wo mit der Neuentdeckung eines noch völlig unbekannten bedeutenderen Werks kaum mehr gerechnet werden kann. Doch durch Surveys, Prospektionen und Ausgrabungen, veranlasst nicht zuletzt durch die immer stärker voranschreitende bauliche

Erschließung von Räumen, nimmt die Zahl der materiellen Überreste in teils atemberaubender Geschwindigkeit zu. Sind selbst weite Teile des Altmaterials noch nicht oder nicht in der erforderlichen kritischen Weise publiziert, so kommen Teil- und Nachbardisziplinen wie Epigraphik, Papyrologie, Numismatik oder Archäologie mit der Bearbeitung des sich stetig vermehrenden Quellenmaterials erst recht kaum nach **(→ Kap. 2.3 – 2.6)**. Angesichts stets drohenden Verfalls durch Verwitterung, Korrosion oder sogar mutwillige Zerstörung – und der gleichzeitigen Unmöglichkeit, alles zu konservieren – sehen Forscher wie der verstorbene Géza Alföldy in der **Sicherung** und dem **Zugänglichmachen der Quellen** die wichtigste Aufgabe der Alten Geschichte: eine Pflicht zeitgenössischer Historiker für künftige Generationen, der im Zweifelsfall Vorrang auch vor dem Entwurf neuer Theorien oder Interpretationsmodelle gebühre.

1.3.3 Beantwortung neuer Fragestellungen

Andere Historiker heben dagegen gerade die jeweils neue Erarbeitung des Vergangenen für die je aktuelle Gegenwart als wichtigste Aufgabe der Geschichtswissenschaft hervor. Zwar steht das Vergangene selbst nicht mehr zur Disposition, doch einerseits können sich die Methoden zum Verständnis der Quellen verbessern und mithin bessere Ergebnisse liefern, zum anderen ändert sich stetig das Interesse an dem Vergangenem **(→ Kap. 3.1.4)**. Aus dem langen Kontinuum der Ereignisse, der Geschichte im landläufigen Verständnis, wird stets etwas anderes sichtbar gemacht. Das erwachte Interesse an einer Geschichte der Geschlechter, des Kontaktes und Zusammenlebens verschiedener Kulturen oder auch an einer Geschichte des Zusammenspiels von Mensch und Natur/Umwelt geben illustrative Einblicke in derartige Prozesse. Intensivere Sensibilisierungen für Aspekte der Kommunikation haben Formen der Repräsentation und Propaganda, ebenso die Bedeutung des symbolischen Handelns ins Zentrum der historischen Forschungen gestellt. Gedenkstättendiskussionen einerseits und die Ergebnisse der Hirnforschung andererseits führen derzeit zu einer Neubewertung dessen, was ‚Gedächtnis' überhaupt ist – und betreffen damit grundlegend die Frage, was ‚Geschichte' sein kann.

> „So lange etwas ist, ist es nicht das, was es gewesen sein wird. Wenn etwas vorbei ist, ist man nicht mehr der, dem es passierte." (Martin Walser, Ein springender Brunnen)

Der Zugang zur Vergangenheit erfolgt also von der Gegenwart aus und ist auch nur so möglich. Geschichte ist „die im Bewusstsein der Gegenwart verarbeitete Vergangenheit“ (Hans-Werner Goetz). Noch drastischer formulierte es Benedetto Croce (1866–1952): „Alle Geschichte ist Zeitgeschichte.“ Dabei ist die Befangenheit in den Fragestellungen und Denkweisen ihrer Zeit für die Historiker keineswegs nur eine unerfreuliche Last, von der sie sich zur Objektivierung ihrer Tätigkeit möglichst zu befreien trachten sollten, sondern sie ist, im positiven Sinne, ebenso Teil und Grundlage der ihnen auferlegten Pflicht, den Wissens-, Kenntnis- und Orientierungsbedarf ihrer Zeit zu erfüllen.

Info: Der „Fall“ Roms

In seinem Buch „Der Fall Roms. Die Auflösung des Römischen Reiches im Urteil der Nachwelt“ von 1984 hat der Althistoriker Alexander Demandt nicht den Untergang des Römischen Reiches, sondern die bislang dazu vorgetragenen Deutungen zum Thema gemacht. Rund 400 verschiedene Erklärungen konnten von ihm zusammengestellt werden: Frauenemanzipation oder fehlende Männerwürde, Askese oder Genusssucht, Führungsschwäche oder Totalitarismus, die vorhandenen Besitzunterschiede oder die soziale Egalisierung, Polytheismus oder Christentum, Faulheit oder Stress, Duckmäuserei oder Hybris, Überfremdung, Überzivilisation oder Unterentwicklung, Frühreife, Rentnergesinnung und Gicht, das Badewesen und der Regenmangel, die Korruption, Dezentralisation, Prostitution und Bodenerosion, der Ruin des Mittelstandes und die Traurigkeit, die Degeneration des Intellekts, die Freiheit im Übermaß, die Selbstgefälligkeit, Impotenz oder auch nur die unnützen Esser – die vorgebrachten Gründe für den „Fall Roms“ scheinen unermesslich zu sein und haben sowohl ihn als auch die seit anderthalb Jahrtausenden fortdauernde Suche nach seinen Ursachen selbst zum Fall werden lassen. Und wer angesichts der unterschiedlichsten Antworten in ‚Resignation‘ verfällt oder ‚Nichternst‘ vermutet, wird feststellen müssen, dass Vorgängern und Zeitgenossen in gleicher Seelenlage eben dieses zum Kern ihrer Beschäftigung mit dem Fall Roms geriet. Durch diese Erkenntnis ist der Leser aber auch schon einem zentralen Anliegen des Buchs von Alexander Demandt nähergekommen.

1.3.4 Die Antike als das ‚nächste Fremde'

Eine besondere Rolle kommt der Beschäftigung mit der Antike durch ihre Stellung in dem uns zugänglichen Wissens- und Erkenntnishorizont zu, eine Position, die Uvo Hölscher, in einer oft aufgenommenen Formulierung, die Antike als das „nächste Fremde" bezeichnen ließ. Ausgedrückt werden soll damit, dass uns die Antike in vielem eigentümlich vertraut und doch zugleich fremd ist. Vieles hat aus der Antike bis in unsere heutige Zeit reichende **Traditionslinien** entwickelt, die uns in gegenläufiger Richtung den Blick auf das Altertum erleichtern. Doch auf der anderen Seite sehen wir dabei auch immer wieder eine uns eigenartig fremd erscheinende, oft **verschlossen bleibende Kultur**. So entwickelt sich ein Spannungsverhältnis von Eigenem und Fremdem, von Bekanntem, doch fremd gewordenem, von Dingen, die wir noch verstehen, und anderen, wo dieses nicht mehr gesichert oder möglich ist. Die so bei der Betrachtung der Antike gewonnenen Erfahrungen sind von genereller Relevanz für die Begegnung mit fremden Kulturen: für die Erfassung kultureller Identitäten, Bewusstmachung der eigenen Lebensweise und Perspektiven sowie die angemessene Einordnung kultureller Unterschiede.

1.3.5 Relative Einfachheit und Abgeschlossenheit

Als weitere paradigmatische Eigenschaften der Antike gelten die relative Einfachheit ihrer Strukturen und Geschehensabläufe sowie ihre Abgeschlossenheit. Christian Meier spricht von einer „relativen Naturnähe" der Antike: Der bei einer solchen Bewertung durchscheinende Entwicklungsgedanke wird sicherlich die meisten von einer derartigen qualitativen Zuweisung der Antike zurückhalten. Doch gemessen an dem radikalen Veränderungstempo und der Komplexität unserer globalisierten Gegenwart wird man die Bewertung vielleicht *cum grano salis* akzeptieren können. Die Abgeschlossenheit der Ereignisse und Prozesse bietet schließlich für die historische Analyse einen optimalen Rahmen: Jeder Akt in der Antike kann auch auf seine kurz- und langfristigen Folgen, auf Intendiertes und Nichtintendiertes untersucht und so von verschiedenen Seiten, aus der Perspektive der Handelnden und *ex eventu* bewertet und verglichen werden. Gerade in der Zeitgeschichte ist dieser souveräne Blick auf abgeschlossene Entwicklungen in aller Regel nicht möglich – und notwendigerweise zwingen nicht vorhersehbare Folgen zu manch neuer Bewertung vergangener Ereignisse.

Die Abgeschlossenheit ermöglicht in Verbindung mit der zeitlichen Distanz schließlich auch erst die genauere Erfassung von grundlegenden PARADIGMENWECHSELN in der politischen, gesellschaftlichen oder kulturellen Entwicklung. Relative Einfachheit und Abgeschlossenheit erleichtern weiterhin die **Modellbildung** zur Skizzierung historischer Prozesse. Weitet man die Kenntnis dieser Paradigmenwechsel auf die Rezeptionsphasen aus, so tritt mit dem Vorbeiziehen der wechselnden zeitgenössischen Fragestellungen, der quellen- und methodenbedingten Einflüsse, von Standortgebundenheit beteiligter Personen, Personengruppen, Gelehrtenschulen oder Nationen in den verschiedenen Generationen auch die historische Bedingtheit der eigenen Erkenntnisinteressen und der Erkenntnismöglichkeiten scharf hervor (→ **Kap. 3.1.4 – 3.1.6**).

1.3.6 Methodische Dichte

Schließlich ist für das Arbeiten in der Alten Geschichte die besondere methodische Dichte hervorzuheben: Die relative Quellenarmut wird zur Tugend, da zur Beantwortung einer Fragestellung in der Regel alle verfügbaren Quellengruppen, d. h. literarische, epigraphische, numismatische, archäologische Zeugnisse etc. gleichzeitig herangezogen, auf ihren jeweiligen Aussagewert untersucht und gegenseitig gewichtet werden müssen – die dann wiederum oft erst durch Vergleiche oder Modelle verständlich gemacht werden können. Für Studierende ist in der Alten Geschichte der Umgang mit den Quellen besonders gut zu lernen, ja, in der breiten Erschließung und dichten Auswertung der Quellen sowie in ihren interdisziplinären Zugängen kann der Alten Geschichte innerhalb der Geschichtswissenschaften geradezu der Rang eines **methodischen Exerzierfelds** zukommen. Ausdrücklich ist dafür auch auf das oft über Generationen reichende Bemühen um das Verständnis derselben Quellen hinzuweisen. Die Betrachtung des Forschungsgangs bettet das eigene Verständnis in einen langen Diskussionsprozess ein, vor dem es sich als erstes zu bewähren hat. Diese ständige Auseinandersetzung mit einer Vielzahl vorliegender Deutungen, mit ihrer Anordnung und Auslegung vor dem Hintergrund veränderter zeitgenössischer Kenntnisse und Interessen und die Feststellung der Faktoren, die zu veränderten Perspektiven führten – all dieses ließ Dieter Timpe vor einigen Jahrzehnten gar von einem insgesamt höheren Reflexionsgrad sprechen, der das Arbeiten in der Alten Geschichte auszeichne.

Die Kehrseite der vorgegebenen Konzentration auf die Quellen ist allerdings das ‚Hinausdenken'. So bewahrt die in der Alten Geschichte verbreitete Weiterverwendung der Sprache der Quellen größtmögliche begriffliche Genauigkeit, auf der anderen Seite erschwert sie jedoch die Kommunikation mit Nachbarwissenschaften und behindert Einordnungen auf einer höheren Abstraktionsebene sowie Vergleiche. Und auch für die Theorieentwicklung hat die Alte Geschichte sicherlich mehr Impulse von außen erfahren, als sie selbst Impulse gegeben hat.

1.3.7 Tendenz zur Universalgeschichte

Allein der Kernbereich der Alten Geschichte deckt einen Zeitraum von beinahe anderthalb Jahrtausenden ab. Für ein adäquates Verständnis der Voraussetzungen und die Würdigung antiker Gesellschaften nützlich ist ferner eine gewisse Kenntnis der frühen Hochkulturen. Gleichfalls als Gegenstand der Alten Geschichte hinzu treten die nachfolgenden Traditionslinien, wie etwa die Rezeptionsphasen in Renaissance und Klassizismus. Und schließlich ist jedes wissenschaftliche Arbeiten in der Alten Geschichte durch die notwendige Auseinandersetzung mit den teils über Jahrhunderte reichenden Bemühungen um dieselben Quellen stets ein Stück Wissenschaftsgeschichte, die nur vor dem Hintergrund einer breit angelegten historischen Bildung verstanden und für die Interpretation mit Gewinn herangezogen werden kann.

Diese oft hervorgehobene Tendenz zur Erweiterung ihres Gegenstands wird durch die Vielfalt der von der Alten Geschichte behandelten Kulturen noch einmal besonders signifikant: Sowohl die griechische Geschichte mit ihren Kolonisationsbewegungen als auch der Hellenismus und die Geschichte Roms mit ihren militärischen Unternehmungen sind gekennzeichnet durch raumgreifende **Expansionsphasen**. Die Griechen und Römer drangen in weit entfernte Gebiete mit unterschiedlichsten naturgeographischen Voraussetzungen und mit nicht weniger divergierenden Lebensweisen und kulturellen Traditionen der Bewohner vor: Kleinasien, das Schwarzmeergebiet und das westliche Mittelmeer; Syrien, Arabien, Ägypten, das Zweistromland und die Regionen bis zum Hindukusch; Nordafrika, die keltischen und germanischen Gebiete Nordeuropas und die britischen Inseln.

Das **Aufeinandertreffen unterschiedlichster Kulturen**, die Wahrnehmung der Fremdheit, Ausgrenzungen oder kulturelle Annäherungen und Vermischungen sind ein elementarer Bestandteil der Geschichte der Antike. Um zwei in der Gegenwart zu Schlagwörtern geronnene Ambivalenzen zu nennen: Die ,Gleichzeitigkeit des Ungleichzeitigen' war in den antiken politischen Systemen und Kulturen stets ebenso präsent wie die ,Vielfalt in der Einheit'. Wenn für dieses Potential in der Forschung der möglicherweise noch größere Räume assoziierende Begriff UNIVERSALGESCHICHTE gewählt wird, so erklärt sich dieses allerdings auch aus einer bewussten Abgrenzung zu den lange vorherrschenden nationalstaatlichen Perspektiven der Geschichtsschreibung. Die gegenwärtig von Teilen der Alten Geschichte feststellbare Annäherung an die Ethnologie, auf dem Weg zu einer vergleichenden Erfassung der verschiedenen menschlichen Lebensformen, bringt sie in gewisser Weise ebenso wieder einer universalhistorischen Ebene näher (→ **Kap 4.4**).

Da die Alte Geschichte sich einer nationalstaatlichen Perspektive weitgehend entzieht, ist sie in jüngerer Zeit – zumal von politischer Seite – vielfach mit der Europa-Idee verbunden worden. Die griechisch-römische Zivilisation rückt dabei in eine traditionsbildende, wenn nicht vorbildliche Rolle für ein sich als politische und kulturelle Einheit verstehendes Europa – für dessen Abgrenzung von Asien es ja aus geographischer Perspektive keine Grundlage gibt. Antike Kultur und – kaum präzise gefasste – Vorstellungen einer völkerübergreifenden politischen Integration in der Antike werden zum auch exklusiv gebrauchten Argument im europäischen Einigungsprozess. Von manchen Ländern ist das Aufzeigen dieser Verbindungen zur europäischen Identitätsfindung direkt als Bildungsauftrag formuliert worden.

Unabhängig von der Bewertung der **politischen Instrumentalisierung** der Vergangenheit ist aus althistorischer Perspektive allerdings anzumerken, dass der Antike ein vergleichbares Europabewusstsein fremd war. Daneben provoziert diese Identitätsstiftung auch eine geographische Engführung beim Blick zurück auf die Antike. Viele der politisch und kulturell bedeutendsten Zentren der griechisch-römischen Mittelmeerzivilisation lagen außerhalb der Grenzen dessen, was heute als Europa akzeptiert wird, wozu man nur auf die Städte Kleinasiens, des Nahen Ostens, Ägyptens oder Nordafrikas hinzuweisen braucht, die integraler und Impuls gebender Teil dieser Zivilisation waren. Dieses wiederum wird von interessierter Seite zuweilen als Argument für die Zugehörigkeit speziell Kleinasiens zum heutigen Europa formuliert. Doch nicht zuletzt birgt die Berufung auf gemeinsame geistig-kulturelle Wurzeln als Argument in einem positiv beurteilten politischen Prozess die Gefahr, die Antike allzu undifferenziert als vorbildlich erscheinen zu lassen und sie zu idealisieren. Doch die Antike hatte auch viele Schattenseiten wie die Sklaverei, die Rolle des Krieges oder die stete Präsenz physischer Gewalt. Zu Recht ist diesbezüglich schon vor einem ‚Dritten Humanismus' gewarnt worden.

1.3.8 Ästhetischer Reiz

Für viele schließlich zeichnet sich die Beschäftigung mit der Alten Geschichte durch einen besonderen ästhetischen Anreiz aus. Er resultiert vor allem aus der dichten Integration der materiellen Überreste in das althistorische Arbeiten, mit ihrer teils hervorragenden künstlerischen Qualität, aber auch aus der sprachlichen und formalen Perfektion zahlreicher literarischer Quellen. Auch dieser ästhetische Anreiz ist ein legitimes Interesse der bevorzugten Auseinandersetzung mit der Alten Geschichte, soweit dabei die Historizität des Gegenstands gewahrt bleibt und er nicht zum Fokus einer der Gegenwart entfliehenden Antikenbegeisterung wird – oder gar die Gegenwart gegen eine so gezeichnete Antike ausspielt. In einer Zeit nahezu unbegrenzter Reisemöglichkeiten, die das vergangene Fremde als **Erlebnislandschaft** inszeniert und zur Teilhabe einlädt, zu einer ihnen angemessenen Beurteilung der antiken Kulturen zu kommen, ist ein weiterer Aspekt für den Gewinn, der sich aus einer kritischen Beschäftigung mit der Antike auch für die Gegenwart erzielen lässt.

1.4 Die Geschichte des Fachs

In den bisherigen Bemerkungen ist bereits mehrfach angeklungen, wie prägend die Forschungsgeschichte und Wissenschaftstradition der Alten Geschichte für unsere Beschäftigung mit der Antike in der Gegenwart immer noch ist. Dass bei folgender Skizzierung die deutschsprachige Entwicklung in den Vordergrund tritt, legitimiert sich auch durch die bis in das beginnende 20. Jahrhundert von hier ausgegangenen Impulse.

1.4.1 Zwischen Philologie und Universalgeschichte

Die Anfänge der Alten Geschichte als Fach wird man sinnvollerweise in Renaissance und Humanismus verorten. Zwar beschäftigte sich bereits die Antike intensiv mit der eigenen Vergangenheit und entwickelte die Historiographie zu einer bedeutenden Gattung (→ **Kap. 2.2.5 – 2.2.7**), und auch im Mittelalter verfolgte man in den Chroniken die eigene Geschichte bis in die Antike zurück. Doch erst durch die ‚Entdeckung' des Mittelalters und damit die – trotz gefühlter inhaltlicher Nähe – Erfahrung der zeitlichen Distanz und Abgeschlossenheit der Antike wurde diese eigentlich zu einem eigenen Gegenstand (→ **Kap. 1.1.2**). In den mittelalterlichen Chroniken hingegen hatte man die Geschichte des Altertums noch ungebrochen als eigene Vorgeschichte behandelt, die in christliche Deutungskonzepte eingebunden war.

Der neue Blick auf die Antike zu Beginn der Neuzeit war der eines **Staunens und Bewunderns**. Man sah in der Antike ein überzeitliches Vorbild, dem es auch in der Gegenwart uneingeschränkt nachzueifern galt. Für Fragen des eigenen Seins holte man sich Rat bei der Antike, und ihre normative Geltung schien alle Bereiche des Lebens zu umfassen. Das Wissen über diese Zeit gewann man aus den Texten der griechisch-römischen Autoren. Der wichtigste Weg zur Vermehrung dieses Wissens wurde entsprechend das Aufspüren noch unbekannter Texte: Während des 14. und 15. Jahrhunderts reisten die Gelehrten zu allen Bibliotheken Europas. Dank der Erfindung des Buchdrucks Mitte des 15. Jahrhunderts konnten die neu gefundenen Texte rasch verbreitet werden.

Altertumswissenschaft in dieser Zeit war Klassische Philologie, und die Autorität der Texte war unbestritten. Um Hilfen für ihr Verständnis bereitzustellen, entwickelte sich eine spezielle Form von Lexika und THESAURI, welche die Begriffe, die Realien des religiösen oder privaten Lebens bzw. jene des Staates wie Recht, Verfassung und Verwaltung erläuterten. Sie hätten Ansätze für einen auf die geschichtlichen Verhältnisse dieser Dinge verweisenden Sachkommentar bieten können. Doch ihrem Verwendungszweck als Hilfsmittel entsprechend präsentierten diese Werke ihre Gegenstände eher statisch: Das verändernde, dynamische Element galt ganz dem Text.

Das Erkennen der Antike als eigene Epoche mit dem Kontinuitätsbruch zum Mittelalter provozierte jedoch auch genuin historische Fragestellungen, und in derartigen universalhistorischen Betrachtungen liegt die zweite Wurzel für die Alte Geschichte als Fach. Aus der Erfahrung der Diskontinuität resultierten Niccolò Machiavellis (1459–1527) *Discorsi sopra la prima deca di Tito Livio* (1531 [postum]), in denen er, ausgehend vom Niedergang des römischen Imperiums, die Ursachen des Aufstiegs und Niedergangs der Völker zu ergründen suchte. Ähnlich versuchte Charles Montesquieu

(1689–1755) in seinen *Considérations sur les causes de la grandeur des Romains et de leur décadence* (1734) aus der Betrachtung der römischen Geschichte allgemeine Gesetze zu gewinnen. Beiden ging es darum, aus der Geschichte Lehren für die Gegenwart zu ziehen. Das jeweils in die eigene Gegenwart hineinwirkende Thema des Niedergangs wurde dann in dem voluminösen Werk von Edward Gibbon (1737–1797) *History of the Decline and Fall of the Roman Empire* (1776–1788) weit ausholend untersucht und erzählerisch zur Darstellung gebracht. Gibbon maß dem Christentum eine entscheidende Bedeutung für den Auflösungsprozess des römischen Reiches zu (→ **S. 23**).

Der Beginn einer zweiten äußerst wirkungsmächtigen Phase der Antikenrezeption kann mit dem Wirken von Johann Joachim Winckelmann (1717–1768) verbunden werden: der **Neuhumanismus** oder – wegen des engen Bezugs auf Griechenland – der Neuhellenismus. Auf der Suche nach Wegen zur Erneuerung der Kunst in seiner eigenen Gegenwart fand Winckelmann in der griechischen Kunst ein Ideal, das er in den Rang überzeitlicher Geltung erhob. Doch Winckelmann ging noch weiter: Ursache dieses Kunstschaffens war für ihn ein ebenso ideales Menschentum der Griechen, für dessen Entwicklung wiederum die politische Freiheit, wie er sie im Athen der klassischen Zeit fand, den politischen Rahmen geboten habe: Kunstschaffen und politische Ordnung, Freiheit, Ästhetik und Menschentum griffen bei Winckelmann ineinander und forderten die Gegenwart: „Der einzige Weg für uns, groß, ja wenn es möglich ist, unnachahmlich zu werden, ist die Nachahmung der Alten“ (1755).

Winckelmanns überragender Einfluss erstreckte sich nicht nur auf das Schaffen Goethes, Schillers oder Hölderlins und beflügelte die Griechenbegeisterung des 18. und 19. Jahrhunderts; seine Ideen wurden bei Wilhelm von Humboldt (1767–1835) ganz konkrete Grundlage für die **Reform des preußischen Schulwesens**: Auf dem Weg zur Erreichung einer allgemeinen ‚Bildung‘ wurde das Gymnasium zur entscheidenden Lehranstalt erhoben, und in dessen Unterrichtsplan nahmen die alten Sprachen eine herausragende Stellung ein. Nicht anders war es an den Universitäten, wo die Klassische Philologie zum zentralen Fach der Philosophischen Fakultäten aufstieg.

Quelle: Wilhelm von Humboldt: Das Vorbild der Griechen

„Wir haben in den Griechen eine Nation vor uns, unter deren glücklichen Händen alles, was, unserem innigsten Gefühl nach, das höchste und reichste Menschendasein bewahrt, schon zu letzter Vollendung gereift war ... Ihre Kenntnis ist uns nicht bloß angenehm, nützlich und notwendig, nur in ihr finden wir das Ideal dessen, was wir selbst sein und hervorbringen möchten; wenn jeder andere Teil der Geschichte uns mit menschlicher Klugheit und menschlicher Erfahrung bereichert, so schöpfen wir aus der Betrachtung der Griechen etwas mehr als Irdisches, ja beinahe Göttliches" (*Wilhelm von Humboldt, Werke in 5 Bänden [hg. v. A. Flitner u. K. Giel], Bd. 2, 4. Aufl., Darmstadt 1986, S. 92*).

Wie in der Zeit des Humanismus war die Antike wieder zu einem überzeitlichen Vorbild geworden, bei der das Einst und das Jetzt miteinander zu verschmelzen drohten. War die Aneignung der Antike im Humanismus von ihren Voraussetzungen allerdings eher überstaatlich angelegt, so verengte der im 18. und 19. Jahrhundert aufkommende Nationalstaat die Perspektive: Der Rückbezug und die Orientierung an den Griechen blieb ein vorrangig deutsches Phänomen. Zu ihrem nachfühlenden Verständnis glaubte man sich als Nation – und im Gegensatz zu den anderen – besonders disponiert. Damit war einerseits ein Gegenstand gefunden, der zur Ausbildung einer eigenen kulturellen Identität beitragen konnte, andererseits – und damit im Zusammenhang stehend – grenzte sich diese Identifikation insbesondere von Frankreich ab, der führenden Kulturnation in Europa, die in vielfacher Weise das römische Erbe pflegte. Die Französische Revolution hatte geradezu einen Kult der römischen Republik entwickelt, was dann in der Zeit der Freiheitskriege zur verschärften Hervorhebung des ‚Römer-Hellenen-Gegensatzes' zwischen Franzosen und Deutschen führte: Der Rückbezug auf je eine andere antike Vergangenheit wurde jetzt als Instrument der Abgrenzung genutzt.

Von Winckelmann ausgehend ist noch eine andere, durchaus gegenläufige Entwicklungslinie zu verfolgen. Sie ebnete einer Historisierung der Antike den Weg: Bei seiner Betrachtung der griechischen Kunst unterschied Winckelmann Stile, die er bestimmten Zeitstufen zuordnete. Damit war nicht nur der Entwicklungsgedanke für die antike Kunst – und als Konsequenz: für alle Überreste aus der Antike – eingeführt, sondern die stilgeschichtliche Methode, die allein von den materiellen Überresten ausging, befreite deren Einordnung und Verständnis auch aus der Abhängigkeit von den antiken Texten. Ihnen konnten die Objekte nun eigenständig gegenübertreten. Waren bisher schon Inkonsequenzen oder Widersprüche in der literarischen Überlieferung bemerkt worden, so bestand nun die Chance, die materiellen Altertümer als unabhängige Zeugnisse zur Überprüfung der Texte heranzuziehen.

Ein umfassendes Konzept einer weit verzweigten Altertumswissenschaft ist dann in diesem Sinne von Christian Gottlieb Heyne (1729–1812) entwickelt und insbesondere von Friedrich August Wolf (1759–1824) systematisch dargelegt worden: Der Übergang von der normativen Aneignung der Texte zur kritischen Auseinandersetzung ist darin bereits vollzogen. Die Philologie wurde zu einer umfassenden, in sich **differenzierten Altertumswissenschaft** geweitet, deren verschiedene Teile gleichberechtigt waren und als akademisches Fach gemeinsam der objektiven Erkenntnis verpflichtet. Ziel war es, die Philologie zur „Würde einer wohlgeordneten philosophisch-historischen Wissenschaft" zu erheben.

Wolfs historischer, auf die Sache bezogener Ansatz traf innerhalb der Philologie allerdings auch auf erheblichen Widerspruch. Viele Philologen wollten den Gegenstand ihres Faches nicht über die sprachliche und formale Analyse der Texte hinaus ausdehnen. Auch aus diesem Widerspruch heraus öffnete Wolfs Konzept den Raum für eine ‚Alte Geschichte' als eigenes Fach. Bahnbrechend für die inhaltliche Ausdifferenzierung wurde dann letztlich der Politiker und wissenschaftliche Autodidakt Barthold Georg Niebuhr (1776–1831). In seinen Untersuchungen zur römischen Republik begriff er die literarischen Quellen nicht als Wirklichkeit abbildende, quasi protokollarische Notizen eines vergangenen Geschehens, sondern er interpretierte sie als an Gattungstraditionen und Absichten gebundene literarische Texte aus der Antike. Ziel einer Kritik dieser Quellen müsse es sein, durch die Darstellungen hindurch zum tatsächlichen vergangenen Ereignis selbst vorzustoßen. Erst auf der Grundlage eines so herauspräparierten Geschehens könne dann Geschichte beschrieben werden: Vergangenheit und Darstellung der Vergangenheit, das Geschehen selbst und die darüber berichtenden antiken Texte traten auseinander. Damit war der Platz für eine Alte Geschichte neben der Klassischen Philologie umrissen.

August Boeckh (1785–1867) war einer der ersten, der eine so neu gewonnene, nicht mehr antiquarisch nacherzählende ‚Alte Geschichte' vorexerzierte: In seiner „Staatshaushaltung der Athener" (1817) verband er die literarische Überlieferung in souveräner Weise mit den Realien. Insbesondere die konsequent ausgewerteten Inschriften erlaubten ihm eine genuine Darstellung der athenischen Wirtschaft in klassischer Zeit. Da nach diesem Ansatz die gesamte Hinterlassenschaft dem Verständnis des historischen Geschehens nutzbar gemacht werden sollte, konnten in der

Folge auch Archäologie, Epigraphik und Numismatik ihren Stellenwert ausbauen (→ **Kap. 2.3 – 2.6**).

Die fortschreitende **Historisierung** der Philologie und der **Skeptizismus** der kritisch-philologischen Methode waren überdies geeignet, der Antike die Vorbildfunktion zu nehmen: Die wissenschaftlichen Standards genügende Beschäftigung mit ihr unterhöhlte das Idealitätspostulat. Die gültige, über die Antike hinausgehende Formulierung stammt von Leopold von Ranke (1795–1886), nach der „jede Epoche unmittelbar zu Gott" und von gleicher Dignität sei. Das Abgehen von der Vorbildlichkeit öffnete jetzt auch stärker den Blick auf die jenseits der Klassik stehenden ‚Ränder' der Antike, wie Hellenismus und Spätantike, oder ebnete den Weg zu einer Geschichte des Altertums unter Einschluss der orientalischen Kulturen: Etwa Johann Gustav Droysens (1808–1884) „Geschichte des Hellenismus" (1833–1848), Otto Seecks (1850–1921) „Geschichte des Untergangs der antiken Welt" (1895–1920) oder Eduard Meyers (1855–1930) „Geschichte des Altertums" (1884–1902).

Die Ausdifferenzierung der Altertumswissenschaften spiegelte sich auch im **institutionellen Ausbau** der deutschen Universitäten, wo sich neben der Philologie die Klassische Archäologie und Alte Geschichte als Fächer etablieren konnten: Am Ende des 19. Jahrhunderts waren alle drei an nahezu sämtlichen deutschen Universitäten vertreten. Flankiert wurde die Institutionalisierung der Alten Geschichte durch Ausdifferenzierungen der Geschichtswissenschaft, wo sich jetzt auch die sog. Mittlere und Neuere Geschichte als eigene Teildisziplin etablierte. Ein bleibendes Charakteristikum der Alten Geschichte ist seitdem eine **spezifische Zwischenposition**, deren institutionelle Klärung immer wieder ansteht: Versteht sie sich – als ein Erbe der Universalgeschichte – in erster Linie als ein auf eine bestimmte Epoche spezialisierter, doch von ihr nicht zu lösender Teil der Allgemeinen Geschichte, oder aber findet sie ihre Heimat, dem Traditionsstrang der Erweiterung der Philologie folgend, vorrangig als Teil einer umfassenden Wissenschaft vom Altertum.

Die breite, auch die Grundlagenwissenschaften einschließende Ausdifferenzierung und gute Platzierung an Universitäten und Akademien in organisatorischer Hinsicht, die Strenge des methodischen Vorgehens, verbunden mit einem Objektivitätsanspruch in inhaltlicher Hinsicht, schließlich die Menge und Gediegenheit der vorgelegten Arbeiten sicherten den deutschen Altertumswissenschaften in der zweiten Hälfte des 19. Jahrhunderts eine **international überragende Rolle.** Ihren Exponenten fanden sie in dem

Politiker, Historiker und Nobelpreisträger Theodor Mommsen: Neben den eigenen Forschungen trat er als Initiator zahlreicher **Großprojekte** auf – Projekte, die zum Teil bis in unsere Gegenwart fortgeführt werden.

1.4.2 Forschungsfelder

Beherrschender Gegenstand der Alten Geschichte nach ihrer Lösung aus der Philologie war die politisch-militärische Ereignisgeschichte. Zum Teil wurde diese Perspektive durch die antiken Quellen, zumal die historiographischen, vorgegeben. Doch eine Geschichte der Staaten, die sich wiederum primär in ihrem Verhältnis zu anderen Staaten zu artikulieren schien, entsprach ebenso den Erfahrungen und Denkweisen der Gegenwart. Denn auch eine mit philologisch-historischer Kritik ausgerüstete Wissenschaft konnte sich den zeitgenössischen Erlebnissen und Vorstellungen nicht immer entziehen (→ **Kap. 3.1.4**): So wird in Theodor Mommsens Mitte des 19. Jahrhunderts abgefasster Geschichte der römischen Republik die kontinuierliche Expansion der Stadt am Tiber als eine äußerst positiv beurteilte nationalstaatliche Einigung – in diesem Fall: Italiens – beschrieben, die durch Rom vorangetrieben worden sei.

Info: Theodor Mommsen

Theodor Mommsen (1817–1903), Forscher, Wissenschaftsorganisator, aktiver liberaler Politiker und Träger des Nobelpreises für Literatur war der überragende Altertumswissenschaftler in der zweiten Hälfte des 19. Jahrhunderts. Seine Forschungen und die von ihm initiierten Großprojekte prägten die Entwicklung des Fachs während des gesamten 20. Jahrhunderts und wirken bis in unsere Zeit.

In souveräner Weise beherrschte und verband Mommsen die verschiedensten Quellengruppen und Methoden genauso wie die Kunst der Darstellung. Hauptwerke unter seinen mehr als 1500 Veröffentlichungen sind seine „Römische Geschichte“ (Bde. 1–3: 1854–1856; Bd. 5: 1885; der vierte Band über die römischen Kaiser ist nie erschienen), die „Geschichte des römischen Münzwesens“ (1860), das „Römische Staatsrecht“ (3 Bde.: 1871–1888) sowie das „Römische Strafrecht“ (1899). Hinzu kommen zahlreiche Editionen in monographischer Form: Bedeutende historische Inschriften wie der Maximaltarif des Diokletian (1851) oder die *Res Gestae Divi Augusti* (1865); Werke spätantiker Autoren wie Cassiodor (1861; 1894), Iordanes (1882) oder Eugipp (1898);

Rechtstexte wie die Digesten Iustinians (1868–1870) oder das *Corpus Iuris Civilis* (1872).

Abb. 2 Theodor Mommsen, Foto um 1890

Unter den von Mommsen angestoßenen Großprojekten dominiert das *Corpus Inscriptionum Latinarum*, dessen ersten Band mit den Inschriften der Römischen Republik er selbst bearbeitete (1863; ^{2}1893). Auf Mommsens Initiative geht die Gründung der „Reichs-Limeskommission“ (1892) zurück, ebenso das *Corpus Nummorum*, der groß angelegte Versuch einer Erfassung aller griechischen Münzen.
Aufgrund seiner Stellung in der Preußischen Akademie der Wissenschaften, der Fakultät der Berliner Universität sowie in der Zentraldirektion des Deutschen Archäologischen Instituts prägte Mommsen den organisatorischen Ausbau der Altertumswissenschaften an den deutschen Universitäten. Zahlreiche Lehrstühle wurden mit seinen Schülern besetzt, die sich vorrangig durch epigraphische Arbeiten ausgezeichnet hatten. Den Nobelpreis für Literatur, als erster Preisträger überhaupt, erhielt Mommsen 1902 für seine in zahlreichen Auflagen verbreitete und äußerst populäre „Römische Geschichte“. Die darstellerische Brillanz und kraftvolle Rhetorik machen sie noch heute lesenswert.

Besonders eng mit dem Namen Mommsen verbunden ist allerdings ein anderer Forschungsansatz: die Untersuchung von Recht und Verfassung. Höhepunkt unter seinen zahlreichen juristischen Werken ist fraglos sein monumentales „Römisches Staatsrecht". Auch wenn das Buch aufgrund seiner ordnenden Struktur und des souveränen Quellenbezugs noch immer ein vorzügliches Hilfsmittel ist, so hat Mommsen sich durch seinen völlig einseitigen, der systematischen Rechtsschule entlehnten Ansatz, den Staat ausschließlich als Rechtssystem zu erfassen, doch selbst Grenzen gesetzt. Besonders deutlich werden sie bei der Nachzeichnung des Übergangs von der Republik zur Kaiserzeit, wo gesellschaftliche Bedingungen des neuen politischen Systems nur wenig Berücksichtigung finden. Mommsens Entwurf setzte eine Stabilität der Rechtsnormen und der Begriffe geradezu axiomatisch voraus.

So waren es dann vor allem sozialgeschichtliche Ansätze, später dann die Verknüpfung von Verfassung und Gesellschaft, die einen dynamischeren Erklärungsrahmen boten. Mit Gewinn wurden jetzt auch das Recht und die Verfassung konsequent als sich entwickelnde und Veränderungen unterworfene Gegenstände betrachtet. Ein früher Markstein der soziologischen Perspektive war Matthias Gelzers (1886–1974) „Die Nobilität der römischen Republik" (1912). Nicht zuletzt durch die im akademischen Unterricht weit verbreiteten Werke von Jochen Bleicken (1926–2005) ist **die gemeinsame Berücksichtigung von Gesellschaft, Recht und Verfassung** in der zweiten Hälfte des 20. Jahrhunderts zum Standard geworden.

Unberührt blieb die Alte Geschichte aber auch nicht von den geschichtsdeutenden Modellen des 19. Jahrhunderts, die in den wirtschaftlichen Verhältnissen die Grundlage jeder politischen und gesellschaftlichen Entwicklung sahen. Im Streit zwischen ‚Primitivisten', welche der Antike im Rahmen linear-fortschrittlicher Vorstellungen nur einen begrenzten Entwicklungsstand unterstellten, sowie ‚Modernisten', welche die Vergleichbarkeit zwischen antiken und gegenwärtigen Wirtschaftsformen postulierten und zum gegenseitigen Verständnis nutzbar machten, ging es auch darum, in wie weit die Antike für Gegenwartsfragen relevant sein konnte. Gegen die Positionen von Karl Bücher (1847–1930) setzten insbesondere Eduard Meyer (1855–1930) und Karl Julius Beloch (1854–1929) ihr modernisierendes Verständnis von der antiken Ökonomie. Unter dem Einfluss kulturanthropologischer Modelle, welche den primitivistischen Positionen näher standen, wurde die bereits als ‚Jahrhundertdebatte' historisierte Diskussion in den 1960er und 1970er Jahren mit Vehemenz wieder aufgenommen und noch bis fast ans Ende des ideologisierten 20. Jahrhunderts fortgeführt. In der zugespitzten Diskussion hatten vermittelnde Positionen Schwierigkeiten, Gehör zu finden. Allerdings brachte die Kontroverse auch hervorragende Grundlagenarbeiten zur antiken Wirtschaft – wie die monumentalen Arbeiten von Michael Rostovtzeff (1870–1952) –, zum Wirtschaftsdenken – wie die „Ancient Economy" von Moses I. Finley (1912–1986) – oder auch zum antiken Handel hervor. Es scheint, dass eine gewisse Erschöpfung durch diese Debatte Schuld daran trägt, wenn die antike Wirtschaftsgeschichte heute längst nicht die Rolle spielt, die man aufgrund des vorherrschenden, alle gesellschaftlichen und politischen Bereiche durchziehenden wirtschaftlichen Paradigmas in unserer Gegenwart erwarten sollte.

1.4.3 Die Alte Geschichte in der Gegenwart

Die deutsche Altertumswissenschaft erlebte in der Zeit der nationalsozialistischen Herrschaft und durch den Zweiten Weltkrieg einen dramatischen Kontinuitätsbruch. Viele in Deutschland tätige Althistoriker jüdischer Herkunft emigrierten (z. B. Victor Ehrenberg), andere, wie Friedrich Münzer, kamen im Konzentrationslager um (1868–1942: Theresienstadt). Wiederum andere Altertumswissenschaftler konnten sich in ihren Arbeiten den Perspektiven der Zeit nicht entziehen. Sie bemühten etwa rassenkundliche Kategorisierungen als Erklärungsansatz für historische Entwicklungen, oder sie nutzten die institutionellen Chancen einer sich unter dem Diktat der Partei weitgehend neu organisierenden Wissenschaft, wie etwa Helmut Berve (1896–1979) oder Fritz Schachermeyr (1895–1987).

Heute erreicht die Alte Geschichte in Deutschland nicht mehr die Bedeutung, die sie im 19. und frühen 20. Jahrhundert besaß, weder was ihre Stellung in der internationalen Forschung, noch ihre Position im hiesigen Wissenschaftsbetrieb oder in der Gesellschaft betrifft. Dies gilt, obwohl sich das Fach nach dem Krieg an den meisten Universitäten wieder etablieren und zumal in den 1960er- und 1970er-Jahren personell erheblich ausweiten konnte: Sowohl beim Wachstum der Universitäten als auch bei den zahlreichen Neugründungen konnte sich die Alte Geschichte im Fächerkanon zwar noch behaupten, doch **ihr Einfluss schwand.**

Die Erarbeitung der zumeist noch auf Mommsen zurückgehenden Corpora hielt sowohl im westlichen als auch im östlichen Teil Deutschlands an. Die Ideologiediskussion in der Zeit des Kalten Kriegs gab manchen Themen eine besondere Relevanz und führte etwa zu einem Aufschwung der Forschungen über die antike Sklaverei. Daneben folgte die Alte Geschichte den anderen Geschichtswissenschaften in der Abkehr von der politischen Ereignisgeschichte, akzentuierte Strukturen und widmete sich schließlich in schneller Folge **bislang vernachlässigten Themen**: Über Sozialgeschichte und Wirtschaftsgeschichte hinaus der Begriffsgeschichte; den Ideen und der Religion; der Wissenschaft und Technik; aber auch der Geschichte des eigenen Fachs. Hinzugetreten ist in den letzten Jahrzehnten die ‚Kulturgeschichte' mit ihren vielfältigen Themen: Alter, Alltag und Gender; Familie und Mentalitäten, Formen der Kommunikation und Repräsentation und anderes mehr (→ **Kap. 4.4**). Innerhalb der Alten Geschichte nahmen und nehmen zudem geographische Schwerpunktsetzungen zu, um in diesen Regionen unter Berücksichtigung aller Quellen zu möglichst dichten Beschreibungen zu gelangen: Neben der Historischen Geographie (→ **Kap. 4.2**) hat sich vor allem die Geschichte der römischen Provinzen zu einem eigenen, eng mit den Grundlagenwissenschaften und der Archäologie verbundenen Bereich entwickelt.

Ein nicht immer überschaubares, teils wuchernd erscheinendes Wachstum hat sowohl in den 1970er-Jahren (als von der Studentenbewegung eingeforderte Reflektionsphase) als auch in den 1990er-Jahren (im Zuge organisatorischer Fragen der Wiedervereinigung, dann aber auch eines europäischen Identitätsdiskurses) zu vermehrten Bestandsaufnahmen des Fachs, Selbstreflektion und Legitimationsbemühungen geführt. Insbesondere Christian Meier hat schon früh vor einer Vereinzelung und Isolierung der einzelnen Forschungsfelder als Kehrseite der hochgradigen Spezialisierung gewarnt. Sie würden eine Kommunikation selbst der Fachwissenschaftler untereinander kaum mehr ermöglichen. Forderte Meier allerdings noch eine angemessene Relation zwischen Spezialforschung und ‚Ganzem', so ist zuletzt bereits vor einem ‚zu viel' und einer Krise durch – zumindest falsches – Wachstum gewarnt worden: Wissenschaftlich gehe angesichts gebundener und hoch spezialisierter Kapazitäten nicht nur die gegenseitige Überprüfbarkeit verloren, sondern aufs Ganze gesehen seien auch Sinn und innerer Zusammenhang der jeweiligen Studien kaum mehr vermittelbar–oder gar herzustellen. Ziel der provozierenden Bemerkungen ist es vor allem, an die von der Geschichte zu erwartende **Orientierungsfunktion** zu erinnern: Denn die forschende Beschäftigung mit der Geschichte dient nicht dem Zweck, ‚Lücken' zu füllen, sondern neben der Dokumentation ihres Materials – wie sie Kernbestand der Grundlagenwissenschaften ist – hat die Geschichtswissenschaft auf den Orientierungsbedarf der jeweiligen

Gegenwart Rücksicht zu nehmen. Insoweit muss jeder seine Beschäftigung mit der Geschichte nicht nur in methodischer Hinsicht, sondern auch im Hinblick auf die Themenwahl ‚verantworten' können.

Nicht ohne Einfluss auf die Entwicklung von Fragestellungen ist die jeweilige **organisatorische Zuordnung** der Alten Geschichte an den Universitäten. Hier spiegeln sich noch heute die doppelten Wurzeln des Fachs: Die Zugehörigkeit zu einem Historischen Seminar oder einem Institut für Geschichte folgt dem universalhistorischen Ansatz und der Idee von der Einheit der Geschichte. Die gemeinsame Einbindung mit Klassischer Archäologie und Philologie sowie ggf. anderen, regional oder zeitlich ausdifferenzierten altertumswissenschaftlichen Fächern oder Grundlagenwissenschaften folgt dem Konzept einer umfassenden Altertumskunde. Die Studiengänge lassen jedoch im Regelfall auch unabhängig von den Organisationsstrukturen oder von räumlichen Gegebenheiten beide Formen der Annäherung an die Alte Geschichte zu, und ebenso die Kombination beider Ansätze: Hier gilt es für jeden, innerhalb der von der Tradition gebahnten Möglichkeiten den eigenen Weg zu finden.

Literatur

Zur Bedeutung der Alten Geschichte:

Ch. Meier, **Die Welt der Geschichte und die Provinz des Historikers**, Berlin 1989.

W. Nippel (Hg.), **Über das Studium der Alten Geschichte**, München 1993; darin u.a.: Ch. Meier, **Was soll uns heute noch Alte Geschichte**? (1970), S. 323–352.

E.-R. Schwinge (Hg.), **Die Wissenschaften vom Altertum am Ende des 2. Jahrtausends**, Stuttgart/Leipzig 1995; darin u.a.: H.-J. Gehrke, **Zwischen Altertumswissenschaft und Geschichte. Zur Standortbestimmung der Alten Geschichte am Ende des 20. Jahrhunderts**, S. 160–195.

J. Cobet/C.F. Gethmann/D. Lau (Hgg.), **Europa. Die Gegenwärtigkeit der antiken Überlieferung**, Aachen 2000.

K.M. Girardet, **Die Alte Geschichte der Europäer und das Europa der Zukunft. Traditionen, Werte, Perspektiven am Beginn des 3. Jahrtausends**, Saarbrücken 2001.

K.-J. Hölkeskamp u. a. (Hgg.), **Sinn (in) der Antike. Orientierungssysteme, Leitbilder und Wertkonzepte im Altertum**, Mainz 2003, darin u.a.: A. Winterling, **Über den Sinn der Beschäftigung mit der antiken Geschichte**, S. 403–419.

H. Leppin, **Das Erbe der Antike**, München 2010.

J. Grethlein, **Die Antike – das ‚nächste Fremde'?**, Heidelberg 2018.

Zur Wissenschaftsgeschichte:

A. Momigliano, **Wege in die Alte Welt**, Berlin 1981.

P. Kuhlmann/H. Schneider (Hgg.), **Geschichte der Altertumswissenschaften. Biographisches Lexikon** (= DNP Suppl. 6), Stuttgart 2012.

K. Christ, **Klios Wandlungen. Die deutsche Althistorie vom Neuhumanismus bis zur Gegenwart**, München 2006.

K. Christ, **Hellas. Griechische Geschichte und deutsche Geschichtswissenschaft**, München 1999.

K. Christ, **Römische Geschichte und deutsche Geschichtswissenschaft**, München 1982.

St. Rebenich, **Theodor Mommsen**, München 2002.

V. Losemann, **Nationalsozialismus und Antike. Studien zur Entwicklung des Fachs Alte Geschichte 1933–1945**, Hamburg 1977.

B. Näf (Hg.), **Antike und Altertumswissenschaft in der Zeit von Nationalsozialismus und Faschismus**, Cambridge/Mandelbachtal 2001.

H.P. Obermayer, **Deutsche Altertumswissenschaftler im amerikanischen Exil. Eine Rekonstruktion**, Berlin/Boston 2014.

M. Sommer/T. Schmitt (Hgg.), **Von Hannibal zu Hitler. „Rom und Karthago“ 1943 und die deutsche Altertumswissenschaft im Nationalsozialismus**, Darmstadt 2019.

M. Willing, **Althistorische Forschung in der DDR. Eine wissenschaftsgeschichtliche Studie zur Entwicklung der Disziplin Alte Geschichte vom Ende des 2.Weltkrieges bis zur Gegenwart (1945–1989)**, Berlin 1991.

I. Stark, **Elisabeth Charlotte Welskopf und die Alte Geschichte in der DDR**, Stuttgart 2005.

Einen Überblick zur Binnengliederung der Alten Geschichte, in dem auf knappem Raum die spezifischen Charakteristika der Epochen souverän herausgearbeitet werden, bietet:

J. Deininger, **Historische Epochen: Antike**, in: R. van Dülmen (Hg.), Fischer Lexikon Geschichte, Frankfurt/Main 1990, 2. Aufl. 2003, S. 393–412.

Vgl. auch:

D. Timpe, **Der Mythos vom Mittelmeerraum: Über die Grenzen der alten Welt**, Chiron 34, 2004, 3–23.

Die Bezüge zwischen griechischer und orientalischer Kultur erörtert anhand zahlreicher anschaulicher Beispiele:

W. Burkert, **Die Griechen und der Orient**, München 2003.

J. Wiesehöfer, **Alte Geschichte und Alter Orient oder Ein Plädoyer für die Universalgeschichte**, in: R. Rollinger u. a. (Hgg.), Getrennte Wege? Kommunikation, Raum und Wahrnehmung in der Alten Welt, Frankfurt 2007, 595–616.

2 Die Quellen der Alten Geschichte und ihre Hilfs- und Nachbardisziplinen

Überblick
Die Aussagemöglichkeiten in der Alten Geschichte hängen natürlich in hohem Maße von der Art und Weise ab, wie das Material beschaffen ist, das uns über diese Zeit überhaupt informiert. Diese Informationen nun, die Quellen der Alten Geschichte, sind äußerst bunt und vielfältig: Wir besitzen literarische Texte, dokumentarische Notizen, zahlreiche Inschriften und Münzen und nicht zuletzt materielle Befunde. All diese Quellen haben eine ganz eigene Geschichte hinter sich, und sie erzählen auch jeweils ganz eigene Geschichten. Manche Quellen geben Aufschluss über die Politik- und Ereignisgeschichte, andere Quellengattungen sind besonders aussagekräftig für die Bereiche Wirtschaft, Gesellschaft und Alltag. Zugleich erfordern die unterschiedlichen Quellengattungen viel Erfahrung und Spezialkenntnisse: Was gilt es zu berücksichtigen, wenn man einen historiographischen Text untersucht? Was können uns Inschriften und Münzen über die Antike sagen, und weshalb sind die in Ägypten gefundenen Papyri von ganz unschätzbarem Wert für die Geschichtswissenschaft? Das sind nur einige der Fragen, die im folgenden Kapitel zur Sprache kommen werden.

2.1 Einleitung: Quellen und Quellengattungen

2.1.1 Quellen und Sekundärliteratur

Als Quellen bezeichnet man im Allgemeinen „alle Texte, Gegenstände oder Tatsachen, aus denen Kenntnis der Vergangenheit gewonnen werden kann“ (Paul Kirn). Quellen versteht man in diesem Zusammenhang also als **Informationsquellen**, die die Historiker auswerten und interpretieren müssen, wenn sie sich ein Bild über eine bestimmte Zeit verschaffen möchten. Von solchen Informationsquellen zu unterscheiden sind natürlich die **Auswertungen** und **Interpretationen** anderer; dies ist die so genannte

Forschungs- oder Sekundärliteratur. Die Historiker müssen bei ihrer Arbeit selbstverständlich beides berücksichtigen, doch der Dreh- und Angelpunkt, die Grundlage einer jeden historischen Untersuchung kann nur ihr Bezug zu den Quellen sein.

Wichtig ist nun, dass die Unterscheidung zwischen Quellen und Sekundärliteratur nicht absolut ist, d. h., dass der jeweilige Charakter zum Beispiel eines Textes nicht für alle Zeiten festgelegt ist. Ob etwas eine Quelle ist oder aber Sekundärliteratur, dies hängt letztlich davon ab, wofür man sich interessiert, welche Fragestellung man jeweils verfolgt: Wer sich beispielsweise mit der Sozial- und Wirtschaftsgeschichte der hellenistischen Welt beschäftigt, für den sind die Publikationen von Michael Rostovtzeff (1870–1952) aus den 1920ern bis 1940ern – auch heute noch – eine wichtige Sekundärliteratur; wer aber die Geschichte der althistorischen Forschung in der ersten Hälfte des 20. Jahrhunderts untersucht, für denjenigen ist Rostovtzeff zur Quelle geworden. Umgekehrt beschränkt sich gerade in der Alten Geschichte ein großer Teil der schriftlichen Quellen nicht darauf, nur Informationen zu liefern. Vor allem die antiken Geschichtsschreiber transportieren darüber hinaus oft auch eine **Deutung** und **Einschätzung** des Berichteten, und man muss sich klarmachen, dass sie damit im Grunde genommen nichts anderes tun als die moderne Forschung: sie interpretieren Fakten. Die Grenzen zwischen Quellen und Forschung können also fließen, und am besten bestimmt man diese Begriffe daher in Relation zueinander und zur Tätigkeit des Historikers: QUELLEN sind das, was interpretiert wird, und Forschung bzw. Sekundärliteratur ist das Ergebnis einer solchen Interpretation.

2.1.2 Tradition und Überreste

Von diesen grundsätzlichen Feststellungen ausgehend hat man nun immer wieder versucht, die Quellen der Geschichtswissenschaft in Quellengattungen oder Quellenarten zu untergliedern, um so das selbst für die Antike doch recht umfangreiche Material übersichtlicher zu gestalten. Eine gängige Einteilung in diesem Zusammenhang ist die auf Johann Gustav Droysen (1808–1884) zurückgehende und von Ernst Bernheim (1850–1942) aufgegriffene Unterscheidung von TRADITION und **Überresten**. Gemeint ist damit der Unterschied zwischen ganz bewusst im Hinblick auf die Nachwelt ‚erzeugten' und überlieferten Quellen einerseits und eher ‚unabsichtlich' erhalten gebliebenem Material auf der anderen Seite. Ähnliches hatte Hermann Bengtson (1909–1989) im Sinn, als er zwischen **primärem** (Akten-)Material (Urkunden, Briefe, Reden etc.) und **sekundärer**, geformter Überlieferung differenzierte, wobei auch er unter Letzterer vor allem die antike Geschichtsschreibung verstand. Hier wie dort steht der Gedanke im Mittelpunkt, dass es für die historische Interpretation wichtig ist zu wissen, in welchem **Kontext** eine bestimmte Quelle entstanden ist und welche **Absichten** hinter ihrer Überlieferung stehen könnten: War die Quelle ein Teil des Geschehens selbst, oder ist sie der Versuch, anhand von Primärmaterial die Geschichte im Nachhinein zu rekonstruieren? Haben wir ein originales Puzzlestück vor uns, oder ein Bild, das jemand anderes für uns gezeichnet hat? Mitgedacht wird hierbei unterschwellig, dass das primäre Material, der Überrest, nicht in dem Maße täuschen will oder auch nur kann, wie man dies für Teile der Tradition nicht nur vermutet, sondern längst schon erwiesen hat.

Abb. 3 Thukydides (um 460 bis nach 400 v. Chr.), griechischer Geschichtsschreiber, hellenistische Porträtbüste Paris, Louvre

An diesem Punkt entstehen freilich Schwierigkeiten. Zwar ist die Frage, die hinter der Einteilung in Tradition und Überreste bzw. Primär- und Sekundärmaterial steht, für jede historische Untersuchung von zentraler Bedeutung. Zweifellos haben eine Münze, eine Inschrift oder ein auf Papyrus überlieferter Vertrag einen ganz anderen Aussagewert und sind auch anders zu interpretieren als ein antikes Geschichtswerk wie etwa das des Tacitus.

Selbstverständlich müssen Historiker bei ihrer Arbeit eventuelle Überlieferungsabsichten und unterschiedliche Zeitnähe von Quellen in Rechnung stellen. Allerdings haben wir damit wohl dennoch kein taugliches Gliederungskriterium gewonnen, mit dessen Hilfe wir uns einen vernünftigen Überblick über den Gesamtbestand unserer Quellen verschaffen könnten, im Gegenteil: Es ist bei vielen Quellen nämlich nicht ganz klar, in welche der beiden Kategorien sie fallen. Ist zum Beispiel ein bestimmter Brief für die Nachwelt verfasst worden oder nicht? Hat ein erhalten gebliebenes Monument nicht auch eine Aussage, verkörpert es nicht auch ein ‚Programm'? Noch komplizierter wird das Ganze dadurch, dass eine Sekundärquelle, wenn man sie unter einer anderen Fragestellung bearbeitet, ohne weiteres zum Primärmaterial werden kann, ungefähr so, wie auch Forschungsliteratur unter bestimmten Aspekten Quellencharakter besitzt. Der athenische Historiker Thukydides etwa ist für den Gegenstand, den er darstellt, für den Peloponnesischen Krieg (431–404 v. Chr.), gewiss unsere beste und wichtigste Quelle; aber er liefert hiervon eben nur eine sekundäre, geformte Rekonstruktion. Wer jedoch die klassische athenische Geschichtsschreibung selbst in den Blick nimmt und damit genau die Intentionen und Darstellungstendenzen, die im Hinblick auf eine Untersuchung des Kriegsgeschehens stören könnten, für den ist Thukydides eine unschätzbare Primärquelle! Wir sollten daher festhalten, dass die Überlegungen, die zu den Begriffspaaren ‚Tradition – Überreste' und ‚Primärmaterial – Sekundärquellen' geführt haben, unerlässlich sind für die Arbeit mit Quellen, die so genannte **Quellenkritik**; als analytische Schneisen durch den Dschungel der Materialfülle eignen sie sich weniger.

2.1.3 Schriftquellen und Geschichte

Wer solche Schneisen schlagen will, der wird das Material zunächst in **schriftliche und schriftlose Quellen** trennen. Mit dieser ebenso einleuchtenden wie grundlegenden Unterscheidung korrespondiert die Wissenschaftskonvention, dass die ‚eigentliche' Geschichte erst mit der Erfindung und Verbreitung der Schrift anfängt und die schriftlose Vergangenheit des Menschen der Vor- und Frühgeschichte zuzuweisen ist. Demnach befasst sich das Universitätsfach ‚Geschichte' in der Regel nicht mit völlig schriftlosen Kulturen (→ **Kap. 1.1.2**). Man überlässt dies anderen, wie etwa den Prähistorikern oder den Ethnologen. Begründet wird das gerne damit, dass erst die Schrift den Beginn von Hochkultur darstelle, eine Auffassung, die freilich schon deswegen problematisch ist, weil sie strenggenommen voraussetzt, Kulturen nach höher- und minderwertig klassifizieren zu können. Das ist zwar schon oft versucht worden, und entsprechend gibt es mehrere voneinander abweichende ‚Kultur-Systematisierungen'. Diese Ansätze haben in den letzten Jahrzehnten aber zunehmend an Überzeugungskraft eingebüßt, und es herrscht heutzutage in der Wissenschaft nicht einmal mehr darüber Einigkeit, ob eine ‚objektive' Klassifizierung von Kulturen überhaupt möglich ist.

Außerdem gibt es auch in der Alten Geschichte weite Bereiche, für die keine oder kaum Schriftquellen existieren. Dies betrifft bestimmte Zeiträume wie etwa die so genannten DUNKLEN JAHRHUNDERTE der griechischen Geschichte (12.–8. Jh. v. Chr.), bestimmte Gebiete an den Rändern der antiken Welt (zum Beispiel weite Teile des heutigen Deutschlands), und auch bestimmte Fragestellungen wie die Siedlungsgeschichte. Überall dort sind wir völlig oder fast völlig auf schriftloses Material, konkret auf die Erkenntnisse der Archäologie angewiesen. Deshalb darf man sich durchaus fragen, ob die oben angesprochene Arbeitsteilung zwischen (Alter) Geschichte und (prähistorischer) Archäologie nicht lediglich pragmatisch betrachtet werden sollte. Andererseits ist aber unstrittig, dass zum Beispiel Politik- und Ereignisgeschichte, Ideengeschichte (auch Details der Religionsgeschichte) und Mentalitätsgeschichte nicht oder nur unvollkommen ergründet werden können, wenn Schriftquellen ganz fehlen. Schriftliches Material vervielfacht also die Möglichkeiten der historischen Forschung, und vor diesem Hintergrund ist es vielleicht doch gerechtfertigt, die Geschichte im engeren Sinne mit der Schriftlichkeit beginnen zu lassen.

2.1.4 Quellengattungen und Hilfswissenschaften

Bei der weiteren Untergliederung der schriftlichen und nichtschriftlichen Quellen sind mehrere Varianten denkbar. Man kann die Schriftquellen in Literaturgattungen oder Textsorten einteilen, man kann die schriftlosen Quellen danach unterscheiden, ob es sich um Kunstgegenstände handelt oder um Alltagsrealien usw. Für die folgenden Ausführungen wurde ein anderes Prinzip als Leitfaden gewählt, nämlich die Orientierung an wichtigen **Hilfs- und Nachbardisziplinen**, die sich im Laufe der Zeit mit den jeweiligen Quellengattungen verbunden haben und auf deren Spezialkenntnisse auch die Historiker immer wieder zurückgreifen müssen. Auf diese eher praktische Weise kann man die Quellen der Alten Geschichte unterteilen in:

1. Literarische Quellen – gemeint sind damit die durch die mittelalterliche Handschriftentradition überlieferten Texte, mit denen sich die Latinistik und die Gräzistik beschäftigen;
2. Inschriften, mit denen sich die Epigraphik befasst;
3. auf Papyrus überlieferte Texte, die von der Papyrologie bearbeitet werden;
4. Münzen, um die sich die Numismatik kümmert, und
5. die materielle Hinterlassenschaft, die der Gegenstand der verschiedenen archäologischen Fächer ist.

Literatur

H. Bengtson, **Einführung in die Alte Geschichte**, 8. Aufl., München 1979.

E. Bernheim, **Einleitung in die Geschichtswissenschaft**, ND Leipzig 1912.

J.G. Droysen, **Historik: Vorlesungen über Enzyklopädie und Methodologie der Geschichte**, hg. von P. Leyh und H. W. Blanke, Stuttgart 1977 ff. (Erstveröffentlichung: „Grundriß der Historik", 1858).

P. Kirn/J. Leuschner, **Einführung in die Geschichtswissenschaft**, 6. Aufl., Berlin/New York 1972.

K. Meister, **Einführung in die Interpretation historischer Quellen. Schwerpunkt: Antike**, 2 Bde., Paderborn u. a. 1997–99.

2.2 Literarische Quellen - die Philologien

2.2.1 Die Handschriftenüberlieferung

Nur ein Bruchteil der griechischen und lateinischen Literatur des Altertums existiert heute noch. Wie die genauen Zahlen aussehen, ist ungewiss. Manfred Fuhrmann geht beispielsweise davon aus, „dass nicht einmal ein Hundertstel der römischen Literatur – der lateinischen Werke also, die in dem halben Jahrtausend von etwa 250 v. Chr. bis 250 n. Chr. entstanden sind – erhalten blieb". Diese Schätzung ist vielleicht zu pessimistisch, und für die antike griechische Literatur oder die lateinische Literatur der Zeit nach 250 n. Chr. mögen die Verhältnisse teilweise etwas besser aussehen. Dennoch ist unbestreitbar, dass in der Tat der Löwenanteil des antiken Schrifttums – höchstwahrscheinlich für immer – verloren gegangen ist. Dies ergibt sich schon daraus, dass in den erhalten gebliebenen antiken Schriften sowie in späteren EXZERPTEN und

Katalogen eine Vielzahl von Autoren und Werken erwähnt werden, die eben nicht überliefert wurden. Dabei trat ein Teil der Verluste bereits in der Antike selbst auf, doch die meisten Fäden rissen – im Osten wie im Westen – erst im 7. und 8. nachchristlichen Jahrhundert ab.

Abb. 4 Handschrift auf Papyrus in jüngerer römischer Kursive aus dem 4. Jh. n. Chr., gefunden in Ägypten

Die auf uns gekommene antike Literatur wurde größtenteils in Klöstern durch die Jahrhunderte des Mittelalters hindurch handschriftlich tradiert. Als man dann in der frühen Neuzeit begann, sich für diese Texte wieder stärker zu interessieren, stellte man fest, dass verschiedene Handschriften ein und desselben Werkes mitunter voneinander abweichen konnten. Das ständige Abschreiben hatte im Laufe der Zeit also zu zahlreichen Fehlern geführt, und darüber hinaus war es offenbar auch zu anderen Veränderungen des ursprünglichen Wortlautes gekommen, wie z.B. zu Anmerkungen, INTERPOLATIONEN oder gar irrtümlichen ‚Verbesserungen' der Kopisten. All dieses bezeichnet man als KORRUPTELEN, d.h. als verderbte Textstellen. Die Konsequenz aus dieser Beobachtung musste daher sein, durch genaue Handschriftenvergleiche (KOLLATION) und darauf aufbauende Überlegungen einen ‚Urtext' zu erschließen. Dieses Bemühen, die so genannte **Textkritik**, die sich besonders seit dem 15. Jahrhundert erkennen lässt, war letztlich die Geburtsstunde der Klassischen Philologie. Nach reflektierten methodischen Regeln, und damit als Wissenschaft betrieben, wird die Klassische Philologie freilich erst seit dem 19. Jahrhundert; damals verfestigte sich im Zuge der allgemeinen akademischen Institutionalisierung auch ihre Aufspaltung in die beiden sprachlichen Teilbereiche der **Gräzistik** und der **Latinistik**.

2.2.2 Die wissenschaftliche Textkritik

Die wissenschaftliche TEXTKRITIK nun hat noch heute ihren festen Platz in diesen Fächern. Dabei geht es, wie gesagt, darum, zu einem möglichst originalgetreuen Text eines antiken Werkes zu gelangen. Der erste Arbeitsschritt, der in diesem Zusammenhang zu leisten ist, besteht darin, alle Handschriften, in denen ein Werk überliefert ist, zusammenzutragen (HEURISTIK). Falls es daneben Zitate aus dem betreffenden Werk bei anderen antiken, seltener bei mittelalterlichen Autoren gibt, müssen selbstverständlich auch diese – als sehr alte Textversionen – berücksichtigt werden. Diese werden als TESTIMONIEN bezeichnet. Im Einzelfall mag es ferner notwendig sein, frühe Drucke hinzuzuziehen, wenn diese noch auf mittlerweile verschollene oder nicht mehr gut lesbare Handschriften zugreifen konnten. Bei manchen Werken wiederum, die in einer sehr großen Zahl von MANUSKRIPTEN vorliegen (so gibt es etwa über eintausend Vergilhandschriften), zwingt die Arbeitsökonomie dazu, in einer sehr groben Sichtung die Masse der jüngeren Handschriften auszuscheiden und sich ganz auf die alten Versionen zu konzentrieren. Danach gilt es, aus den auf diese Weise gesicherten Überlieferungsvarianten einen ‚Handschriftenstammbaum', ein so genanntes STEMMA, aufzustellen (→ **Abb. 5**). Dies geschieht dadurch, dass die einzelnen Handschriften in Gruppen eingeteilt werden, die dieselben Fehler enthalten bzw. bei denen man anhand der Fehler erkennen kann, wie sie sich auseinanderentwickelt haben. Das Resultat dieser Rekonstruktion der Überlieferungsgeschichte ist im Idealfall eine – unter Umständen aber immer noch mit Fehlern behaftete – hypothetisch erschlossene älteste Überlieferungsversion, der so genannte ARCHETYPUS. Von diesem Ausgangspunkt wird dann, gegebenenfalls mithilfe von Testimonien, der Text hergestellt (RECENSIO). Hierbei kommt es immer wieder vor, dass verschiedene gleichrangige Textvarianten (Lesarten) gegeneinander abgewogen werden müssen. In diesem Zusammenhang ist üblicherweise der Grundsatz leitend, dass die schwierigere Lesart vorzuziehen ist, da es sich bei ihr, angesichts der Vereinfachungstendenzen in der Überlieferung, wahrscheinlich um die ursprünglichere handelt (*lectio difficilior potior*). Ferner gibt es in beinahe jedem aus dem Altertum stammenden Text Stellen, die aus sprachlichen oder sachlichen Gründen, obwohl sie eindeutig überliefert sind, als Fehler identifiziert und verbessert werden (EMENDATION/ KONJEKTUR).

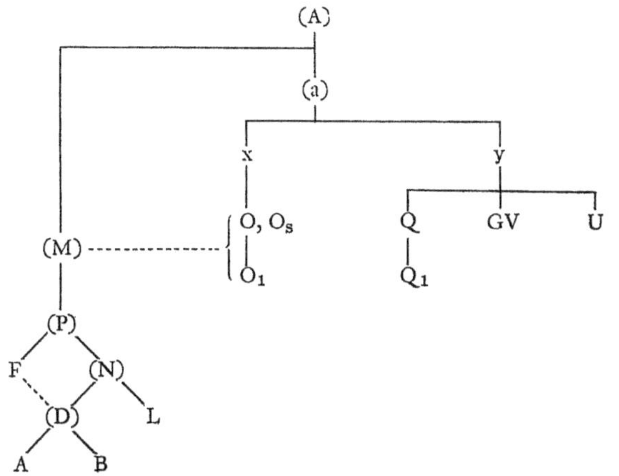

Abb. 5 Stemma der Handschriften des Lukrez von K. Lachmann (1850)

2.2.3 Die kritische Edition

Am Ende der Textkritik steht schließlich ein griechischer oder lateinischer Text, der den Kern der ein- oder zweisprachigen modernen EDITIONEN bildet, die heutzutage benutzt werden. Entscheidend ist nun, dass dieser Text – wie aus den obigen Erläuterungen klar hervorgeht – nicht unbedingt mit dem antiken Original identisch sein muss. Es handelt sich vielmehr lediglich um ein Produkt, das nach der mehr oder weniger gut begründeten Meinung des Herausgebenden dem Original so nahe wie möglich kommt. Mit anderen Worten: Der durch die philologisch-kritische Methode etablierte Text ist eine **Interpretation**, und er muss daher – auch dies ist ein Gebot der Wissenschaftlichkeit – als solche gekennzeichnet werden. Es kann nämlich immer der Fall eintreten, dass neue Erkenntnisse oder inhaltliche Erwägungen zum Beispiel eine Emendation hinfällig machen oder eine vom Herausgebenden nicht berücksichtigte Lesart als sinnvoller erscheinen lassen. Derartige neue Gesichtspunkte können etwa ein neuer Textfund sein, oder ein in der Edition noch abgelehnter Sinnzusammenhang, der aber durch neuere Forschungen plausibler wird. Um hier die philologische Forschung nicht zu behindern, ist es erforderlich, dass der Herausgebende eines Textes seine Optionen und Entscheidungen bei der Textherstellung offenlegt und für jeden nachvollziehbar darstellt. Editionen, die dies gewährleisten, nennt man **wissenschaftliche** oder **kritische Textausgaben**. Sie zeichnen sich aus durch eine Einleitung, die die textkritische Arbeit und deren Ergebnisse (vor allem das Stemma) beschreibt, und sie verfügen über einen so genannten textkritischen APPARAT (hinzukommen kann ein Testimonienapparat u. ä.), in dem entweder alle Lesarten zu den verschieden überlieferten Stellen präsentiert werden (positiver Apparat), oder aber nur die von der in der Edition abgedruckten Variante abweichenden Lesarten (negativer Apparat).

M. TVLLI CICERONIS
ORATIONES IN L. CATILINAM
QVATTVOR

CONSPECTVS SIGLORVM

B Papyrus Barcinonensis saec. iv/v in Aegypto scripta continet orr. 1–2, sed ex 1,1–29 non nisi frustula servantur, inde a 1,29 usque ad finem omnia fere integra exstant

Γ Papyrus Vindobonensis G. 30885 a+e saec. iv/v in Aegypto scripta continet fragmentum 1,15,165–20,236 *catilina* / *κατ[ιλινα]* … *[soli]tudinique* / *και ε[ρημια]* misere laceratum

Π Papyrus Rylands 1.61 saec. v in Aegypto scripta continet particulam 2,14,171–15,182 *[converterit]* / *μ[ε]τεστρεψεν* … *[ab dis immortalibus]* / *απο των αθανατων θεω]ν* passim lacunis foedatam

Δ Papyrus Vindobonensis L. 127 saec. v in Aegypto scripta continet reliquias 3,15,194–16,205 *[religio* / *θρησκια* … *ille erat solus* / *εκινος η[ν μονος*
(**Π** et **Δ** duas eiusdem codicis particulas esse videntur; v. Praef. XI)

Familia *a*

C cod. Bibl. Britannicae, Addit. 47678, olim Holkhamicus 387, saec. ix^{1} in urbe Turonum scriptus, postea in monasterium Cluniacense translatus; aliquot foliis (duodecim ut vid. in hac codicis parte) amissis desunt 1,5,54–1,17,196 *factum esse … offensum*; 2,11,134–2,15,185 *ratione … timeo*, 3,1,7–3,9,101 *-tutam videtis … Cornelium ad quem*; 3,19,252–3,23,303 *imperi … crudelissimo*; 3,27,351–4,8,117 *atque condicio … impiis*; 4,15,225 *qua virtute* usque ad finem

A cod. Ambrosianus C. 29 inf. saec. x/xi^{1} in Gallia meridionali vel Italia scriptus

V cod. Vossianus Lat. O. 2-II saec. x in Gallia exaratus

a cod. Laurentianus 45.2 saec. xii^{1} in Gallia vel Anglia scriptus

f cod. Edinburgensis, Adv. 18.7.8, saec. xi/xii in Anglia scriptus

h cod. Harleianus 2682 saec. xi^{2} in Lotharingia scriptus

Abb. 6 Verzeichnis der benutzten Handschriften aus der kritischen Edition der vier Reden Ciceros gegen Catilina

M. TVLLI CICERONIS IN L. CATILINAM ORATIO SECVNDA

Tandem aliquando, Quirites, L. Catilinam furentem audacia, **1**
scelus anhelantem, pestem patriae nefarie molientem, vobis 1
atque huic urbi ferro flammaque minitantem ex urbe vel eiecimus vel emisimus vel ipsum egredientem verbis prosecuti sumus. abiit, excessit, evasit, erupit. nulla iam pernicies a monstro illo atque prodigio moenibus ipsis intra moenia comparabitur. atque hunc quidem unum huius belli domestici ducem sine controversia vicimus. non enim iam inter latera nostra sica illa versabitur; non in campo, non in foro, non in curia, non denique intra domesticos parietes pertimesce-

1–3 tandem … nobis atque … ferro flammasque minitantem *Isid. iun. l. 217* ‖ **1** tandem … Catilinam *Prisc. inst. GL III 82,20* | tandem … Quirites *Non. p. 405,33 Merc.* | tandem aliquando *Fest. p. 494,29 et 495,11* | furentem *Schol. Clun. p. 269 St.* ‖ **2** nefarie molientem *Sacerd. GL VI 442,27* ‖ **3–4** (vel eiecimus vel emisimus) *cf. Schol. Clun. p. 269,7 St.* metuens ne asperius populus Romanus sumeret eiectum esse Catilinam, posteaquam eiectum dixit, intulit leniorem. 'eicitur' invitus, 'emittitur' cupiens ‖ **5** abiit excessit (abscessit *Isid.*) evasit erupit (erupit evasit *Quint.*) *Quint. inst. 9,3,46 et 77; Hier. epist. 109,2,5; Iul. Vict. p. 94,3; Serv. Aen. 2,128; Isid. orig. 1,35,16; Isid. iun. l. 241* ‖ **7** comparabitur *Schol. Clun. p. 269,10 St.*

Inscr. INCIPIT LIBER SECVNDVS FELICITER **Clx** : INCIPIT ·II· FELICITER …………… **A** : Incipit Liber ·II· **f** : Oratio s(e)c(un)da **i** : INVECTIVARV(m) INCIPIT SECVNDVS **u** : *om.* **BVasbto** : *inscr. caret* **B**

3 ferro flammaque **B*α*** : ferrum flammamque ***βγ*** | minitantem **CAa** : mintantem **B** : minantem **V*βγ*** ‖ **5** abit **BC** ‖ **7** comparabitur (con- **B**) *Schol. Clun.* **BAV*βγ*** : comparabitur *sed* bi *punctis sscr. del.* **C**[c] : comparatur **ah** ‖ **10–11** pertimescemus (pertimis- **B**) **Bal*γ*** : pertimescimus ***α*(f)o**[1] : perhorrescimus (*non* -emus!) **sb**

Abb. 7 Seite aus der kritischen Edition der vier Reden Ciceros gegen Catilina

Der genaue Wortlaut einer Quelle (in der Originalsprache!) und, damit verbunden, das Wissen um Abweichungen in der Überlieferung sind nun aber auch für die historische Interpretation von zentraler Bedeutung. Gerade Historiker müssen **Bedeutungsnuancen** erfassen oder **Schlüsselbegriffe** und deren Kontext erkennen können. Deswegen ist es für sie wichtig zu wissen, was an einer bestimmten Textstelle im Original gestanden hat oder gestanden haben kann. Manchmal, etwa bei geographischen oder politischen Namen, geht es schlicht darum, korrekt informiert zu sein: Ist die Stelle Cassius Dio 77,13,4 zum Jahr 213 n. Chr. tatsächlich, wie man lange gesagt hat, die früheste Erwähnung des Stammes der Alamannen? Ein

Blick in die Edition von Boissevain (III 388 ff.) klärt darüber auf, dass der Alamannenname hier später eingefügt wurde – das allerdings bedeutet, dass es die Alamannen zu Dios Zeiten möglicherweise noch gar nicht gab, oder sie zumindest noch nicht in den Gesichtskreis der Römer getreten waren. Dieses und ähnliche Beispiele zeigen deutlich: Althistoriker müssen vielleicht nicht gleichzeitig klassische Philologen sein; sie müssen aber in der Lage sein, die griechischen und lateinischen Quellen im Original zu verstehen und mit den Ergebnissen der philologischen Forschung zu arbeiten.

2.2.4 Literaturgattungen und Topik

Ein anderer Zweig der philologischen Studien ist die Literaturwissenschaft. Dazu gehört es, das literarische Schrifttum, also alle Werke, die für ein breiteres Publikum und mit einem gewissen ästhetischen Anspruch verfasst worden sind, in Literaturgattungen einzuteilen. Dies kann nach formalen oder inhaltlichen Kriterien oder einer Kombination von beidem geschehen; gängig ist beispielsweise die Unterscheidung der literarischen Werke in **Dichtung** und **Prosa**. Wichtig für die Alte Geschichte ist, dass schon in der Antike über Literaturgattungen nachgedacht wurde und dass in diesem Zusammenhang zum Teil gattungsspezifische Regeln für Stil und Inhalt literarischer Werke formuliert wurden. Daraus ergibt sich, dass manches, was ein Autor schrieb, nur dem Bedürfnis geschuldet war, solchen **Gattungsgesetzen** zu entsprechen. Dieser Mechanismus konnte im Übrigen auch unreflektiert allein dadurch ablaufen, dass sich ein Autor sehr eng an ein berühmtes literarisches Vorbild anlehnte, eine im Altertum sehr häufige Konstellation. Man bezeichnet solche literarischen Gemeinplätze, die im Rahmen eines bestimmten Genres unbedingt ‚bedient' werden mussten, als TOPOI. Häufig meint dieser Begriff jedoch eher die Übertragung auch der Inhalte einer Aussage in ein anderes Werk oder einen anderen Kontext. Manche derartigen Topoi ziehen sich als Wandermotive durch die gesamte antike Literatur. Vor diesem Hintergrund muss bei der historischen Auswertung einer Quelle natürlich auch auf eventuelle topische Bezüge sorgfältig geachtet werden.

Die Interpretation von Texten unter gattungstheoretischen Vorzeichen muss allerdings dort ihre Grenzen finden, wo sie, ohne hinreichend gerechtfertigt zu sein, eine unbefangene Deutung erschwert. Das Paradebeispiel hierfür sind die homerischen Epen, die Ilias und die Odyssee. Beide Gedichte wurden traditionellerweise als **Heldendichtung** eingeordnet und vor allem mit mittelalterlichen Heldensagen wie etwa dem Nibelungenlied verglichen. Vor diesem Hintergrund deutete man dann die bei Homer geschilderte Gesellschaft, in der beinahe nur von heldenhaften Gestalten gesprochen wird, als die aus gattungsspezifischen Gründen in den Vordergrund gerückte aristokratische Hälfte einer zweigeteilten realen Gesellschaft: In Heldengedichten sei, so die Einschätzung der älteren Forschung, eben nur von Helden die Rede, und nicht von ihren Dienern und Knechten. So, wie es Diener und Knechte in der gesellschaftlichen Wirklichkeit der Völkerwanderungszeit (in der das Nibelungenlied entstand) aber nachweislich gegeben habe, so dürfe man auch von der Existenz einer Unterschicht in homerischer Zeit ausgehen – nur könne man diese in den Gedichten nicht richtig greifen. Diese Ansicht ist problematisch, denn sie lässt außer Acht, dass die homerischen Gedichte gewissermaßen am Beginn der antiken Literatur stehen, dass wir über ihre Entstehung wenig wissen, und dass es daher methodisch nicht zulässig ist, Elemente, die in späteren Werken der Gattungstradition verpflichtet sind, auch schon für Ilias und Odyssee als solche Gemeinplätze aufzufassen. Dies ist zwar denkbar, aber kaum schlüssig zu begründen, und das heißt für die homerische Gesellschaft, dass es sich bei ihr ebenso gut um eine Art ‚Leistungsgesellschaft' gehandelt haben kann, in der die ‚ritterliche Ethik' allen Mitgliedern der Gemeinschaft offenstand, und nicht nur einem ‚Adel'.

2.2.5 Die antike Geschichtsschreibung

Schriftquellen sind also, obwohl sie, wie eingangs betont, unsere Erkenntnismöglichkeiten über die Vergangenheit ungeheuer erweitern, zumeist nicht einfach zu interpretieren, sie eröffnen im Gegenteil häufig Schwierigkeiten eigener Art. Eine Sonderstellung nehmen dabei NARRATIVE Texte ein. Einerseits handelt es sich bei ihnen zweifellos um besonders wertvolle Quellen, denn sie sind die einzigen Texte, die uns die für das geschichtliche Verständnis so wichtigen Ereigniszusammenhänge liefern. Auf der anderen Seite aber ist bei der Auswertung erzählender Quellen auch besondere Vorsicht geboten. Oft ist nämlich schon die bloße Herstellung eines Ereigniszusammenhanges bereits eine Interpretation, und viele narrative Zeugnisse transportieren bekanntlich weit darüberhinausgehende Deutungen und Wertungen. Diese vorgegebenen Muster sind freilich fast nie die einzige Art und Weise, wie man die berichteten Fakten sehen kann, und deswegen dürfen Historiker nicht der großen Versuchung erliegen, sie einfach ungeprüft zu übernehmen.

Man muss daher stets nach den Darstellungsabsichten eines Autors fragen. Am deutlichsten wird dies wohl bei der antiken HISTORIOGRAPHIE, also der Geschichtsschreibung im engeren Sinne, die im 5. Jahrhundert v. Chr. in Griechenland einsetzte. Zwar gab es schon zuvor sowohl im griechischen Bereich als auch anderswo erzählerische Darstellungen der Vergangenheit, etwa die homerischen EPEN, oder, um ein Beispiel außerhalb des griechischen Kulturkreises zu nennen, Teile des Alten Testamentes. Erst bei Herodot von Halikarnassos aber (ca. 485–425 v. Chr.), den schon Cicero für den „Vater der Geschichtsschreibung" hielt (*De legibus* I 1,5), findet man jene kritisch-rationale Distanz zum historischen Gegenstand, durch die man – damals wie heute – die eigentliche Geschichtsschreibung gekennzeichnet sieht. Dabei war Herodot, der sich mit den Perserkriegen (490–479 v. Chr.) und ihrer Vorgeschichte befasste, der Ansicht, er müsse, obwohl er längst nicht alles glauben könne, trotzdem alle Geschichten aufschreiben, die man sich erzähle (Herodot 7,152). Diese Auffassung hat ihm später den Vorwurf eingetragen, leichtgläubig und geschwätzig zu sein (z. B. bei Aulus Gellius 3,10,11), und bereits der nicht minder berühmte Fortsetzer Herodots, Thukydides von Athen (ca. 460–400 v. Chr.), hat seinen Vorgänger – wenn auch ohne ihn namentlich zu nennen – herb kritisiert (Thukydides 1,20–22). Thukydides setzte dem herodoteischen Vorgehen das erklärte Ziel entgegen, durch genaue **Überprüfung** und **Erforschung des Vergangenen** die Wahrheit herauszufinden und nur diese dann auch zu präsentieren. Damit formulierte er im Grunde genommen als erster ausdrücklich die Forderung, dass Historiker ihre Quellen kritisch gewichten müssen. Thukydides ist folglich in gewissem Sinne der **Vater der Quellenkritik**, und für diesen methodischen Anspruch hat man ihn in der Regel dem Herodot als Historiker vorgezogen. In diesem Zusammenhang hat Wilfried Nippel vor einigen Jahren allerdings daran erinnert, dass Herodot, indem er seine Quellen – und dadurch die Grundlage seiner Interpretationen – nennt und dem Leser so zur Überprüfung zugänglich macht, eigentlich viel eher dem modernen Verständnis von Wissenschaftlichkeit als Transparenz in der Darstellung entspricht als Thukydides, der die von ihm verworfenen Zeugnisse zumeist nicht erwähnt und auf diese Weise eine nachträgliche Revision seiner Ergebnisse mindestens erschwert.

Abb. 8 Der griechische Geschichtsschreiber Herodot, römische Kopie eines griechischen Originals des 4. Jhs. v. Chr. Neapel, Museo Nazionale Archeologico

Gleichwohl kann die gewiss berechtigte Rehabilitierung Herodots den Rang des Thukydides als Historiker in keiner Weise schmälern. Thukydides hat mit seiner Geschichte des Peloponnesischen Krieges (431–404 v. Chr.) nicht nur den historischen Gegenstand, den er beschrieb, eigentlich erst selbst erschaffen, als er eine Reihe von Einzelkonflikten in seinem Werk unter diesem Namen als geschichtliche Einheit zusammenfasste. Dadurch, dass er sich, anders als Herodot, auch sehr stringent auf diesen seinen Gegenstand beschränkte, gilt Thukydides des Weiteren als der Schöpfer der historischen MONOGRAPHIE. Darüber hinaus begründete er durch sein bewusstes Anknüpfen an den Zeitpunkt, an dem Herodot sein Werk enden ließ, eine seither in der antiken Historiographie häufiger geübte Praxis, nämlich die Selbsteinordnung in eine historia perpetua, eine kontinuierliche Geschichtsdarstellung.

2.2.6 Formen der Geschichtsschreibung und Quellenkritik

Von der historischen Monographie, die sich auf ein ganz bestimmtes Thema konzentriert, kann man die so genannte UNIVERSALGESCHICHTE unterscheiden, in der versucht wird, die bekannte Geschichte umfassend abzuhandeln, und von dieser wiederum lässt sich die **Lokalgeschichte** abgrenzen, deren Horizont entsprechend bescheidener ist. Eine Besonderheit der römischen Historiographie, die sich seit ungefähr 200 v. Chr. entwickelte, ist die so genannte ANNALISTISCHE Darstellungsweise, die sich an eine jahrweise Stoffgliederung anlehnt. All diese verschiedenen ‚Arten' der antiken Geschichtsschreibung sind freilich im Grundsatz von Althistorikern gleich zu behandeln: Man muss aus den oben benannten Gründen zunächst die Intentionen eines Autors klären und von dort aus mögliche Bezüge zwischen seinen Absichten und dem Inhalt seiner Darstellung, also Verbindungen zwischen Autor und Werk herstellen. Zu diesem Zweck ist es natürlich ebenso notwendig, sich über die Lebensumstände des jeweiligen Autors zu informieren, da nicht zuletzt diese ihn auch in seinen historiographischen Zielsetzungen prägen können. Dafür stehen im Bereich der Alten Geschichte mehrere handliche Referenzwerke zur Verfügung (→ **S. 63 f. und 125**), und wer diese konsultiert, wird bei nicht wenigen griechischen und römischen Geschichtsschreibern feststellen, dass sie oft erheblich später, teilweise sogar Jahrhunderte nach den von ihnen behandelten Ereignissen gelebt haben.

2.2.7 Quellenkritik und ‚Quellenforschung'

Diese Beobachtung wirft eine weitere Kardinalfrage der Quellenkritik auf: Woher konnte der Autor überhaupt das wissen, was er uns berichtet? Im Idealfall führt diese Frage zu älteren, den geschilderten Ereignissen näherstehenden Historikern, am Ende vielleicht gar zu Zeitzeugen des Geschehens. Solche Werke sind jedoch oft nicht mehr – oder zumindest nicht mehr vollständig – erhalten: Zum Beispiel wurde das monumentale Werk des Titus Livius (59 v. Chr.–17 n. Chr.), in dem er die Geschichte Roms von der Gründung der Stadt bis in das Jahr 9 v. Chr. behandelte, so stilbildend und erfolgreich, dass ein Großteil der von ihm verarbeiteten älteren römischen Geschichtsschreibung verloren ging. Hier gilt es nun, die Zuverlässigkeit der jeweiligen Gewährsmänner abzuschätzen, und zwar ebenfalls auf der Grundlage dessen, was man über Leben und Werk der betreffenden Personen in Erfahrung bringen kann. Allerdings sollte diese Art von **Quellenforschung** nicht zu schematisch vonstatten gehen. Es ist nämlich oft nicht klar, wie viel ein späterer Autor an einer bestimmten Stelle von einem älteren Werk unverändert übernommen hat, und in welchem Ausmaß eigene Umarbeitung vorliegt. Gerade bei Livius hatte eine auf die Spitze getriebene Suche nach den ‚Quellen der Quelle' in der Vergangenheit sogar zur Folge, dass die wesentlichen Fragen aus dem Blick zu geraten drohten: „Allzu oft konzentrierte sich das Bemühen darauf, einzelne Passagen (...) einer bestimmten Vorlage zuzuweisen, wobei das Ergebnis wegen der Schattenhaftigkeit der Vorgänger des Livius in vielen Fällen eine bloße Etikettierung war, ohne ersichtliche Relevanz für die Erforschung der geschichtlichen Ereignisse" (J. v. Ungern-Sternberg).

Quellenforschung als Selbstzweck, das zeigt sich an diesem Beispiel, führt die Geschichtswissenschaft also eher in eine Sackgasse. Dabei kann die Antwort auf die Frage, ob unsere Quellen wirklich wissen, was sie zu wissen vorgeben, durchaus auch negativ ausfallen. Insbesondere die Berichte über die frühe römische Geschichte bis etwa 350/300 v. Chr. stehen unter dem Generalverdacht, fast völlig frei erfunden zu sein. Ein deutlicher Hinweis auf derartige **Geschichtskonstruktionen** sind so genannte Doubletten, d. h. beinahe identische Schilderungen verschiedener Ereignisse, sei es in ein und demselben Werk, sei es in verschiedenen Geschichtswerken. Es ist kein Zufall, dass Doubletten gerade in der frührömischen Geschichte häufig vorkommen. Schon Livius selbst konnte es seinen Vorlagen nicht glauben, dass sowohl die Latiner 340 v. Chr., als auch die Campaner 216 v. Chr. von den Römern angeblich gefordert haben, in Zukunft einen der beiden Konsuln stellen zu dürfen. Er hielt freilich die spätere Forderung für die Imitation der früheren (Livius 23,6,6–8; vgl. Livius 8,5,5), eine Annahme, die nicht unbedingt der historischen Wahrscheinlichkeit entspricht: Man wird bei der Beurteilung der Historizität von Doubletten vielmehr entweder das Erzählmuster insgesamt für eine Fiktion halten oder davon ausgehen, dass eher das ältere Ereignis einem realen jüngeren nachgebildet wurde als umgekehrt. Denn im Grundsatz ging es den römischen Geschichtsschreibern natürlich darum, Wissenslücken in der Frühzeit mit Material aus der besser belegten späteren Periode zu stopfen.

2.2.8 Die antike Biographie

Vergleichbar mit der Geschichtsschreibung im engeren Sinne, und als Quellengattung dementsprechend fast so wichtig wie diese, ist die antike BIOGRAPHIE. Auch Lebensbeschreibungen informieren nämlich, der Natur der Sache folgend, über Ereigniszusammenhänge, und selbstredend sind auch hier die oben erwähnten quellenkritischen Überlegungen anzustellen. Es gibt aber ebenso Unterschiede zwischen Historiographie und Biographie:

In antiken Lebensbeschreibungen geht es in erster Linie um Charaktereigenschaften der skizzierten Person, d. h. vor allem um deren Tugenden und deren Laster. Tugenden und Laster offenbaren sich jedoch nach antiker Meinung seltener in geschichtlich bedeutsamen Ereignissen, sondern zumeist in scheinbar unwichtigen Situationen. Beinahe programmatisch formuliert hat dies Plutarch von Chaironeia (ca. 46–120 n. Chr.), der wohl berühmteste Biograph des Altertums, der auch heute noch bekannt ist durch seine fast vollständig erhalten gebliebenen **Parallelbiographien**, in denen er große Griechen und Römer miteinander verglichen hat (wir besitzen noch elf von ursprünglich zwölf Biographiepaaren).

Quelle

Im ersten Kapitel seiner Alexandervita äußert sich Plutarch zu seiner Arbeitsweise:

„Wenn ich in diesem Buch das Leben des Königs Alexander und das des Caesar, von dem Pompeius bezwungen wurde, darzustellen unternehme, so will ich wegen der Fülle des vorliegenden Tatsachenmaterials vorweg nichts anderes bemerken als die Leser bitten, wenn ich nicht alles und nicht jede der vielgerühmten Taten in aller Ausführlichkeit erzähle, sondern das meiste kurz zusammenfasse, mir deswegen keinen Vorwurf zu machen. Denn ich schreibe nicht Geschichte, sondern zeichne Lebensbilder, und hervorragende Tüchtigkeit und Verworfenheit offenbart sich nicht durchaus in den aufsehenerregendsten Taten, sondern oft wirft ein geringfügiger Vorgang, ein Wort oder ein Scherz ein bezeichnenderes Licht auf einen Charakter als Schlachten mit Tausenden von Toten und die größten Heeresaufgebote und Belagerungen von Städten.“ (*Plutarch, Alexander 1,1 f.; Übersetzung K. Ziegler*).

Das aber heißt nun, dass in antiken Biographien manches, das dem historisch Forschenden relevant erschienen wäre, unter Umständen gar nicht oder aber nicht gebührend berücksichtigt wird. Hinzu kommt, dass die Orientierung am Charakter bisweilen auch die Gliederung von Lebensbeschreibungen bestimmt, was dazu führen kann, dass der behandelte Stoff nicht immer streng chronologisch angeordnet ist. Dies ist beispielsweise der Fall bei Sueton (mit vollem Namen: Gaius Suetonius Tranquillus, etwa 75–150 n. Chr.), der die Viten der römischen Herrscher von Caesar bis Domitian darstellte (100 v. Chr.–96 n. Chr.). Trotzdem bieten sowohl Sueton als auch Plutarch einen im Grundsatz verlässlichen **Faktenrahmen**, und ihre Werke

– wie auch andere Biographien – erweisen sich darüber hinaus immer wieder als unschätzbare Fundgrube für Informationen zu fast allen antiken Lebensbereichen.

2.2.9 Andere Literaturgattungen: Fachschriften, Dichtung, Reden und Briefe

In diesem Sinne liefern noch zahlreiche andere antike Schriften eine unentbehrliche Ergänzung zur reinen Ereignisgeschichte, so zum Beispiel die einschlägige **Fachliteratur** aus vielerlei Wissensgebieten. Zu denken ist hierbei nicht nur an die großen **Philosophen** wie Platon (427–347 v. Chr.) und Aristoteles (384–322 v. Chr.), oder an **medizinische Schriften** wie das so genannte *Corpus Hippocraticum* (4. Jh. v. Chr.). Von großem historischem Interesse sind auch **geographische** oder – im weitesten Sinne – **naturwissenschaftliche Werke** wie die Erdbeschreibung Strabons (ca. 63 v.–19 n. Chr.) oder die „Naturgeschichte" des älteren Plinius (Gaius Plinius Secundus, 23–79 n. Chr.). Speziell für die Wirtschaftsgeschichte wichtig sind etwa die Werke der **Agrarschriftsteller** Cato der Ältere (Marcus Porcius Cato, ca. 234–149 v. Chr.) und Columella (Lucius Iunius Moderatus Columella, 1. Jh. n. Chr.), und in den Bereich der **Völkerkunde** fällt die berühmte *Germania* des kaiserzeitlichen Historikers Tacitus (Cornelius Tacitus, um 55–120 n. Chr.), die vielleicht nicht so sehr über Germanien selbst Aufschluss gibt als vielmehr über die ETHNOGRAPHISCHEN Vorstellungen der Römer. Nicht zu vergessen ist in diesem Zusammenhang schließlich die **juristische Fachliteratur**, die wertvolle Einblicke in die gesellschaftliche Realität des Imperium Romanum besonders im 2. und 3. nachchristlichen Jahrhundert gewährt (Gaius, 2. Jh. n. Chr.; Papinian und Ulpian, beide um 200 n. Chr.).

Man sieht, dass es die Fragestellungen sind, die eine bestimmte Literaturgattung auskunftsfreudig erscheinen lassen. Nicht zuletzt gilt dies für die **antike Dichtung**. Von der Bedeutung der homerischen **Epen** (8. Jh. v. Chr.) für die Kenntnis der frühgriechischen Gesellschaftsstrukturen war oben bereits die Rede; ähnliches trifft zu für die „Werke und Tage" des Hesiod von Askra in Böotien (um 700 v. Chr.), ein längeres Gedicht, in dem er seinen harten Alltag als kleiner Bauer schildert, der stets am Rande der Not lebt. Wieder andere Aspekte des täglichen Lebens werden in **Komödien** wie denen des Aristophanes beleuchtet (446–388 v. Chr.), und selbst den **Tragödien**, die üblicherweise eher ‚zeitlose' Probleme im mythologischen Gewand behandeln, kann eine gewisse ‚Aktualität' nicht abgesprochen werden: Immerhin haben Dramatiker wie Aischylos (ca. 525–456 v. Chr.), Sophokles (496–406 v. Chr.) und Euripides (480–406 v. Chr.) ihre Stücke für Wettbewerbe gedichtet, und es ist daher gewiss nicht übertrieben anzunehmen, dass sie damit einen ‚Zeitgeschmack' berühren wollten. Vor diesem Hintergrund aber lässt sich auch kürzeren Gedichten noch manches abgewinnen, denn auch sie repräsentieren zweifellos einen historischen Diskurs, ob man nun an die frühgriechische **Lyrik** eines Tyrtaios (650 v. Chr.?), Alkaios (ca. 630 v. Chr.) oder Solon (um 640–560 v. Chr.) denkt, oder an die kaiserzeitlichen **Satiren** eines Juvenal (Decimus Iunius Iuvenalis, 58–130 n. Chr.).

Abb. 9 Marcus Tullius Cicero, römische Porträtbüste, Florenz, Uffizien

Ein letzter großer Bereich antiker Literatur sind schließlich die **Reden**, **Flugschriften** und **Briefe**. Teilweise gehören diese Texte zu dem, was Hermann Bengtson als „primäres Material" bezeichnet hat (→ **S. 44 f.**). Manches war freilich von vorneherein zur Veröffentlichung gedacht, so etwa die Briefe des jüngeren Plinius (Gaius Plinius Caecilius Secundus, ca. 61–112 n. Chr.), und auch die eine oder andere Rede ist ein reines literarisches Kunstprodukt und nie tatsächlich gehalten worden. Bei den übrigen Reden darf man wohl davon ausgehen, dass sie zumindest nicht in der Form vorgetragen wurden, in der sie überliefert sind. In der Regel besitzen wir nur eine spätere, für die Publikation überarbeitete Version, und diese kann vom Original natürlich erheblich abweichen. All dies gilt es zu berücksichtigen im Umgang mit solchen Erzeugnissen der antiken RHETORIK. Gleichwohl liefern sie häufig Informationen aus erster Hand. Gerade die Zeitnähe vieler

Reden und Briefe kann allerdings zur Folge haben, dass ihr Inhalt parteiisch und absichtlich subjektiv ist – dies zeigt sich beispielsweise bei den beiden berühmten Athenern Isokrates (436–338 v. Chr.) und Demosthenes (384–322 v. Chr.), die uneins waren über die Frage, wie man es mit Philipp II. von Makedonien halten solle. Dies zeigt sich auch in aller Deutlichkeit in vielen Briefen und Reden Ciceros (Marcus Tullius Cicero, 106–43 v. Chr.), die ein beredtes Zeugnis darüber ablegen, wie dieser in der turbulenten Endphase der römischen Republik gleich mehrmals die politischen Seiten gewechselt hat.

2.2.10 Einzelstelle und gesamtes Werk

Reden und Briefe, aber auch Dichtung oder Fachschriften sind also in vielerlei Hinsicht als Quellen fruchtbar zu machen. Freilich werden Althistoriker auf den Ereigniszusammenhang, den narrative Texte – und das heißt hauptsächlich Historiographie und Biographie – stiften, nicht ganz verzichten können. Abschließend sei in diesem Zusammenhang noch auf Folgendes hingewiesen: Wichtig im Umgang mit antiker Literatur jedweder Art ist – und dies sollten die vorstehenden Darlegungen klar gemacht haben –, dass man stets den Autor einer Quellenstelle und das gesamte Werk im Blick behält, selbst wenn man eine Fragestellung bearbeitet, für die bloß ein kleiner Abschnitt daraus interessant ist. Nur wer sich an diese Vorsichtsmaßregel hält, vermeidet es, Darstellungsabsichten oder topische Bezüge zu übersehen und dadurch die Stimmigkeit der eigenen Interpretation zu gefährden.

Literatur

Einführungen:

M. Landfester (Hg.), **Geschichte der antiken Texte: Autoren- und Werklexikon** (= DNP Suppl. 2), Stuttgart 2007.

J. Bernays, **Geschichte der klassischen Philologie**, Hildesheim/Zürich 2008.

H.-G. Nesselrath (Hg.), **Einleitung in die griechische Philologie**, Stuttgart/Leipzig 1997.

F. Graf (Hg.), **Einleitung in die lateinische Philologie**, Stuttgart/Leipzig 1997.

P. Riemer/M. Weißenberger/B. Zimmermann, **Einführung in das Studium der Gräzistik**, München 2000.

P. Riemer/M. Weißenberger/B. Zimmermann, **Einführung in das Studium der Latinistik**, München 1998.

E. Pöhlmann, **Einführung in die Überlieferungsgeschichte und in die Textkritik der antiken Literatur**, 2 Bde., Darmstadt 1994/2003.

Literaturgeschichte, griechisch und römisch:

A. Dihle, **Griechische Literaturgeschichte**, 2. Aufl., Darmstadt 1991.

B. Zimmermann/A. Schlichtmann (Hgg.), **Handbuch der griechischen Literatur der Antike**, Bd. 1: **Archaische und klassische Zeit**, HdA VII 1, München 2011.

B. Zimmermann/A. Rengakos (Hgg.), **Handbuch der griechischen Literatur der Antike**, Bd. 2: **Die Literatur der klassischen und hellenistischen Zeit**, HdA VII 2, München 2014.

A. Dihle, **Die griechische und lateinische Literatur der Kaiserzeit**, München 1989.

R. Herzog/P. L. Schmidt (Hgg.), **Handbuch der lateinischen Literatur der Antike**, HdA VIII 1, 4, 5, 6.1/6.2, München 1989 – 2002.

M. v. Albrecht, **Geschichte der römischen Literatur**, 2 Bde., 3. Aufl., München 2012.

M. Fuhrmann, **Geschichte der römischen Literatur**, Stuttgart 1999.

Geschichtsschreibung:

B. Näf, **Antike Geschichtsschreibung: Form – Leistung – Wirkung**, Stuttgart 2010.

A. Feldherr/G. Hardy (Hgg.), **The Oxford History of historical Writing**, Bd. 1: **Beginnings to AD 600**, Oxford 2012.

O. Lendle, **Einführung in die griechische Geschichtsschreibung: Von Hekataios bis Zosimos**, Darmstadt 1992.

D. Flach, **Römische Geschichtsschreibung**, 4. Aufl., Darmstadt 2013.

J. Rüpke, **Römische Geschichtsschreibung: eine Einführung in das historische Erzählen und seine Veröffentlichungsformen im antiken Rom**, 2. Aufl., Marburg 2015.

Andere Literaturgattungen:

H. Sonnabend, **Geschichte der antiken Biographie: Von Isokrates bis zur Historia Augusta**, Stuttgart/Weimar 2002.

K. De Temmermann (Hg.), **The Oxford Handbook of Ancient Biography**, Oxford 2020.

Ch. Mueller-Goldingen, **Dichtung und Philosophie bei den Griechen**, Darmstadt 2008.

M. Fuhrmann, **Die Dichtungstheorie der Antike**, 2. Aufl., Darmstadt 1992.

W. Eisenhut, **Einführung in die antike Rhetorik und ihre Geschichte**, 5. Aufl., Darmstadt 1994.

W. Stroh, **Die Macht der Rede: eine kleine Geschichte der Rhetorik im alten Griechenland und Rom**, Berlin 2009.

S. Döpp u. a. (Hgg.), **Lexikon der antiken christlichen Literatur**, 3. Aufl., Freiburg u. a. 2002.

Zu wichtigen Editionen und Übersetzungen antiker Autoren → **Kap. 3.2.5**
Zur EDV-gestützten Recherche → **Kap. 3.2.1**

Exkurs: Quellentext befragt

Auf den ersten Seiten seines 24. Buches, das die Ereignisse des Jahres 215 v. Chr. behandelt, bringt Livius die Haltung der italischen Bundesgenossen Roms nach der katastrophalen römischen Niederlage gegen Hannibal bei Cannae (216 v. Chr.) in einem einzigen Satz auf den Punkt: „*Unus velut morbus invaserat omnes Italiae civitates, ut plebes ab optimatibus dissentirent, senatus Romanis faveret, plebs ad Poenos rem traheret*“ (Livius 24,2,8). In der deutschen Übersetzung von Josef Feix (1977) lautet die Stelle: „Eine einzige Krankheit hatte gleichsam alle Staaten Italiens befallen, dass das Volk anders dachte als der Adel, dass der Senat den Römern zugetan war, die Bürgerschaft sich aber zu den Puniern hingezogen fühlte.“

Derartige Aussagen sind, das kann nun nicht oft genug betont werden, extrem verdächtig! Sie pauschalisieren in einer Weise, die geradezu danach riecht, dass hier ein Gemeinplatz oder aber eine bestimmte darstellerische Absicht Pate gestanden haben für eine Verdrehung, Übertreibung oder zumindest eine grobe Vereinfachung der Tatsachen.Was ist zu tun? Der nahe liegende Ansatz besteht darin, die generalisierende Behauptung am Einzelfall zu überprüfen, und zwar zunächst in der livianischen Schilderung selbst. Wer dies unternimmt, der muss die Bücher 23–30 bei Livius durchmustern, in denen der Zweite Punische Krieg von der Schlacht bei Cannae bis zum Friedensschluss 201 v. Chr. dargestellt wird. Dazu ist etwas Zeit erforderlich, aber das Ergebnis lohnt die Mühe. Die Gegenprobe bei Livius zeigt nämlich, wie kaum anders zu erwarten war, ein durchaus vielschichtiges Bild. Der in 24,2,8 erwähnte Gegensatz zwischen Adel und Volk findet sich nur an einigen wenigen Stellen wieder: So sollen in der campanischen Stadt Nola die (adeligen) Ratsherren die Römer unter Marcus Claudius Marcellus zu Hilfe gerufen haben, weil das Volk zu Hannibal habe übergehen wollen. Diese Geschichte wird aber gleich dreimal für drei aufeinander folgende Jahre erzählt (für 216: Livius 23,14,7–17,3; für 215: Livius 23,39,7–8; 23,41,13–46,7; für 214: Livius 24,13,8–11; 24,17), es handelt sich also sogar um mehr als um eine Doublette. Damit nicht genug: An einer Stelle wird der Anführer der prokarthagischen Partei in Nola, ein Mann namens Lucius Bantius, ganz zweifelsfrei als Adliger identifiziert, denn es heißt von ihm, er sei „zu der Zeit unter den Bundesgenossen [der Römer] beinahe der vornehmste Ritter" gewesen (Livius 23,15,8: „*erat ... sociorum ea tempestate prope nobilissimus eques*"). Man wird daher berechtigte Bedenken tragen dürfen, ob Livius die Lage in Nola wirklich zutreffend beschrieben hat. Ähnliches gilt nun auch für die einzigen beiden anderen Fälle, die wenigstens halbwegs und auf den ersten Blick der angeblichen ‚Zweiteilung' Italiens in einen romfreundlichen Adel und ein karthagerfreundliches Volk zu entsprechen scheinen. Es sind dies die unteritalischen Griechenstädte Kroton und Locri, deren in Livius 24,1–3 berichtetes Schicksal im Übrigen überhaupt erst den erzählerischen Rahmen für die fragliche Pauschalaussage abgegeben hat. Ausführlich wird dort dargestellt, wie es in beiden Städten eben das Volk gewesen sei, das gegen den Widerstand der Adligen den Wechsel auf die Seite der Punier (und der mit diesen verbündeten Bruttier) durchgesetzt habe.

In Buch 23 nimmt Livius den Verlust der beiden Städte jedoch kurz vorweg (23,30,6–8), und hier heißt es, Kroton sei aus militärischer Schwäche an die Karthager gefallen, während es in Locri das Volk gewesen sei, das vom Adel betrogen wurde, und nicht umgekehrt: „*Et Locrenses descivere ad Bruttios Poenosque prodita multitudine a principibus*" („Auch die Locrer gingen zu den Bruttiern und den Puniern über, weil die [Volks]menge von den Adligen verraten wurde"). Normalerweise würde man in diesem Zusammenhang die umfangreichere Schilderung in Buch 24 der stark verkürzten Angabe in Buch 23 vorziehen. Gerade die Beobachtung aber, dass in die längere Fassung, gewissermaßen als Fazit, die Aussage 24,2,8 eingebettet wurde, spricht hingegen dafür, dass Livius oder seine Vorlage an dieser Stelle die Faktentreue zugunsten eines pointierten Bonmots vernachlässigt haben.

Alle übrigen aus Livius gewonnenen Informationen zum Verhalten der italischen Völkerschaften nach Cannae stützen diese Annahme: Nirgends ist von Meinungsverschiedenheiten zwischen Adel und Volk die Rede; mehr noch, das Volk spielt zumeist keine erkennbare Rolle in den politischen Entscheidungsprozessen. Diese finden vielmehr fast ausschließlich innerhalb der Oberschicht statt. Es ist also der Adel, oder, im Konfliktfall, die jeweils stärkere Adelspartei, die bestimmt, ob man bei Rom bleibt oder sich den Karthagern anschließt. Dies ist in Capua so (Livius 23,2–10), in Etrurien (Livius 27,24; 29,36,10–12; 30,26,12) und auch in Süditalien (Compsa: Livius 23,1,1–3; Tarent: Livius 24,13,1–4; 25,8,3–10; Arpi: Livius 24,47,6; Salapia [Salpia]: Livius 26,38,6–14).
Die Parallelüberlieferung zu Livius – es handelt sich hauptsächlich um Abschnitte aus Polybios, Plutarch und Cassius Dio – enthält nichts, das diesen Quellenbefund wesentlich verändern würde: Die Aussage in Livius 24,2,8 ist als unzutreffend entlarvt!
Handelt es sich hierbei nun um einen Topos, oder steckt eine anders geartete Darstellungsabsicht dahinter? Und: Hat Livius selbst hier die Tatsachen ‚frisiert', oder hat er die tendenziöse Beurteilung von einem seiner Gewährsmänner übernommen?
Diese Fragen sind nicht mehr mit letzter Gewissheit zu beantworten. Eine im weitesten Sinne ‚antidemokratische' Haltung, die man an dieser Stelle für eine stereotype Verzerrung verantwortlich machen könnte, ist sowohl in Griechenland als auch in Rom gerade in den gebildeten Kreisen zu fast allen Zeiten weit verbreitet gewesen. Trotzdem kommt man vielleicht noch ein bisschen weiter. Ein Fingerzeig auf eine ganz konkrete Konfliktsituation, die hinter der Äußerung Livius 24,2,8 stehen könnte, liefert der genaue Wortlaut der Stelle, denn sie spricht von den optimates einerseits und (weniger charakteristisch) der plebs andererseits. Diese Begriffswahl lenkt freilich den Blick auf die berühmte ‚Krise der späten römischen Republik', auf die Turbulenzen der Gracchenzeit ab 133 v. Chr., und besonders auf die daraus erwachsene Frontstellung zwischen POPULAREN und OPTIMATEN. Angesichts der Tatsache, dass sich Livius in seiner Darstellung des Zweiten Punischen Krieges nicht zuletzt auf – nicht mehr erhaltene – römische Historiker aus dieser Krisenzeit stützte, auf Schriftsteller wie Coelius Antipater und Valerius Antias (um 100 v. Chr.?), wird es wahrscheinlich, die Pauschalaussage auf einen dieser Autoren zurückzuführen und als tagespolitische optimatische Propa-

ganda zu verstehen, die das ‚Volk' – und damit vor allem diejenigen, die vorgaben, die Sache des Volkes zu vertreten, mithin die Popularen – als ‚Vaterlandsverräter' diffamieren wollten.

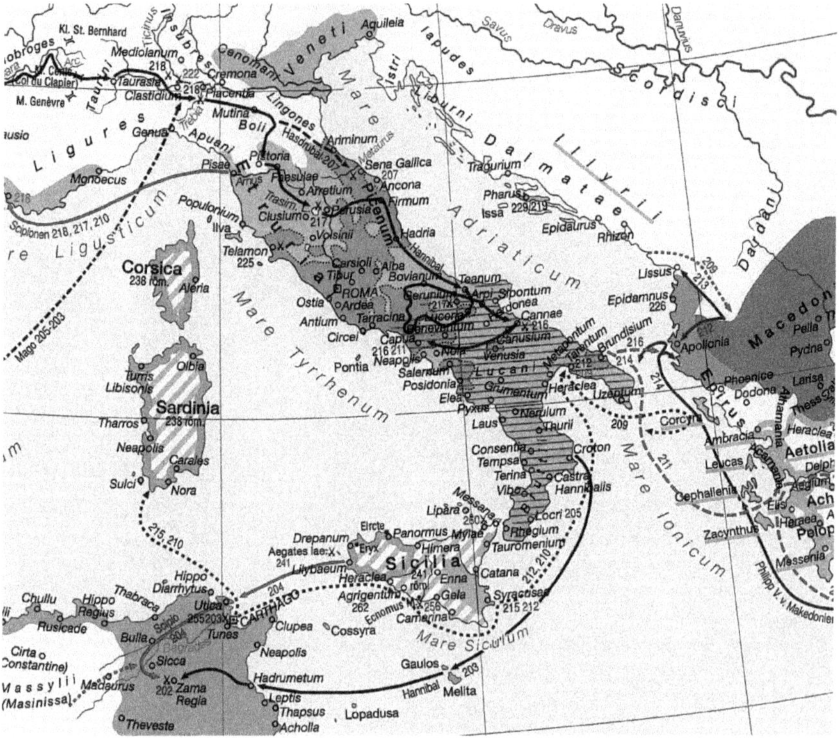

Abb. 10 Rom und Italien in der Auseinandersetzung mit Karthago

Literatur

Jürgen von Ungern-Sternberg, **Capua im zweiten punischen Krieg. Untersuchungen zur römischen Annalistik**, Vestigia 23, München 1975, v. a. Kap. II und III.

2.3 Inschriften - die Epigraphik

2.3.1 Gegenstand und Geschichte

Die Griechen haben seit dem 8. Jahrhundert v. Chr. Inschriften auf dauerhaftem Material wie Stein und Metall (seltener Keramik oder Holz) hinterlassen, die Römer seit ca. 600 v. Chr. Überliefert sind uns diese Texte, im Unterschied zur Handschriftentradition, eher zufällig, und man findet sie rund um das Mittelmeer. Dabei konzentriert sich die Masse der griechischen Inschriften auf den Ägäisraum und die Zeit zwischen 300 v. und 250 n. Chr., die meisten lateinischen Inschriften befinden sich in Italien und stammen aus den ersten drei nachchristlichen Jahrhunderten. Gegenwärtig sind rund 250.000 griechische und 300.000 lateinische Inschriften aus dem Altertum bekannt, und man schätzt, dass pro Jahr ungefähr eintausend Neufunde in jeder der beiden Sprachen hinzukommen. Der Bereich der Inschriften ist also, anders als vor allem die literarische Überlieferung, ständig in Bewegung, unser Materialbestand wächst, und allein dadurch schon unser Wissen. Mit all diesen Texten beschäftigen sich die griechische und die lateinische Inschriftenkunde oder EPIGRAPHIK.

Streng genommen gehen die Anfänge dieser Disziplin in die griechische und römische Zeit selbst zurück: Nicht nur, dass die antiken Schriftsteller, allen voran natürlich die Historiker, gegebenenfalls auch inschriftliches Material für ihre Studien ausgewertet haben; selbiges wissen wir beispielsweise von Herodot (5,77), von Cato dem Älteren (bei Aulus Gellius 2,28,6), oder vom kaiserzeitlichen Reiseschriftsteller Pausanias (z. B. 10,7,5–6). Schon ab dem Hellenismus wurden darüber hinaus richtiggehende Sammlungen von Inschriften angelegt, die heute leider allesamt nicht mehr erhalten sind: An erster Stelle zu nennen sind in diesem Zusammenhang die so genannten *Epigrammata Attika* von Philochoros von Athen (ca. 320–261 v. Chr.), und wenig später stellte der Makedone Krateros (wohl der Sohn des gleichnamigen Feldherren der Alexanderzeit) griechische Volksbeschlüsse zusammen, offenbar vornehmlich solche aus dem Athen des 5. Jahrhunderts v. Chr. Unbekannt ist bei beiden Gelehrten, ob sie wirklich ‚am Stein selbst' gearbeitet haben. Diese geradezu moderne Vorgehensweise ergibt sich für den Reiseschriftsteller Polemon (2. Jh. v. Chr.) indessen ziemlich deutlich aus dem ihm beigegebenen Spitznamen *Stelokopas* (= Säulenklauber).

Im Mittelalter war das Interesse an antiken Inschriften eher begrenzt; immerhin liegt mit dem so genannten Codex Einsidlensis aus dem 8./9. Jahrhundert eine bescheidene handschriftliche Auswahl von 80 lateinischen Inschriften aus Italien vor. Erst als der Humanismus des 14. und 15. Jahrhunderts die antike Welt neu entdeckte, wurde auch der epigraphischen Überlieferung aus dem Altertum wieder größere Aufmerksamkeit zuteil. Dabei stand bereits damals hinter dieser Beschäftigung die Erkenntnis, dass das inschriftliche Material wertvolle Informationen zur Ergänzung der literarischen Tradition bereithielt. Unter anderem haben in dieser Phase der berühmte Humanist Cola di Rienzo (1313–1354), der päpstliche Sekretär Poggio Bracciolini (1380–1459) und der Kaufmann und Forschungsreisende Ciriaco de Pizzicolli (Cyriacus von Ancona, 1391–1455) Sammlungen lateinischer und griechischer Inschriften angelegt. Ein wahrer Meilenstein in der Geschichte der Epigraphik war dann das so genannte *Corpus absolutissimum* des in Heidelberg tätigen Niederländers Jan Gruter (1560–1627). Gruter hatte sich das ehrgeizige Ziel gesteckt, alle griechischen und lateinischen Inschriften zusammenzutragen und in Buchform zu veröffentlichen. Mit Unterstützung des Philologen Joseph Scaliger (1540–1609) legte er 1603 rund 12.000 Inschriften vor und schuf so ein für längere Zeit verbindliches Standardwerk.

2.3.2 Die Geburtsstunde der großen Inschriftencorpora

Immer ausgedehntere Forschungsreisen im Mittelmeergebiet und der Beginn der Grabungstätigkeit führten ab dem 18. Jahrhundert jedoch zu einem dramatischen Anstieg der Zahl der bekannten Inschriften. Dabei wurden die zahllosen Neuentdeckungen dieser Zeit zumeist recht verstreut publiziert. Zugleich hatte die Professionalisierung der Altertumswissenschaft auch im Bereich der Inschriftenkunde die Entwicklung von **reflektierten methodischen Prinzipien** bewirkt (s. u.) und damit letztlich die Epigraphik als Wissenschaft begründet. Dies aber bedeutete, dass es aus gleich mehrerlei Gründen zu Beginn des 19. Jahrhunderts dringend erforderlich erschien, neue, nach wissenschaftlichen Maßstäben erarbeitete Sammlungen vorzulegen. Dass es von da an immer noch Jahrzehnte dauerte, bis die erste derartige Unternehmung abgeschlossen war, zeigt, was für ein gewaltiges Unterfangen solche Inschriftenprojekte darstellen. Hierbei nun hat sich besonders die Preußische Akademie der Wissenschaften (heute: Berlin-Brandenburgische Akademie) bleibende Verdienste erworben. Unter ihrer Ägide begann August Boeckh (1785–1867) im Jahre 1815 die Arbeit am *Corpus Inscriptionum Graecarum* (CIG), der Sammlung aller Inschriften, die allerdings bei ihrem Abschluss 1859 – insgesamt erschienen vier Bände – schon beinahe wieder überholt war.

Etwa zeitgleich konnte Theodor Mommsen (1817–1903) die Akademie für sein Vorhaben einer Zusammenstellung aller lateinischen Inschriften, eines *Corpus Inscriptionum Latinarum* (CIL), gewinnen: In einer Denkschrift formulierte er 1847 klare methodische Regeln für diesen Plan und bewies dessen Durchführbarkeit anschließend in zwei ‚Testläufen', den *Inscriptiones regni Neapolitani Latinae* von 1852 und den 1854 veröffentlichten lateinischen Inschriften der Schweiz. Das wichtigste von Mommsen eingeführte Prinzip bei der epigraphischen Arbeit war die Forderung nach AUTOPSIE, d. h., der Forscher sollte möglichst jede Inschrift, die er bearbeitete, selbst gesehen und untersucht haben. Die Vergangenheit hatte nämlich gezeigt, dass es auch bei der Aufnahme von Inschriften zu Ungenauigkeiten und Kopierfehlern kommen konnte und dass man deswegen nicht allen älteren Lesungen vertrauen durfte. Für manche Inschriften kursierten, genauso wie bei den Manuskripten der Handschriftenüberlieferung, mittlerweile sogar mehrere Versionen – mit dem großen Unterschied freilich, dass sich Mommsen und seine Mitstreiter hier in der komfortablen Lage sahen, zumeist auf das Original zurückgreifen zu können, und dies wurde nun zu einem auch heute noch gültigen methodischen Grundsatz erklärt. Von Boeckh und seinem CIG übernahm Mommsen im Weiteren nicht nur den Anspruch auf Vollständigkeit, sondern auch die im Regelfall geographische Konzeption des Corpus. Im Jahre 1853 wurde das Projekt schließlich aus der Taufe gehoben, und der erste Band mit den lateinischen Inschriften bis zum Tode Caesars erschien 1863 (eine zweite Auflage in fünf Faszikeln folgte zwischen 1893–1986).

2.3.3 Die wichtigsten Inschriftenpublikationen heute

Für die **lateinischen Inschriften** ist das CIL bis heute die wichtigste Publikation. Gegenwärtig präsentiert sich die Grobgliederung des CIL wie folgt: Band I umfasst, wie gesagt, die Inschriften der römischen Republik, die Bände II bis XV die verschiedenen Regionen des römischen Reiches (II: Spanien; III: Donaugebiete und Osten; IV: Pompeji und Herculaneum; V: Norditalien; VI: Rom [dazu auch XV]; VII: Britannien; VIII: Nordafrika; IX und X: Unteritalien, Sizilien, Sardinien und Korsika; XI: Mittelitalien;

XII: Südfrankreich; XIII: Mittel- und Nordfrankreich, Belgien und die germanischen Provinzen; XIV: Latium), Band XVI enthält die römischen Militärdiplome und Band XVII die Meilensteine (zu beiden Inschriftengruppen s. u.). Abgeschlossen ist das CIL bis heute nicht. In Bearbeitung ist Band XVIII, der sich der inschriftlich überlieferten Dichtung widmen wird (so genannte metrische oder Versinschriften), und zudem ist immer wieder die Publikation von Ergänzungsbänden und Neuauflagen notwendig. Daneben gibt es seit 1888 die Zeitschrift Année Épigraphique (AE), die sich ebenfalls als – allerdings regelmäßige – Ergänzung zum CIL versteht.

Mit dem CIL, der AE und den von Hermann Dessau 1892–1916 herausgegebenen *Inscriptiones Latinae Selectae* (ILS) sind die für die lateinische Epigraphik einschlägigen Editionen und Publikationsreihen genannt.

Etwas unübersichtlicher gestaltet sich demgegenüber der Bereich der **griechischen Inschriften**. Zwar wurden die seit Boeckhs Tod von der Berliner Akademie in Auftrag gegebenen Einzelcorpora im Jahre 1902 durch Mommsens Schwiegersohn, Ulrich von Wilamowitz-Moellendorf (1848–1931), in Anlehnung an das CIL unter dem Dach der *Inscriptiones Graecae* (IG) versammelt, aber schon Kleinasien ließ man dabei von Anfang an außer Betracht, denn im Jahr zuvor hatte die Österreichische Akademie der Wissenschaften die so genannten *Tituli Asiae Minoris* (TAM) in Angriff genommen. Beide Corpora sind indes auch heute nicht vollständig. Im Rahmen der TAM gibt es Bände zu Bithynien, Lydien, Pisidien und Lykien, und bei den IG besitzen wir bislang die Bände I bis III zu Attika (= CIA, *Corpus Inscriptionum Atticarum*), IV bis VI zur Peloponnes, VII bis IX zu Mittelgriechenland, X zu Nordgriechenland, XI bis XIII zu den ägäischen Inseln, XIV zum Westen (v. a. Italien und Sizilien) und XV zu Zypern. Analog zur AE bietet seit 1923 das so genannte *Supplementum Epigraphicum Graecum* (SEG) regelmäßige Ergänzungen und Nachrichten über Neufunde der griechischen Epigraphik. Seit 1972 schließlich erscheint die Reihe IK (= Die Inschriften griechischer Städte aus Kleinasien), von der immerhin bereits über 80 Bände vorliegen. Daneben existiert eine ganze Reihe weiterer Corpora wie die *Inscriptions grecques et latines de la Syrie* (I Syrie oder IGLS, 1929 ff.), die *Inscriptions de Délos* (I Delos, als Fortsetzung von IG XI, 1926 ff.) oder die *Monumenta Asiae Minoris Antiqua* (MAMA, 1928 ff.), sowie wichtige Einzelveröffentlichungen, zum Beispiel die Inschriften von Milet (jetzt neu 2014) oder die von Priene (jetzt neu, 1997– 2017). Auch Auswahlsammlungen griechischer Inschriften gibt es mehrere, zu denken ist etwa an die dritte Auflage der *Sylloge Inscriptionum Graecarum* ($Syll^3$, 1915–1924,

ND 1960) von Wilhelm Dittenberger und Friedrich Hiller von Gärtringen oder die *Selection of Greek Historical Inscriptions* von Russell Meiggs und David Lewis (2. Aufl., 1988). Es ist daher nicht einfach, in der griechischen Epigraphik einen Überblick zu gewinnen oder zu behalten. Ein unentbehrliches Hilfsmittel hierbei ist der so genannte *Guide de l'Épigraphiste* von Denis Feissel und anderen (im Jahr 2010 in der 4. Auflage erschienen, mit Supplementen zum download), der sowohl die griechischen als auch die lateinischen Inschriftenpublikationen chronologisch, geographisch und auch thematisch erschließt.

2.3.4 Die Arbeit der Epigraphiker

Wie sieht nun die Arbeit der Epigraphiker konkret aus? An erster Stelle steht hierbei auch heute noch die Aufgabe, antike Inschriften zu sammeln und zugänglich zu machen; das Material muss also aufgenommen, gelesen und ediert werden. Dazu sollte zunächst, wie oben erwähnt, das Original in Augenschein genommen werden. Wenn es darüber hinaus ältere Lesungen einer Inschrift gibt, dann müssen diese allerdings ebenfalls herangezogen werden. Obwohl die Mehrzahl der Inschriften – gewissermaßen *per definitionem* – auf sehr dauerhaftem Material, die meisten auf Stein, überliefert sind, kommt es nämlich im Laufe der Zeit in vielen Fällen trotzdem zu Schäden, natürlich vor allem, wenn der jeweilige Inschriftenträger längerfristig den Witterungsverhältnissen ausgesetzt ist. Das aber bedeutet, dass frühere Bearbeiter die Inschrift unter Umständen noch in einem besseren Erhaltungszustand angetroffen haben und mehr lesen konnten. Auf der anderen Seite ergibt sich daraus, dass Inschriften verwittern können, entsprechend die Notwendigkeit, die eigene **Befundaufnahme** so genau wie möglich für die Nachwelt zu dokumentieren – man darf in diesem Zusammenhang zudem nicht vergessen, dass schon manche Inschrift nach ihrem Auffinden wieder verschwunden ist oder zerstört wurde. Eine vollständige **Dokumentation** empfiehlt sich also bereits zu Archivierungszwecken, und die Inschrift selbst kann man nicht immer in ein Museum bringen, geschweige denn mit nach Hause nehmen. An die Stelle der früher üblichen Skizze oder Zeichnung ist dabei heutzutage erwartungsgemäß die Fotografie getreten, obwohl eine zeichnerische Aufnahme als Ergänzung zum Foto manchmal noch immer ihre Berechtigung hat. Dies kann besonders dann der Fall sein, wenn es darum geht, in einer Publikation bestimmte Details oder

Perspektiven hervorzuheben, die sich vielleicht mit der Kamera im Moment der Inschriftenaufnahme nicht richtig erfassen lassen.

2.3.5 Aufnahme und Dokumentation

Fast noch wichtiger als Zeichnung und Foto ist jedoch ein so genannter ABKLATSCH. Darunter versteht man in der Epigraphik einen Abdruck der Inschriftenfläche in Originalgröße, bei dem dann, wie bei einem Negativ, die normalerweise in den Stein oder das Metall eingetieften Buchstaben reliefiert und in Spiegelschrift erscheinen. Für Abklatsche verwendet man häufig spezielles Papier, das angefeuchtet und – gegebenenfalls in mehreren Lagen – mit einer Bürste auf den Inschriftenträger gedrückt wird. Die dadurch entstehende Masse bildet die Oberfläche der Inschrift in der beschriebenen Weise exakt ab und lässt sich nach dem Trocknen problemlos ablösen. So erhält man ein handliches Gegenstück des Originals, das man überallhin mitnehmen kann. Neben Papierabklatschen gibt es noch die etwas kostspieligere und aufwändigere Technik, als Abdruckmaterial einen härtenden Kunststoff zu verwenden, zum Beispiel Latex oder Silikon, das mit kleinen Spachteln aufgetragen wird. Silikon kann noch die kleinsten Unebenheiten wiedergeben und ist daher nicht zuletzt bei stark verwitterten Inschriften sinnvoll. Außerdem sind Spachtel und Spachtelmasse geeigneter für schwer zugängliche Oberflächen (zum Beispiel Spalten und Ritzen, was bei verstürzten Monumenten leicht vorkommen kann), die man mit Papier und Bürste kaum mehr erreicht.

Ein Abklatsch ist freilich nicht nur ein Hilfsmittel für die Dokumentation, er erleichtert auch die spätere Bearbeitung einer Inschrift. Nicht immer hat der Epigraphiker am Ort der Inschriftenaufnahme genügend Zeit zur Verfügung, und deshalb kann es vorkommen, dass der eine oder andere Arbeitsschritt verschoben werden muss. Wenn man dann zum Beispiel nachträglich die genauen Abmessungen einer Inschrift oder die Buchstabengröße überprüfen muss, so ist dies an einem Abklatsch viel einfacher zu ermitteln als bei einer Fotografie oder Zeichnung. Häufig ist der Abklatsch sogar besser zu entziffern als das Original oder die Fotografie. Bei stark verwitterten Inschriften etwa ist im Streiflicht nämlich wesentlich mehr zu erkennen, und mit einem Abklatsch lässt sich das optimale Zusammenspiel von Licht und Schatten ohne Schwierigkeiten und jederzeit herbeiführen – zuhause mit der Schreibtischlampe!

2.3.6 Lesung und Textherstellung

Eine Inschrift zu lesen ist also, das zeigt schon dieses Beispiel, nicht immer leicht. Neben Verwitterungsschäden oder – seltener – bewussten Tilgungen, beispielsweise von Personennamen, besteht das größte Problem dabei meistens in einem bruchstückhaften Erhaltungszustand. Das richtige Verständnis eines Textes kann aber auch aus allerlei anderen Gründen erschwert sein. Dies beginnt damit, dass antike Inschriften, für unser Auge höchst ungewohnt, grundsätzlich in Großbuchstaben geschrieben sind, in MAJUSKELSCHRIFT. Außerdem wurden im griechischen Bereich in der Frühzeit noch verschiedene Alphabete für verschiedene Dialekte benutzt, und in der Regel gibt es bei den griechischen Inschriften, im Unterschied zu den lateinischen, keine Worttrennung (*scriptio continua*). Hinzu kommen Abkürzungen und Sonderzeichen aller Art, nicht zuletzt Zahlzeichen, und schließlich werden zuweilen, wie in manchen Handschriften, Buchstaben zusammengeschrieben (dies bezeichnet man als LIGATUR). Zu allem Überfluss gibt es Inschriften, in die sich Fehler eingeschlichen haben, Steinmetzfehler oder Fehler des Verfassers. Dies reicht von bloßen Verschreibungen, versehentlichen Auslassungen oder Doppelungen bis hin zu handfesten orthographischen und grammatikalischen Abweichungen. Letzteres trifft man eher in Regionen wie Kleinasien oder im Nordwesten des römischen Reiches an, wo die einheimischen Sprachen noch lange neben Griechisch und Latein fortbestanden.

Wer eine Inschrift bearbeitet, braucht deshalb Erfahrung und Spezialkenntnisse, und im Grunde genommen muss der **Text der Inschrift**, ähnlich wie bei der Handschriftentradition, eigentlich erst ‚hergestellt' werden: Die Buchstaben müssen entziffert und gegebenenfalls in Wörter getrennt werden, üblich ist danach eine Umschrift, die TRANSKRIPTION in Groß- und Kleinschreibung, und man muss eventuelle Abkürzungen, Sonderzeichen oder Zahlzeichen deuten und auflösen. Für den griechischen Bereich ist dies gut zusammengestellt bei McLean, für die lateinischen Inschriften sind Schmidt und immer noch Meyer hilfreich (→ **S. 84**).

Die entscheidende Aufgabe, die sich dem Epigraphiker stellt, ist jedoch die **Ergänzung fehlender Textteile**. Dies ist allerdings nur ganz selten dadurch möglich, dass man eine besser erhaltene alternative Version desselben Textes zum Vergleich heranziehen kann. Abgesehen von berühmten Ausnahmen wie dem Tatenbericht des Kaisers Augustus (*Res gestae*, oder auch *Monumentum Ancyranum*) oder dem so genannten Maximaltarif des Kaisers Diokletian, handelt es sich bei antiken Inschriften nämlich zumeist um Unikate. Wie aber kann man bei Unikaten Lücken ergänzen und Fragmente vervollständigen, ohne pure Spekulation zu betreiben? Die Antwort auf diese Frage ist einfacher als man denkt: Die Masse der antiken Inschriften lässt sich, dies wird unten noch näher ausgeführt, in eine überschaubare Anzahl von **Typen** oder **Gattungen** einteilen, und für jeden dieser Typen gibt es ein bestimmtes, regional und zeitlich spezifisches Repertoire an festen Wendungen; man spricht in diesem Zusammenhang auch von **Inschriftenformularen**. Konkret heißt das, dass beispielsweise alle Grabinschriften aus ein und derselben Gegend und ein und demselben Zeithorizont ähnlich aufgebaut sind, oder dass es im betreffenden Kontext allenfalls zwei oder drei verschiedene Formulare gibt – dies ist im Übrigen, gerade bei Grabinschriften, auch heute noch so. Dieser Umstand berechtigt den Epigraphiker nun durchaus, fragmentierte Texte, wenn sie sich einem bestimmten, aus anderen Inschriften gut bekannten Formular zuordnen lassen, mit einiger Sicherheit zu ergänzen. Trotzdem bleibt ein auf diese Weise rekonstruierter Text letztlich natürlich eine Interpretation, und dies muss, um der wissenschaftlichen Forderung nach Transparenz und Nachprüfbarkeit zu genügen (→ **Kap. 3.1.6**), entsprechend gekennzeichnet werden – das gleiche gilt für unsichere Lesungen, Ligaturen etc.

2.3.7 Diakritische Zeichen

Um hier, vor allem im Hinblick auf Publikationen, eine Einheitlichkeit zu erreichen und gleichzeitig Platz zu sparen, hat man sich in der Epigraphik auf die Verwendung so genannter DIAKRITISCHER ZEICHEN geeinigt, mit deren Hilfe die jeweiligen Besonderheiten einer Inschrift eindeutig und in knapper Form darstellbar sind. Bekannt geworden sind diese Zeichen unter dem Namen ‚Leidener Klammersystem', das im Gebrauch des CIL zu folgender Form weiterentwickelt wurde (abc meint eine beliebige Buchstabenfolge):

ab|c	Zeilentrenner
ab||c	Text außerhalb des Inschriftenfeldes oder an versetzter Stelle
(vac.)	unbeschriftete Stelle (vacat)
a°bc	Interpunktion (in lateinischen Inschriften oft ein Blattmotiv)
âb̂ĉ	Ligatur, z. B. bedeutet âê dann die Zusammenschreibung Æ

abc(!)	antiker Fehler, Verschreibung, grammatikalische Unregelmäßigkeit
ạḅc̣	unsichere, aus dem Kontext erschlossene Buchstaben
+ + +	Reste unbestimmbarer Buchstaben (cruces), hier drei Buchstaben
- - - - -	verlorener Teil, meist zu Beginn oder am Ende einer Inschrift
[- - -]	Lücke (drei Striche), ganze verlorene Zeile (sechs Striche)
[[abc]]	antike Tilgung des Textes (rasura)
<<abc>>	antiker Text auf eradiertem Feld (litura), Wiederbeschriftung
a`bc´	antike Einfügung
a(bc), (abc)	Auflösung von Abkürzungen, Erklärung von Sonderzeichen
abc(?), a(bc?)	unsichere Lesung, unsichere Auflösung einer Abkürzung
a[bc]	Ergänzung des Textes durch den Herausgeber
{abc}	Tilgung des Textes durch den Herausgeber, z.B. bei Doppelungen
abc	von früheren Herausgebern gelesene, heute verlorene Buchstaben

Abb. 11 Die diakritischen Zeichen; sie sind ursprünglich von der Papyrologie eingeführt worden.

Die wissenschaftliche Edition einer Inschrift umfasst neben diesen diakritischen Zeichen aber noch mehr, in der Regel eine genaue Beschreibung des Inschriftenträgers mit Autopsievermerk, gegebenenfalls eine Fotografie, Angaben zur Buchstabenform und -größe, sowie, falls nötig, einen Kommentar. Wenn die Inschrift schon früher in der Forschung behandelt wurde, gehören darüber hinaus möglichst vollständige Literaturangaben zur Veröffentlichung; die moderne Übersetzung hingegen ist auch heute noch eher selten Bestandteil einer Inschriftenedition.

2.3.8 Datierungsmöglichkeiten

Nicht zuletzt wird man vom Herausgeber einer Inschrift Überlegungen zur Datierung des Textes erwarten, denn diese ist natürlich von zentraler Bedeutung für die historische Interpretation. Es gibt nicht wenige Inschriften mit expliziten Datumsangaben, die man umrechnen kann (→ **Kap. 4.1**); in vielen Fällen aber muss man anhand formaler oder inhaltlicher Kriterien eine etwas gröbere zeitliche Einordnung vornehmen. So lässt sich das Alter einer Inschrift manchmal an ihrem **Schriftbild** erkennen. Bei den frühesten griechischen Inschriften etwa verlaufen die Schriftzeilen nicht einheitlich von links nach rechts, sondern abwechselnd zuerst von rechts nach links (dies in spiegelverkehrten Buchstaben), und in der nächsten Zeile von links nach rechts. Man nennt diesen Schriftverlauf BOUSTROPHEDON. Zwischen 500 und ca. 250 v. Chr. war dann, vor allem in Athen, ein Schriftbild in Mode, bei dem alle Buchstaben – ohne Worttrennung – denselben Abstand voneinander haben; die Schrift wirkt hier wie in einem modernen Kreuzworträtsel. Eine solche Schreibweise wird als STOICHEDON bezeichnet, und weil man in einer Stoichedon-Inschrift deutlich erkennen kann, wie viele Buchstaben eine intakte Zeile umfasst, kann man umgekehrt auch genau sagen, wie viele Buchstaben in einer bestimmten Lücke gestanden haben müssen. Auf dieser Grundlage lässt sich fehlender Text mit einer sehr großen Wahrscheinlichkeit ergänzen.

Abb. 12 Boustrophedon-Inschrift

Abb. 13 Stoichedon-Inschrift

Datierungshinweise können sich weiterhin aus der **Buchstabenform** ergeben, und sogar aus der Herstellungstechnik – zum Beispiel kennen die lateinischen Inschriften der republikanischen Zeit noch nicht den später üblichen V-förmigen Meißelschnitt. Datierungen nach Buchstabenform und ähnlichem sind zwar zugegeben etwas vage, aber sie gelten doch als immerhin auf das Jahrhundert genau. Gleichermaßen kann natürlich auch der Inhalt einer Inschrift Anhaltspunkte für ihr Alter liefern, und selbst Namensformen sind nicht unerheblich. So deuten römische Personennamen in griechischen Inschriften auf eine Datierung in die Kaiserzeit, denn sie sind in der Regel ein Beleg dafür, dass ein (griechischer) Provinzbewohner das römische Bürgerrecht besaß, und dies war vor Augustus selten. Griechische und römische Personennamen mit dem *nomen gentile* ‚Aurelius' (griech. meist ‚Aurelios') weisen gar in die Zeit nach 212 n. Chr., denn das Gentilnomen Aurelius verbreitete sich erst damals massenhaft durch die Verleihung des römischen Bürgerrechtes an alle freien Reichsbewohner unter Kaiser Caracalla, der den vollen Namen Marcus Aurelius Antoninus Caracalla führte (sog. *Constitutio Antoniniana* → **S. 94**).

2.3.9 Inschriftengattungen und Aussagemöglichkeiten

Oben war bereits kurz zur Sprache gekommen, dass sich das **Inschriftenmaterial** in verschiedene Typen gliedern lässt. Dies ist allerdings, wie fast immer, wenn es um gedankliche oder begriffliche Einteilungen geht, nicht ganz ‚reibungslos' möglich. Man kann nicht einmal sagen, dass sich Inschriftentexte in ihrem Inhalt grundsätzlich und immer von anders überlieferten Texten wie Papyri und Handschriften unterscheiden. Eine Inschrift wie die des Diogenes von Oinoanda, der – vermutlich im 2. Jahrhundert n. Chr. – mitten in seiner kleinasiatischen Heimatstadt einen monumentalen, in Stein gemeißelten philosophischen Traktat aufstellen ließ, ist in diesem Zusammenhang gewiss ein Ausnahmefall, der einfach in kein denkbares Schema passt; schließlich handelt es sich um eine der längsten griechischen Inschriften, die wir überhaupt kennen. Es gibt aber auch zahlreiche ‚normale' Inschriften, die zum Beispiel Gedichte, Briefe oder Gesetze überliefern, Texte also, die man nicht unbedingt zuallererst mit der Epigraphik in Verbindung bringen würde. Das Bild der inschriftlichen Überlieferung ist bunt, es reicht letztlich von der Kritzelei bis zum Staatsvertrag. Eines jedoch haben die meisten Inschriften miteinander gemeinsam: Sie sollten die Zeiten überdauern. Daher zielen sie auf etwas ab, das man heute gerne als **Erinnerungskultur** bezeichnet. Dies muss selbstverständlich bei der historischen Interpretation von Inschriften immer im Blick behalten werden.

Im Übrigen lässt sich die Masse der griechischen und lateinischen Inschriften in der Praxis natürlich sehr wohl in Großgruppen unterscheiden, eben in jene besagten Inschriftengattungen. Diese Gattungen freilich können im Einzelnen für ganz verschiedene historische Fragestellungen interessant sein:

Grabinschriften zum Beispiel sind schon allein dadurch, dass sie Personennamen überliefern, ein Anknüpfungspunkt für vielfältige Forschungen. Unter Umständen lassen sich mit ihrer Hilfe Familienstammbäume rekonstruieren, und Veränderungen im Namenmaterial können wichtige politische oder kulturelle Entwicklungen anzeigen, etwa die erwähnte Ausbreitung des römischen Bürgerrechtes. Vor allem lateinische Grabinschriften geben darüber hinaus häufig Informationen zum Lebenslauf der bestatteten Person, also (soziale, aber auch geographische) Herkunft, Beruf oder bekleidete Ämter. Dies ist natürlich von großer Bedeutung für wirtschafts- und sozialgeschichtliche Forschungen, manchmal ebenso für die Politikgeschichte. Gleichzeitig können Grabinschriften religionsgeschichtliche Zusammenhänge erhellen, und zuweilen erwähnen sie bestimmte Institutionen oder Beamte, die mit dem Bestattungswesen befasst sind und erweitern so unsere Kenntnisse über die damalige Verwaltung.

Abb. 14 Grabstein des Centurio (= Hauptmann) Marcus Caelius, gefunden bei Xanten.

2244

protome	*miles indutus lorica*	*protome*
M. Caelius	*torquibus et phaleris*	M. Caelius
M. l.	*ornata, dextra tenet*	M. l.
Privatus	*vitem*	Thiaminus

M. Caelio T. f. Lem. Bon.[1],
Ↄ[2] leg. XIIX[3], ann. LIIIS[4],
[*ce*]cidit bello Variano, ossa
[*i*]nferre licebit. P. Caelius T. f.
Lem. frater fecit.

Ad Castra Vetera (Xanten) Germaniae inferioris rep., est Bonnae (Brambach 209; imaginem dedit Lindenschmitt Alterthümer unsrer heidn. Vorzeit 1 fasc. 6 tab. 5). — 1) (Tribu) Lemonia, (domo) Bononia. — 2) Nota centurionis, quo pertinet etiam vitis quam tenet Caelius. Ceterum in lapide non Ↄ fuisse, sed O, adfirmant testes oculati complures; ea ipsa nota significari centurionem, id autem explicandum ex prisco usu, quo O vel Θ numerum centenarium significaverit, ait Buecheler mus. Rhen. 46, 1891 p. 239. — 3) Legio deleta proelio Variano una cum undevicesima, de cuius exitu testem habemus Tacitum ann. 1, 60, item ut videtur cum decima septima; harum trium legionum nulla postea restituta. — 4) Annorum quinquaginta trium semissis.

Abb. 15 ILS-Edition des Grabsteins des Marcus Caelius. Die Hauptinschrift lautet: Für Marcus Caelius, Sohn des Titus, aus der Tribus [Stimmbezirk] Lemonia aus Bononia [Bologna], Centurio der 18. Legion, 53 ½ Jahre alt; er fiel im Krieg des Varus. Die Gebeine (…?) dürfen bestattet werden. Publius Caelius, Sohn des Titus aus der Tribus Lemonia aus Bononia, sein Bruder, hat (den Grabstein) setzen lassen.

Ähnlich komplex in ihren Aussagemöglichkeiten sind andere Gattungen wie die **Bau-, Weih- und Ehreninschriften**, und sogar Kleinmaterial wie **Grafitti und Amphoren- oder Ziegelstempel** enthält wichtige Informationen: Gerade die in Militärwerkstätten der römischen Kaiserzeit hergestellten gestempelten Ziegel erleichtern es, die Geschichte der Truppenstationierung zu rekonstruieren; zugleich können sie die Datierung von Bauwerken präzisieren. Typisch römisch sind ferner die **Meilensteine**, obwohl aus dem Osten des Imperiums durchaus griechische und zweisprachige Exemplare bekannt sind, sowie die so genannten **Militärdiplome** (**→ S. 198 f.**). Hierbei handelt es sich um Urkunden, in denen der römische Kaiser den Angehörigen der Hilfstruppen unter anderem das römische Bürgerrecht verlieh. Es versteht sich von selbst, dass wir mit diesen Texten eine sozialgeschichtliche Quellengattung ersten Ranges vor uns haben! Für das traditionelle Feld der Politik- und Verfassungsgeschichte schließlich sind die im engeren Sinne **öffentlichen Urkunden und Dokumente** zentral, also beispielsweise Gesetze, Staatsverträge, oder andere Beschlüsse politischer Gremien. Zwar macht diese Gruppe nur einen ganz kleinen Bruchteil der antiken epigraphischen Überlieferung aus, doch gehören ihr zweifellos die berühmtesten und bekanntesten Inschriften aus dem Altertum an. Im griechischen Bereich ist hier an erster Stelle an die so genannten Tributlisten des Delisch-Attischen Seebundes aus dem 5. Jahrhundert v. Chr. zu denken, die uns wichtige Details zur Organisation dieses Bündnisses überliefern. Einschlägige römische Beispiele in diesem Zusammenhang sind das *senatus consultum de Bacchanalibus* aus dem Jahr 186 v. Chr., ein Senatsbeschluss, der den orgiastischen Dionysoskult in Italien unter Strafe stellte (CIL I^2 581), oder das so genannte ‚Bestallungsgesetz' des Kaisers Vespasian, auch bekannt als *lex de imperio Vespasiani*, von 69 n. Chr., in dem sich der Herrscher die Kompetenzen seiner Vorgänger formell bestätigen ließ (CIL VI 930 = ILS 244).

2.3.10 Die Bedeutung von Neufunden

Die eingangs erwähnte große Dynamik, die neu gefundene Inschriften in die epigraphische Forschung und von dort aus in die Alte Geschichte insgesamt bringen, zeigt sich nun beileibe nicht nur bei solchen ‚politischen Dokumenten'. Da Texte dieser Kategorie, wenn sie neu bekannt werden, aber auch heute noch im Grunde genommen als die spektakulären Entdeckungen schlechthin gelten, soll abschließend und zur Illustration des angesprochenen Sachverhaltes noch ein derartiger Neufund vorgestellt werden, die so genannte *lex Irnitana*: Es handelt sich dabei um eine lateinische Inschrift aus Spanien, die 1981 bei Raubgrabungen in der Nähe des modernen Ortes El Saucejo in der Provinz Sevilla zum Vorschein kam. Sie stammt aus dem 1. Jahrhundert n. Chr. und war ursprünglich auf zehn bronzenen Tafeln aufgezeichnet. Von diesen fand man sechs fast unbeschädigt, dazu einige Fragmente der restlichen vier. Erhalten geblieben sind daher schätzungsweise 70 % des Originals. Inhalt der lex ist eine Stadtverfassung in Gesetzesform, und zwar für einen bis dato unbekannten Ort Namens Irni oder Irnium, der im Text als *Municipium Flavium Irnitanum* bezeichnet wird. Geregelt werden unter anderem Wahlmodalitäten für die politischen Gremien der Stadt, Rechte und Pflichten ihrer Amtsträger, aber auch die öffentlichen Finanzen und die kommunale Rechtsprechung. Die Entdeckung der *lex Irnitana* war eine Sensation, und sie ließ sich mit ähnlichen Gesetzen verbinden, die man schon länger kannte, der *lex Malacitana* und der *lex Salpensana*, beides ebenfalls Stadtverfassungen spanischer Orte aus flavischer Zeit. Das Interessante daran war nun, dass es sich bei allen drei Ortschaften um Städte einer einzigen Rechtsstufe handelte, um so genannte Städte latinischen Rechts. Dieses latinische Recht wiederum war der Forschung zwar durchaus auch vorher ein Begriff: Man wusste schon lange, dass damit in der römischen Kaiserzeit ganz allgemein eine Art Vorstufe des römischen Bürgerrechts gemeint war. Weit weniger Kenntnisse hatte man freilich über die rechtlichen Einzelheiten, und es ist genau dieser Punkt, in dem die Entdeckung der lex Irnitana wirklich weiterführend gewesen ist: „Aufgrund der *lex Irnitana* war es zum ersten Mal möglich, sich ein Bild von Inhalt und Bedeutung des latinischen Rechtes in der Kaiserzeit zu machen“ (H. Galsterer).

Literatur

Allgemeine Einführungen und Hilfsmittel:

L. Robert, **Die Epigraphik der klassischen Welt**, Bonn 1970.

F. Bérard/D. Feissel/P. Petitmengin/D. Rousset/M. Sève, **Guide de l'Épigraphiste**, 4. Aufl., Paris 2010 (mit Supplementen zum Download auf der Seite des Département Sciences d l'Antiquité der École normale supérieure).

J. Bodel (Hg.), **Epigraphic Evidence. Ancient History from Inscriptions**, London/New York 2001.

Zur Griechischen Epigraphik:

W. Larfeld, **Handbuch der griechischen Epigraphik**, 3 Bde., Leipzig 1902–1907.
W. Larfeld, **Griechische Epigraphik**, 3. Aufl., München 1914.
G. Klaffenbach, **Griechische Epigraphik**, 2. Aufl., Göttingen 1966.
A.G. Woodhead, **The Study of Greek Inscriptions**, 2. Aufl., Cambridge u.a. 1981.
B.F. Cook, **Greek Inscriptions**, 2. Aufl., London 1990.
Th. Corsten, DNP 14 (2000), 588–614 s.v. **Inschriftenkunde, griechisch**.
B.H. McLean, **An introduction to Greek epigraphy of the Hellenistic and Roman periods from Alexander the Great down to the reign of Constantine**, Ann Arbor 2002.

Zur Lateinischen Epigraphik:

Ernst Meyer, **Einführung in die lateinische Epigraphik**, 3. Aufl., Darmstadt 1991.
K. Almar, **Inscriptiones Latinae. Eine illustrierte Einführung in die lateinische Epigraphik**, Odense 1990.
A.E. Cooley, **The Cambridge Manual of Latin Epigraphy**, Cambridge 2012.
M.G. Schmidt, **Einführung in die lateinische Epigraphik**, 3. Aufl., Darmstadt 2015.
C. Bruun/J. Edmondson (Hgg.), **The Oxford Handbook of Roman Epigraphy**, Oxford 2015.
A. Fassbender, **Index numerorum: ein Findbuch zum Corpus Inscriptionum Latinarum**, 2 Bde., Berlin 2003.

Zum Grabstein des Caelius:

H.J. Schalles/ S. Willer (Hgg.), **Marcus Caelius. Tod in der Varusschlacht,** Bonn 2009.

Zu wichtigen Inschriftenpublikationen und Übersetzungen → **S. 152**
Zur EDV-gestützten Recherche → **Kap. 3.2.1**

Exkurs: Inschrift befragt

Mitten im Zentrum Roms, zwischen Kolosseum und Circus Maximus, steht der berühmte Konstantinsbogen. Von den noch erhaltenen antiken **Ehrenbögen** der Stadt Rom – auf dem Forum befinden sich noch der Titusbogen und der Bogen des Septimius Severus – ist er der größte und prächtigste: Er ist etwa 21 Meter hoch, beinahe 26 Meter breit und über 7 Meter tief. Der Konstantinsbogen überspannt einen großen Mitteldurchgang und zwei kleinere Seitendurchgänge, und er ist geschmückt mit Reliefs und Skulpturen, die teilweise eigens für ihn angefertigt wurden, zum Großteil aber von älteren Kaisermonumenten des 2. Jahrhunderts n. Chr. stammen. An verschiedenen Stellen des Bogens ist die Inschrift CIL VI 1139 (= ILS 694) eingemeißelt. Der Hinweis im Haupttext der Inschrift auf das zehnjährige Regierungsjubiläum Konstantins, die so genannten Dezennalien, datiert das Bauwerk. Konstantin war im Jahre 306 n. Chr. zum Kaiser ausgerufen worden, und die Feiern zu seinem zehnjährigen Jubiläum fanden nach römischem Brauch im Sommer 315 statt.

Der Haupttext der Inschrift ist weithin sichtbar auf der Vorder- und Rückseite des Bogens aufgebracht worden, hinzu kommen eine kurze Inschrift im Mitteldurchgang und zwei knappe Notizen auf den Außenseiten:

Imp(eratori) Caes(ari) Fl(avio) Constantino maximo | p(io) f(elici) Augusto s(enatus) p(opulus)q(ue) R(omanus), | quod instinctu divinitatis mentis | magnitudine cum exercitu suo | tam de tyranno quam de omni eius | factione uno tempore iustis | rempublicam ultus est armis, | arcum triumphis insignem dicavit.

(*Intra fornicem:*) Liberatori urbis – Fundatori quietis.

(*In lateribus:*) Votis X (solutis), votis XX (nuncupatis). – Sic X (solutis), sic XX (nuncupatis).

Abb. 16 Konstantinsbogen in Rom; rechts ist das Kolosseum zu erkennen.

Die deutsche Übersetzung der Inschrift lautet: „Dem Imperator Caesar Flavius Constantinus, dem größten, frommen (und) glücklichen Augustus, haben Senat und Volk von Rom, da er, auf Eingebung einer Gottheit, mit tiefer Einsicht und zusammen mit seinem Heer den Staat gleichzeitig an dem Tyrannen und an seiner gesamten Parteiung in einem gerechten Waffengang gerächt hat, diesen mit Triumphzeichen geschmückten Bogen geweiht."
(*Im Mitteldurchgang steht:*) „Dem Befreier der Stadt – dem Begründer von Ruhe und Frieden."
(*Auf den Außenseiten steht:*) „Die Gelübde zum zehnjährigen Regierungsjubiläum (wurden eingelöst und neue) Gelübde für die kommenden zehn Jahre (abgelegt). – Ebenso (wurden die Gelübde) zum Zehnjährigen (eingelöst), ebenso (die Gelübde) für die nächsten zehn Jahre (abgelegt)."
Damals befand sich das Reich in einer Umbruchphase. Nachdem es zwischenzeitlich sogar sechs verschiedene Kaiser gleichzeitig und bürgerkriegsartige Kämpfe gegeben hatte, war im Jahre 315 die Herrschaft im Imperium zwischen Konstantin im Westen und Licinius im Osten aufgeteilt. Beide waren offiziell gleichrangig und gaben vor, das Reich einträchtig zu regieren. Die Beziehungen zwischen ihnen gestalteten sich aber alles andere als spannungsfrei: Konstantin erhob einen Führungsanspruch, da er schon länger als Licinius Kaiser war, und genau dies wird wohl durch die Formulierung *maximus Augustus* (der „größte Augustus") in den ersten beiden Zeilen der Inschrift ausgedrückt. Der brüchige Frieden zwischen Konstantin und Licinius sollte noch neun weitere Jahre halten, bis 324.
Das eigentliche Thema der Inschrift – wie auch der für den Bogen neu angefertigten Reliefs – sind freilich die Ereignisse des Jahres 312, als Konstantin in einem kurzen Feldzug von Gallien aus Italien eroberte und den von den anderen damaligen Kaisern nicht anerkannten Maxentius besiegte, der hier seit 306 geherrscht hatte. Am Vorabend der entscheidenden Schlacht an der Milvischen Brücke vor den Toren Roms soll Konstantin eine christliche Erscheinung zuteil geworden sein, die ihn aufforderte, ein christliches Symbol auf die Schilde seiner Soldaten aufzumalen. In diesem Zeichen, so die Verheißung, werde er siegen. In der Tat verlor Maxentius am 28. Oktober 312 dann trotz zahlenmäßiger Überlegenheit nicht nur die Schlacht, sondern auch das Leben, und Konstantin konnte als neuer Herrscher

in Rom einziehen. In diesem Zusammenhang verzichtete Konstantin darauf, den Tempel des Iuppiter auf dem Kapitolshügel zu besuchen, und schon kurze Zeit später begann er, die christliche Kirche massiv zu begünstigen. Dieser Schritt, der gemeinhin als **Konstantinische Wende** bekannt ist, hat den Siegeszug der christlichen Religion in Europa und darüber hinaus eingeleitet, und angesichts der großen Bedeutung des Vorganges erstaunt es nicht, dass man in der Forschung immer wieder leidenschaftlich um die neue Religionspolitik Konstantins gestritten hat. Unter anderem ging es dabei natürlich um die Motive, die Konstantin dazu veranlasst haben könnten, sich dem Christentum zuzuwenden, und des Weiteren um die Frage, welche religionspolitischen Ziele er zu welchem Zeitpunkt jeweils verfolgte. Ziemlich klar ist jedenfalls, dass sich die Bekehrung des Kaisers nicht so abgespielt haben dürfte wie behauptet, denn die berühmte Vision vor der Schlacht ist nur ganz unsicher überliefert. Insbesondere der Kirchenhistoriker Eusebius von Caesarea kannte sie in seiner *Historia Ecclesiae* von 313 noch nicht, sondern erst in seiner Biographie Konstantins, die er zwischen 337 und 340 verfasste. – An diesem Punkt kommt die Inschrift des Konstantinsbogens als zeitnahe Darstellung der Geschehnisse von 312 ins Spiel. Dass Maxentius im Text nicht namentlich genannt, sondern als ‚Tyrann' bezeichnet wird, ist seinem Status als Usurpator geschuldet; es sollte deutlich gemacht werden, dass ihm, im Unterschied zu Konstantin, der ja das Recht auf seiner Seite sah (*iustis ... armis*), jegliche Legitimität fehlte. In dieselbe Richtung geht die Erwähnung einer *factio*, einer Parteiung von Anhängern. Dieser stets negativ konnotierte Begriff sollte zum Ausdruck bringen, dass Maxentius eben nicht im Interesse des Gemeinwohls regiert habe, und natürlich auch nicht mit Zustimmung aller; eine Clique hatte ihn gestützt, in ihrem Interesse hatte er geherrscht, und mit ihrem Ende gab es auch keine Anhänger des Maxentius mehr in Rom – nicht zuletzt diesen Aspekt galt es für Senat und Volk von Rom zu betonen!

Am wichtigsten für die Forscher, die nach der **konstantinischen Religionspolitik** fragen, ist jedoch die Formel *instinctu divinitatis* in Zeile 3 der Inschrift. Diese Anspielung auf eine Gottheit, die den Kaiser geleitet habe, gehört nicht unbedingt zum Formular eines solchen Textes. Auch ist bemerkenswert, dass der Name der Gottheit nicht genannt wird. Die ältere Forschung nun deutete dies als klaren Beleg dafür, dass Konstantin die Hinwendung zum Christentum vielleicht bereits 312, spätestens aber 315 deutlich und für alle erkennbar vollzogen habe. Mit den Worten instinctu divinitatis sei die Geschichte der christlichen Siegesverheißung gemeint, deren Authentizität deswegen auch durch die Inschrift bestätigt werde. Die Tatsache, dass weder die Reliefs, noch die Inschrift des Bogens einen positiven Hinweis auf den Christengott enthalten, erklärte man damit, dass die römischen Senatoren als Auftraggeber des Monumentes die Religionswende nicht wahrhaben oder wenigstens herunterspielen wollten; schließlich blieb der Senat von Rom noch bis zum Ende des 4. Jahrhunderts ein Hort der alten Kulte. Heute teilt man diese Meinung nicht mehr. Die jüngere Forschung geht überwiegend davon aus, dass Konstantin selbst für die vorsichtigen Formulierungen in der Inschrift verantwortlich war. Dies führt freilich dazu, ihm eine ganz anders geartete Religionspolitik zuzubilligen, als man früher annahm: „Die Wortwahl verrät die bewusste Absicht, eine genaue Identifizierung dieser hilfreichen Gottheit zu vermeiden, um allen Lesern der Inschrift die Möglichkeit zu belassen, den Text auf eine Gottheit ihrer Wahl zu beziehen. Mag Konstantin auch – woran kein Zweifel bestehen kann – persönlich seit 312 eine Präferenz für das Christentum gehegt haben, so hat er auf der politischen und offiziösen Ebene jedenfalls in manchen Fällen eine entsprechende Akzentuierung vermieden und bewusst den paganen Kulten gegenüber ein gewisses Maß an Toleranz walten lassen“ (Hartwin Brandt).

Literatur

Hartwin Brandt, **Geschichte der römischen Kaiserzeit. Von Diokletian und Konstantin bis zum Ende der konstantinischen Dynastie**, Berlin 1998, S. 27 ff., S. 128 ff., v. a. S. 133–135.

Leonhard Schumacher, **Römische Inschriften**, Stuttgart 1988, S. 194 f.

2.4 Die Papyrologie

2.4.1 Der Gegenstand des Faches

Die Papyrologie ist in manchem mit der Epigraphik vergleichbar. Beide Disziplinen beschäftigen sich mit schriftlichen Quellen, die aus ihrer Zeit im Original erhalten sind. Entscheidend für die Zuordnung ist die Substanz des beschriebenen Stoffes: Gegenstand der Papyrologie sind Schriftstücke, die auf **Papyrus** (Pl.: Papyri) geschrieben sind, einer aus dem Mark der Papyrus-Staude hergestellten blattförmigen Unterlage. Diese zunächst nur formale Abgrenzung geht mit gewichtigen inhaltlichen und methodischen Besonderheiten parallel.

Info: Die Herstellung von Papyrus

Zur Herstellung eines Papyrusblattes wurden die ca. 1–3 Meter hohen Papyrusstauden entrindet, das freigelegte Mark in dünne Streifen geschnitten. Nach Einweichung wurden die Abschnitte von gleicher Länge parallel zueinander ausgelegt. Eine zweite Lage von Markstreifen wurde quer darüber ausgerichtet und beides miteinander verpresst. Während des Trocknens klebte das stärkehaltige Gewebe zu einer stabilen Unterlage zusammen. Anschließend wurde das Blatt geglättet und poliert.

Ein derart hergestelltes Blatt hatte eine Höhe von ca. 20–40 cm. Verschiedene Blätter konnten zu einer Buchrolle aneinandergeklebt werden. Diese besaß im Durchschnitt eine Länge von ca. 5–7 Meter, konnte im Einzelfall jedoch auch deutlich darüber hinausgehen. Der Umfang einer solchen Buchrolle findet sich in der Bücherzählung antiker Werke wieder (**vgl. → Kap. 3.2.4**). In der Spätantike ging man verstärkt dazu über, die Blätter zu einem Buch zu binden, dem CODEX. Die Seite mit der horizontalen Anordnung der Markstreifen (= *recto*) wurde beim Schreiben bevorzugt, und schon bei der Herstellung nahm man für diese Seite die feineren Fasern. Die Rückseite (= *verso*) mit den vertikal angeordneten Streifen bot dem Pinsel oder der Feder deutlich mehr Widerstand: Sie diente für Ergänzungen oder Notizen. Wegen des keineswegs billigen Grundmaterials wurde sie zumeist aber noch genutzt. Wenn beide Seiten eines Papyrus beschrieben sind, war die *verso*-Seite in aller Regel die später abgefasste.

Geschrieben wurde mit einem Pinsel bzw. später überwiegend mit einem angeschnittenen Schilfrohr. Die Tinte bestand aus Asche, Wasser und Gummi und hatte in der Regel eine schwarzbraune Farbe. Wenn einzelne Blätter von der Tinte gereinigt und abermals beschriftet wurden, spricht man von einem PALIMPSEST.

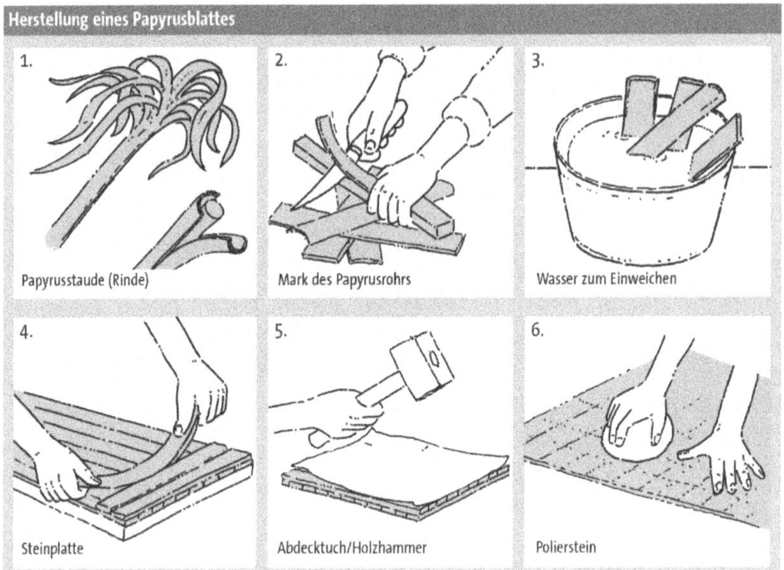

Abb. 17 Die Herstellung von Papyrus

Die Herstellung von Papyrus erfolgte in räumlicher Nähe zu den Papyrusstauden, um diese frisch verarbeiten zu können. Obwohl die Pflanze auch außerhalb Ägyptens verbreitet war, ist die Produktion von Papyri nur für Ägypten nachgewiesen. In hellenistischer und römischer Zeit war die Herstellung von Papyri ein staatliches Monopol: Die Regionen außerhalb des Landes blieben von den ägyptischen Exporten abhängig.

2.4.2 Regionale und soziale Verbreitung

So haben Papyri – im Gegensatz zu den Inschriften auf Stein oder Metall – als organisches Material nur äußerst schlechte Chancen, über Jahrhunderte oder gar Jahrtausende erhalten zu bleiben und dem Zerfall zu entgehen.

Möglich ist dieses nur unter ganz bestimmten klimatischen Bedingungen, in einem heißen und sehr trockenen Milieu; überdies sollten die Papyri vor Licht geschützt sein. Derartig ideale Bedingungen bietet der Wüstensand. So überrascht es nicht, dass die Masse aller erhaltenen Papyri aus Ägypten stammt. Allerdings gibt es auch andernorts durchaus bedeutende Papyrusfunde: Aus Dura Europos am Euphrat ist der umfangreiche Schriftverkehr dort stationierter Truppen erhalten, unter den Funden Palästinas besitzen die so genannten QUMRAN-ROLLEN vom Toten Meer eine weit über die Theologie hinausreichende Berühmtheit, und in jüngerer Zeit sind Papyri aus dem nabatäischen Petra bekannt geworden. Stets sind es jedoch nur ganz bestimmte Orte, aus denen Papyrusfunde vorliegen. Dies gilt selbst für Ägypten. Die Mehrzahl der Papyri kommt aus Mittelägypten – und eben nicht vom feuchten Nildelta oder aus Alexandria –, und dort wiederum konzentrieren sie sich nur auf einige **wenige Fundplätze**: Neben dem Fayyum mit gleich mehreren Ortschaften zählen Memphis und Oxyrhynchos zu den bedeutendsten Fundorten. Aus dem wieder deutlich fundärmeren Oberägypten wäre noch Theben, aus dem südlichen Grenzland Elephantine zu nennen: Von der tatsächlichen Verwendung der Papyri in der gesamten antiken Welt können die heutigen Fundorte keinen Eindruck mehr vermitteln.

Eine zweite Besonderheit resultiert daraus, dass Papyrus der Beschreibstoff für den Alltag war. Die Mehrzahl der Texte wurde für einen vorübergehenden Gebrauch abgefasst, und auch die urkundlichen Texte hatten jedenfalls keinen Denkmalcharakter wie die auf Stein oder Metall verfertigten Inschriften. Dieser **Alltagscharakter** bringt es mit sich, dass Absender und Adressaten auch aus solchen sozialen Schichten vor uns stehen, die in der sonstigen Überlieferung kaum zu greifen sind. Dies hat Auswirkungen auf den Inhalt der Papyri. Sie bieten eine ausgesprochen bunte Mischung von weitschweifigen Ausführungen bis zu knappen Notizen, von Redundantem und Dringendem, von Bedeutendem und Trivialem, von Öffentlichem bis zum Privatesten.

2.4.3 Zeitrahmen und Repräsentativität

Die Papyrologie beschäftigt sich mit den Texten ab hellenistischer Zeit. Grundsätzlich liegen Papyri bereits seit der Mitte des 3. Jahrtausends v. Chr. vor. Die Sprach- bzw. Schriftgrenze entscheidet hier abermals über die wissenschaftsorganisatorische Zuordnung: Da die pharaonischen Papyri in altägyptischer Schrift beschrieben sind – in HIEROGLYPHEN bzw. HIERATISCHER oder DEMOTISCHER Schrift –, fällt ihre Lesung in den Zuständigkeitsbereich der Ägyptologie. Kehrseite dieser pragmatisch gesetzten Grenzlinie ist, dass sie antike Zusammenhänge zerschneidet und aus der Perspektive der Papyri die Zäsur zwischen dem pharaonischen und dem ptolemäischen Ägypten größer erscheinen lässt, als sie in Wirklichkeit war. Ab dem 5. Jahrhundert v. Chr. entstanden infolge der persischen Herrschaft über Ägypten aramäische Papyri, die ersten griechisch beschriebenen Papyri setzten mit der Einnahme des Nillandes durch Alexander den Großen (332 v. Chr.) ein. In späteren Jahrhunderten folgten etwa noch hebräisch, lateinisch oder koptisch beschriebene Papyri. Die meisten Papyrusfunde stammen aus der Zeit von den späteren Ptolemäern bis in die Blütephase des römischen Reiches unter den sogenannten Adoptivkaisern. Im 3. Jahrhundert n. Chr. ist dann ein deutlicher Qualitätsverlust der Papyri feststellbar. Ihre Nutzung als Schriftträger hielt zwar im östlichen Mittelmeerraum bis in die Zeit der Araber an – und die Papstkanzlei nutzte Papyri sogar bis ins 11. Jahrhundert –, doch nach und nach wurde Papyrus als Beschreibstoff durch Hadernpapier und Pergament abgelöst.

Abhängig vom erhaltenen Material beschäftigt sich die Papyrologie zum überwiegenden Teil mit **ägyptischen Dokumenten**. Wegen dieses regionalen Schwerpunkts zählt das Fach auch die im Land gefundenen Inschriften auf Tonscherben, die so genannten OSTRAKA, mit zu seinem Tätigkeitsbereich, des weiteren solche auf Holz- und Wachstafeln bzw. auf Pergament – Texte also, deren Lesung andernorts in den Zuständigkeitsbereich der Epigraphik fällt. Eine in der Forschung immer wieder diskutierte Frage ist, in wie weit die durch Papyri gewonnenen und durch deren ‚dichte Überlieferung' teils sehr detailgenauen Aussagen für Ägypten Geltung auch für andere Regionen der antiken Welt beanspruchen dürfen. Sind etwa die hier feststellbaren Wirtschafts- und Verwaltungsstrukturen auch auf andere hellenistische Teilreiche oder, für die römische Kaiserzeit, auf andere Provinzen des römischen Reiches übertragbar? Gegenüber einer Hervorhebung spezifischer, nicht zuletzt durch die besonderen naturgeographischen Bedingungen vorgegebenen und traditionell bewahrten wirtschaftlichen, administrativen und sozialen Strukturen gewinnt in jüngerer Zeit eine Auffassung zunehmend Gewicht, wonach die Feststellung eines Sachverhalts für Ägypten zumindest nicht automatisch bedeute, dass es andernorts zur gleichen Zeit nicht genauso gewesen sein könnte.

2.4.4 Gliederung des Materials

Um ihren divergierenden Inhalten und den unterschiedlichen Forschungsinteressen annähernd gerecht zu werden, unterteilt man die Papyri zunächst in zwei vergleichsweise deutlich abzugrenzende Gruppen: Die ‚literarischen Texte' sowie die ‚dokumentarischen Papyri' oder ‚Urkunden'.

Die nach Autoren geordneten **literarischen Texte** genießen das besondere Interesse der Philologie. Glanzstück unter den literarischen Werken, deren Erhalt sich allein der Überlieferung auf Papyrus verdankt, ist die *Athenaion Politeia* (oder: „Staat der Athener"), eine dem Aristoteles zugeschriebene eingehende Beschreibung der Verfassung Athens. Sie wurde 1889 auf einem Papyrus des Britischen Museums entdeckt. Kaum weniger bedeutend sind die von einem nicht identifizierten Autor verfassten *Hellenika von Oxyrhynchos*, eine Fortsetzung des Geschichtswerkes des Thukydides aus dem 4. Jahrhundert v. Chr., von welcher die Beschreibung der Jahre 409 und 407 v. Chr. sowie 396–395 v. Chr. erhalten sind. Hinzu treten die *Epitome* der Livius-Bücher 37–55, oder Werke der Dichter Bakchylides, Menander und Kallimachos. Doch auch für Texte, die bereits aus handschriftlicher Überlieferung bekannt sind, bieten die Papyri als älteste Zeugnisse wertvolle Hilfen bei der Wiedergewinnung des Urtextes (→ **Kap. 2.2.2**) – selbst wenn eingeschränkte Texttreue und sprachliche Besonderheiten der in Ägypten verfertigten Abschriften manche Grenze setzen. Bemerkenswerte Aufschlüsse bietet aber ebenso die Häufigkeit des Vorkommens bestimmter Texte auf den Papyri: Sie zeigt spezifische Vorlieben für Autoren und Werke in den verschiedenen Zeitabschnitten und ihre Nutzung als Schullektüre an.

Zu den besonders spektakulären Funden literarischer Papyri zählen jene karbonisierten Papyrusrollen, die bereits 1752 unter den Lavamassen des Vesuvs in **Herculaneum** als Bestandteil einer Bibliothek entdeckt wurden: In regelmäßigen Abständen rufen sie Schlagzeilen hervor, neue naturwissenschaftliche Verfahren würden bald eine Lesung der verkohlten Rollen ermöglichen – und die Altertumswissenschaften durch die Vorlage teils verschollen geglaubter, teils völlig neuer literarischer Werke revolutionieren. In der Tat wurden hier in den letzten Jahren offenbar Fortschritte erzielt: so konnte eine Reihe von griechischen Texten dem epikureischen Philosophen Philodemos von Gadara (ca. 110–35 v. Chr.) zugeordnet werden. Die große Sensation blieb bislang jedoch aus.

Die gegenüber den literarischen Papyri weitaus größere Gruppe der **Urkunden** wird im Allgemeinen nach ‚öffentlichen' und ‚privaten' vorsortiert

– eine erste Hilfe für ihre Nutzbarmachung, obgleich natürlich auch diese Zuordnung längst nicht immer eindeutig zu treffen ist.

Zu den **öffentlichen Urkunden** zählen Inventare und Steuerlisten, amtliche Verordnungen, Eingaben und Gerichtsurteile, oder auch die umfangreiche Korrespondenz ziviler und militärischer Stellen. Sie geben einen detaillierten Einblick in die Binnengliederung des Landes, in Verwaltungsordnung und Verwaltungshandeln, insbesondere auch auf der sonst schwer greifbaren lokalen Ebene, die in der antiken Historiographie kaum anzutreffen ist. Charakteristisch sind Einzelvorgänge; große Reichsgeschichte spiegelt sich in den öffentlichen Urkunden in aller Regel nicht. Herausragende Ausnahmefälle sind allerdings der so genannte „Gnomon des Idios Logos", ein Auszug aus der Dienstanweisung an den höchsten Finanzbeamten des kaiserzeitlichen Ägypten, ferner ein möglicherweise Teile der *Constitutio Antoniniana* wiedergebendes Bruchstück, jene Erklärung, mit der Caracalla im Jahr 212 n. Chr. allen frei geborenen Einwohnern des Imperium Romanum das römische Bürgerrecht verlieh. Das betreffende Textfragment ist auf einem Papyrus erhalten, der sich heute in der Universität Gießen befindet.

Die **privaten Urkunden** sind für die Wirtschafts- und Sozialgeschichte von herausragendem Wert: Pacht- und Kaufverträge, Aufzeichnungen über Darlehen, Pfänder oder Bürgschaften, Quittungen, Zahlungsanweisungen und anderes mehr geben intime Einblicke in wirtschaftliche Organisationsformen, nennen Preise und Löhne oder illustrieren Besitz- und Lebensverhältnisse. Ehe-, Erbschafts- oder Ausbildungsverträge verbinden Rechts- und Sozialgeschichte miteinander, Papyri mit religiösen Inhalten oder solche mit Zaubersprüchen geben nicht nur Auskünfte über Priesterschaften und Tempelorganisation, sondern dokumentieren auch Glauben und Aberglauben. Nicht weniger genau lässt sich in den Papyri die Ausbreitung des Christentums in Ägypten verfolgen. Schließlich sind unter den privaten Urkunden noch die wirklichen und eben nicht für die Veröffentlichung gedachten Privatbriefe zu nennen, die an Familienangehörige, an Freunde oder an den Patron gesandt wurden. Dazu kommt die Masse der Notizzettel, Rechtschreibübungen von Schülern und dergleichen mehr. Auch für die vielfältigen neueren kulturwissenschaftlichen Fragestellungen, für Alltags- oder Familiengeschichte, für die Untersuchung von Bildung, Mentalitäten oder Gender bieten die Papyri daher ein kaum zu erschöpfendes Potenzial.

2.4.5 Aufgaben der Papyrologie

Vor der inhaltlichen Auswertung steht für die Papyrologie zunächst die handwerkliche Ebene der **Textentzifferung**. Die Papyri liegen heute zumeist stark beschädigt vor. Viele der beschrifteten Papyri sind in der Antike sekundär verwendet worden, nicht mehr gebrauchte Schriftstücke waren vor allem als Mumienkartonage beliebt. Andere wurden als Abfall weggeworfen. Entsprechend sind die Papyri zunächst vom Dreck und von Verkrustungen zu reinigen und miteinander verklebte Lagen zu lösen. Für die so gewonnenen Fragmente gilt es festzustellen, ob sie sich zu einem größeren Blatt oder gar darüberhinausgehenden ausführlicheren Text zusammenfügen lassen. Erst dann wird mit der Lesung und Ergänzung verbleibender Lücken begonnen. Um das tatsächlich Erhaltene bzw. Sichtbare zu dokumentieren, sind für die papyrologischen Veröffentlichungen die diakritischen Zeichen des ‚Leidener Klammersystems' entwickelt worden, die dann auch von der Epigraphik übernommen wurden (→ **Kap. 2.3.7**).

Die Papyrologie ist ein relativ junges und kleines Fach. Innerhalb der althistorischen Grundlagenwissenschaften genießen Papyrologen noch einmal den Ruf ganz besonderen Spezialistentums. Wegen der nicht nur sprachlichen und grammatischen, sondern auch inhaltlichen und begrifflichen – und damit die Fächergrenzen oft überschreitenden– Schwierigkeiten der Lesung bzw. Ergänzung beschädigter Stellen erfolgt die Entzifferung der Papyri in besonderer Weise interdisziplinär und ‚öffentlich': Mehr noch als ansonsten in der Altertumswissenschaft dienen die Publikationen dazu, Vorschläge zur Diskussion zu stellen. Auf diese Erstveröffentlichung folgende Verbesserungen und Ergänzungen sind fester Bestandteil des wissenschaftlichen Prozesses. Angesichts der Vielzahl bereits in modernen Sammlungen vereinigter, doch noch unveröffentlichter Papyri ist es ein zentrales Anliegen, wichtige Papyri zunächst überhaupt bekannt zu machen. Das bedeutet nicht, dass die Quantität vor Qualität der Veröffentlichung geht, aber es gilt einen Weg zu finden, der im **interdisziplinären und internationalen** Zusammenspiel höchstmögliche Effizienz in der Vorlage neuer Quellen sichert.

2.4.6 Aufbewahrung und ‚Archive'

In eigenartigem Gegensatz zu ihrer regional begrenzten Herkunft steht die heute weltweit gestreute Aufbewahrung der Papyri. Die Mehrzahl stammt nicht aus systematischen archäologischen Ausgrabungen, sondern hat, aus unterschiedlichen Quellen gespeist, insbesondere während des 19. und frühen 20. Jahrhunderts Ägypten im Gepäck von Reisenden oder über den Handel verlassen. Zahlreiche Papyri haben die FELLACHEN aus Abfallhügeln hervorgeholt, die sie zunächst nur als Dünger abbauen wollten. Als man den Wert der Papyri erkannt hatte, setzte ein schwunghafter Handel ein. Da der Inhalt eines Papyrus selbst für Experten nicht sofort zu erschließen ist, konnte sich der Preis der Papyri im Prinzip nur an Textlänge und Erhaltung orientieren. Bei Händlern und Zwischenhändlern wurde das Material einheitlicher Fundorte auseinandergerissen und fand seinen Weg in entgegengesetzte Weltregionen. Nicht selten kam es sogar vor, dass Papyri zerschnitten und die so erst in der Moderne fragmentierten Stücke an unterschiedliche Interessenten verkauft wurden.

Heute treiben die großen Papyrussammlungen mehr oder weniger intensiv die Veröffentlichung des von ihnen verwahrten Materials voran. Die breite Streuung ursprünglich zusammengehörender Papyri erschwert eine kontextbezogene Auswertung. Zwar sind die meisten der heute bekannten Papyri alleinstehende Zeugnisse, doch es gibt auch solche, die alle auf einen bestimmten Vorgang oder eine Person zurückgehen. Diese Papyri spricht man als **Archiv** an. Unabhängig vom Aufbewahrungsort der Papyri geht dann das Bestreben dahin, Zusammenhänge wiederherzustellen und solche Papyri nach Möglichkeit gemeinsam zu veröffentlichen: Berühmt sind etwa die Zenon-Papyri. Zenon war Gutsverwalter des Apollonios, der wiederum Finanzminister (*Dioiket*) des Königs Ptolemaios II. (285–246 v. Chr.) war. Die weltweit gestreuten Papyri – bekannt sind ca. 1.750 Stück, die alle an Zenon adressiert sind – werden gemeinsam als ‚Zenon-Archiv' publiziert. In der Summe geben sie detaillierteste Einblicke in die landwirtschaftliche Praxis und Verwaltungshierarchie. Andere bekannte ‚Archive' sind etwa jenes des Heroninos aus dem 3. Jahrhundert oder des Isidoros aus dem 4. Jahrhundert n. Chr.

2.4.7 Editionen und Zitierweise

Die Zitierweise für Papyri spiegelt die Aufbewahrungssituation: Eher seltener sind die Papyri nach ihrem Fundort publiziert oder können sie als Archiv zusammengestellt werden. Zumeist richtet sich die Veröffentlichung in Form eines Sammlungskatalogs nach dem Aufbewahrungsort. Der wird in der Regel auch namensgebend für die Papyri. Doch ebenso kommt es vor, dass Papyri nach ihrem Finder, teils auch nach ihrem ehemaligen oder derzeitigen Besitzer benannt sind. Vor diesen jeweiligen Eigennamen, die in der Regel abgekürzt wiedergegeben werden, steht dann als entscheidender Hinweis auf eine Papyrusedition ein ‚P' oder ‚Pap' (z.B.: PLond.; PapLond.; → **S. 153**): Dies ist für die Nutzer ein unübersehbares Signal, es hier mit einer Papyrusedition zu tun zu haben. Innerhalb einer solchen Edition werden die publizierten Papyri dann fortlaufend gezählt; bei größeren Editionen geht dieser arabischen Zählung eine römische Bandangabe voraus. In ähnlicher Weise werden Editionen von Ostraka zitiert und mit einem vorgesetzten ‚O' abgekürzt, Editionen von Holz- bzw. Wachstäfelchen (= tabulae) mit einem ‚T'.

Bedeutende Papyrussammlungen befinden sich heute in

- Wien
- Berlin, Leipzig, Köln und Heidelberg
- Oxford und London
- Straßburg und Paris
- Genf
- Florenz
- Berkeley, Yale und Ann Arbor.

Die Zahl der publizierten Papyri liegt derzeit bei ungefähr 50.000 Stück. Aber: Allein in der Wiener Nationalbibliothek werden rund 180.000 Papyri aufbewahrt!

Viele Papyri werden zunächst nur in **Zeitschriftenveröffentlichungen** vorgestellt. Um die Orientierung zu erleichtern, sind alle außerhalb der großen Editionen veröffentlichten Papyri noch einmal im so genannten **Sammelbuch** verzeichnet. Es erscheint seit 1915 und ist zur Erschließung der zahlreichen verstreuten Einzeleditionen ein unschätzbares Hilfsmittel. Dort publizierte Papyri können als ‚SB' mit der entsprechenden Bandangabe und Textnummer zitiert werden:

F. Preisigke/E. Kießling/H.-A. Rupprecht (Hgg.), **Sammelbuch griechischer Urkunden aus Ägypten**, 1915 ff.

*Für Nachweise über Neulesungen, Berichtigungen oder Ergänzungen dient die **Berichtigungsliste**:*

F. Preisigke/P.W. Pestman/H.-A. Rupprecht (Hgg.), **Berichtigungsliste der Griechischen Papyrusurkunden aus Ägypten**, Berlin/Leipzig 1922 ff.

Wichtige Hilfen für das Auffinden der Papyri bietet die so genannte ***Checklist****; sie legt für sämtliche Werke die Zitierweise fest und wird elektronisch kontinuierlich aktualisiert und erweitert:*

J.F. Oates/R.S. Bagnall/W.H. Willi/K.A. Worp, **A Checklist of Editions of Greek and Latin Papyri and Ostraca and Tablets**, 5. Aufl., Atlanta 2001 (aktualisiert bis 2011 unter: https://library.duke.edu/rubenstein/scriptorium/papyrus/texts/clist.html).

Eine weitere Orientierungshilfe ist schließlich:

H.-A. Rupprecht, DNP 16 (2003) 453 – 486 s.v. **Editionen von Papyri, Editionen von Ostraka**.

So gibt die Papyrologie vielfältige Hilfen, die auch Anfängern schon nach kurzer Zeit in einer zunächst fremd anmutenden Disziplin das Zurechtfinden ermöglichen.

Literatur

Einführungen:

L. Mitteis/U. Wilcken, **Grundzüge und Chrestomathie der Papyruskunde**, 2 Bde. in 4, Leipzig/Berlin 1912 (ND Hildesheim 1963).

W. Schubart, **Einführung in die Papyruskunde**, Berlin 1918 (ND 1980).

I. Gallo, **Greek and Latin Papyrology**, London 1986/87.

H.-A. Rupprecht, **Kleine Einführung in die Papyruskunde**, Darmstadt 1994.

R.S. Bagnall, **Reading Papyri, Writing Ancient History**, London/New York 1995.

R.S. Bagnall, **The Oxford Handbook of Papyrology**, Oxford 2009.

Spezielle Hilfsmittel:

F. Preisigke/E. Kießling, **Wörterbuch der griechischen Papyrusurkunden aus Ägypten**, 4 Bde., Berlin 1925–1993 (= WB). Dazu Supplementum I–III.

R. Seider, **Paläographie der griechischen Papyri**, 3 Bde., Stuttgart 1967–1990.

R. Seider, **Paläographie der lateinischen Papyri**, 3 Bde., Stuttgart 1972–1981.

Bibliographien:

Bibliographie Papyrologique, 1932 – 2010 (auf Vollständigkeit angelegte Bibliographie. Sämtliche Jahrgänge wurden 2010 auf der CD-ROM „Subsidia Papyrologica 4.0“ zugänglich gemacht (→ http://www.aere-egke.be/BP.htm).

Zu wichtigen Papyruseditionen und Übersetzungen → **S. 153**
Zur EDV-gestützten Recherche → **Kap. 3.2.1**

Quelle: Zensuserklärung aus Ägypten

Beispielhaft für die genaue Dokumentation der römischen Verwaltung in Ägypten ist ein Papyrus, auf dem sich die Steuererklärung eines Achilles, der auch Apollonios genannt wurde, erhalten hat. Alle 14 Jahre fand in Ägypten ein derartiger Zensus statt. Bei ihm mussten die Hausbesitzer den Behörden gegenüber ihre Häuser sowie die darin wohnenden Familienangehörigen bzw. Mieter namentlich angeben. Filiation und Verwandtschaftsbeziehungen – ggf. auch der Verweis auf ältere aktenkundige Vorgänge – dienten der Identifizierung sowie Klärung des Rechtsstands, die Angabe von Geschlecht und Alter der Feststellung der Kopfsteuerpflichtigkeit. Kopfsteuerpflichtig waren im römischen Ägypten die männlichen Bewohner (Freie und Sklaven) vom 14. bis zum 62. Lebensjahr, am Ende des 2. Jahrhunderts wurde die Grenze auf das 65. Lebensjahr angehoben. Von den individuellen Einkommensverhältnissen sah die Kopfsteuer ab: Jeder zahlte in seinem Steuerbezirk den gleichen Betrag. Innerhalb des römischen Reiches war allerdings die Kopfsteuerpflichtigkeit sowohl in Bezug auf die betroffenen Personen als auch in Bezug auf die Höhe der Abgaben regional höchst unterschiedlich geregelt.
Achilles persönlich war als Katoike – ein Bürger, dessen Vorfahren noch unter den Ptolemäern ein Landstück zugewiesen wurde, um sich dort für den Militärdienst bereitzuhalten – von den Kopfsteuern befreit. Seine Erklärung erfolgte gegenüber drei verschiedenen Verwaltungsebenen und wurde dort jeweils gegengezeichnet. Datiert werden kann die Steuererklärung auf den 27. August 189 n. Chr.

Pap. Tebtunis 322:
Erste Hand:
Apollonios, auch Diogenes genannt, hat unterzeichnet.
Zweite Hand:
An Ammonios, den Strategen des Heraklideischen Teilbezirkes des Arsinoitischen Gaues, und Harpokration, auch Hierax genannt, den kaiserlichen Schreiber des gleichen Bezirkes, und an Mystes und Heron, Schreibern des Gauhauptortes. Von Achilles, dem Sohne des Apollonios, Enkel des Lurios,

auch Apollonios genannt, registriert als Katoikos und bereits durch andere Aktennotiz (am Ort) gemeldet:

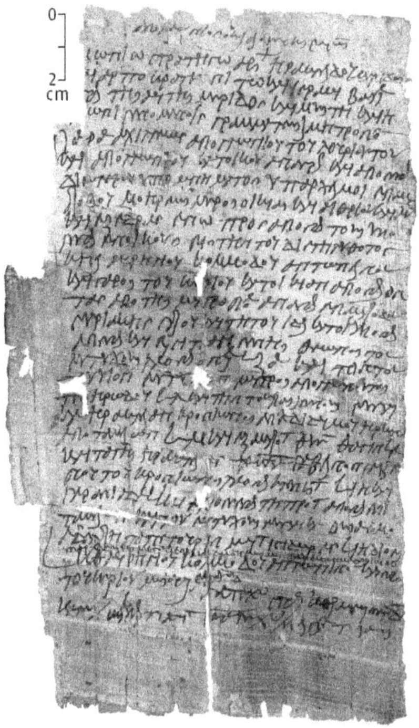

Abb. 18 Der Papyrus Tebtunis 322

„Ich besitze im Stadtviertel Moeris einen Anteil an einem Haus, einer offenen und bedeckten Halle und an einem Hofraum. Für diese melde ich weiterhin die unten verzeichneten Bewohner für den Haushaltszensus des vergangenen 28. Herrschaftsjahres unseres Kaisers und Herrn, des Aurelius Commodus Antoninus: Sie gehören zum Gauhauptort und sind im Syrischen Stadtviertel registriert, wo sie bereits beim Haushaltszensus des 14. Jahres gemeldet wurden. Es sind:
Pasigenes, Sohn des Theon und Enkel des Eutyches, kopfsteuerpflichtig, Eselstreiber, 61 Jahre alt;
dessen Sohn Eutyches von der Mutter Apollonous, Tochter des Herodes, 30 Jahre alt;

Herakleia, die Ehefrau des Pasigenes und Tochter des Kronion, Freigelassene des Didymos, Sohn des Heron, vom Stadtviertel des Schatzhauses, 40 Jahre alt;
Thasis, die Tochter beider, 5 Jahre alt;
die Kinder der Herakleia:
Sabinus, Sohn des Sabinus und Enkel des Kronion, kopfsteuerpflichtig, Wollkämmer, 18 Jahre alt;
Sarapis, 22 Jahre alt, gemeldet bei dem vorherigen Zensus im Stadtviertel des Schatzhauses;
Tapesuris, die Frau des Eutyches, seine Schwester von Vatersseite her und Tochter der Isidora, 18 Jahre alt.
Ich erstatte in Übereinstimmung damit diese Meldung.“
Vermerk von dritter Hand:
Tapesuris besitzt im Stadtviertel Moeris ein Sechstel Hausanteil, ein Erbteil von ihrer Mutter.
Vermerk von zweiter Hand:
Im 29. Jahr unseres Kaisers und Herrn Aurelius Commodus Antoninus, am 27. August.
Vermerk von vierter Hand:
Eingetragen bei dem Strategen im 29. Jahr, am 27. August.
Vermerk von fünfter Hand:
Eingetragen beim kaiserlichen Schreiber am gleichen Tag.
Vermerk von sechster Hand:
Eingetragen bei den Schreibern der Stadt am gleichen Tag.

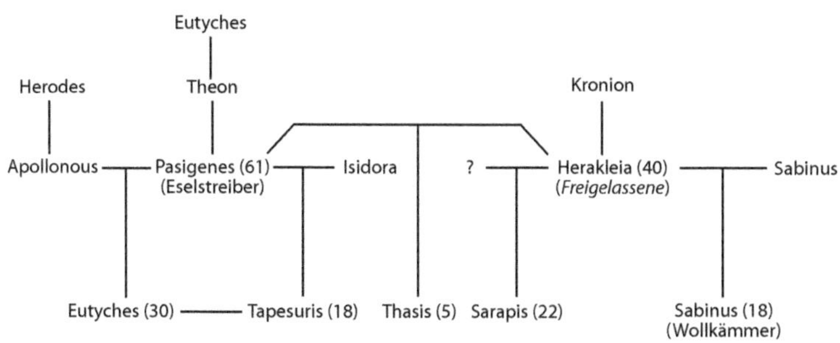

Abb. 19 Familienverhältnisse und Haushalt (= mit Altersangaben) des Eselstreibers Pasigenes

Dank der Papyri ist das römische Steuersystem in Ägypten weitaus besser bekannt als für andere Teile des römischen Reiches. Einen illustrativen Einblick in die Verwandtschaftsverhältnisse und die ‚Heiratspolitik' bietet eine Rekonstruktion der familiären Beziehungen aus diesem Papyrus.

2.5 Münzen - die Numismatik

2.5.1 Der Gegenstand der Numismatik

Die NUMISMATIK definiert sich ähnlich wie die Papyrologie zunächst durch die Beschäftigung mit einer bestimmten Materialgruppe: Sie stellt die Untersuchung von Münzen ins Zentrum ihrer Forschungen und verfolgt die von ihnen ausgehenden Fragestellungen. Die Menge des zur Verfügung stehenden Materials, die Vielfältigkeit der teils nur durch Münzen zu treffenden Aussagen haben die antike Numismatik zu einem gewichtigen Forschungsbereich werden lassen, der auch die Methodendiskussion in der mittelalterlichen und neuzeitlichen Numismatik wesentlich vorangetrieben hat.

Neben ihrer äußeren **Form** als kleines, stabiles und hochtransportables Objekt mit Bild und Schrift heben sich die Münzen vor allem durch ihre **Funktion** als Geld hervor. Aus dieser Doppelnatur resultieren zwei grundverschiedene Betrachtungsweisen bei der Interpretation von Münzen: Man kann die aufgeprägten Bilder ikonographisch deuten und gemeinsam mit den Legenden antike Kommunikation und Repräsentation rekonstruieren, oder man kann die Münzen zum Gegenstand **wirtschaftsgeschichtlicher Fragestellungen** machen.

Welches Objekt als **Geld** angesprochen werden kann, definiert sich nicht über die äußere Form, sondern über die Funktion: Die allgemeine Akzeptanz als Tausch- und Zahlungsmittel; die Fähigkeit, mit Hilfe dieses Gegenstands Werte auszudrücken und so die Dinge vergleichbar zu machen (= Preisausdrucksmittel); schließlich die Eignung als Wertbewahrungsmittel: Auch in einer ferneren Zukunft kann die in Geld aufgehobene Tauschkraft jederzeit und in vollem Umfang wieder aktualisiert werden.

Die Funktionen des Geldes sind nicht an die Münze gebunden. Als in anderen Kulturen etablierte **Geldformen** kann auf Eisenstäbe oder

Bronzeringe, auf Kaurischnecken, Federarten oder das berühmte Steingeld von der Südseeinsel Yap verwiesen werden; in unserer Gegenwart gibt es etwa Papierscheine und Kreditkarten. Frühe, bis ins 3. Jahrtausend v. Chr. zurückzuverfolgende Geldformen sind Gerste, Kupfer und Zinn, vor allem aber Gold und das weit verbreitete Silber. Die kulturübergreifende Hochschätzung, Wertkonzentration und Robustheit machten die Edelmetalle als Geld besonders geeignet. Unter den verschiedenen Geldformen sind die Münzen eine späte, dann jedoch besonders erfolgreiche Erscheinung, die nahezu überall Verbreitung gefunden hat.

Für die Einordnung einer Münze entscheidend waren Substanz und Prägebilder. Die antiken Münzen waren aus Gold (seltener: Elektron, einer Legierung aus Gold und Silber), aus Silber oder aus Buntmetallen. Metallart und Gewicht bestimmten den Wert der Münzen, die von Anfang an in präzise genormten Stückelungen ausgebracht wurden. In der Antike gilt für die Edelmetalle als Grundregel, dass der Wert des geprägten Metalls sich im Prinzip nicht von dem des ungeprägten Metalls unterscheiden sollte. Bild und Schrift einer Münze verwiesen auf den verantwortlichen Prägeherrn, der unvermischte Qualität des Metalls und korrektes Gewicht verbürgte: Sein Wappen bzw. ‚guter' Name und die Substanz der Münzen waren unauflösbar aneinander gebunden.

2.5.2 Eigenschaften der Münzen

Münzen sind im besten Sinne **Primärquellen**, da sie sich im Original aus der Antike erhalten haben. Ein weiteres Spezifikum ist ihre **Massenhaftigkeit**: Jedes einzelne Münzbild ist zehn-, wenn nicht hunderttausendfach geprägt worden. Schätzungsweise 99 % aller jemals herausgegebenen Münztypen aus der Antike liegen uns heute in mindestens einer erhaltenen Münze vor: Keine andere Quellengruppe ist so dicht und so geschlossen dokumentiert. Nimmt man die Typen zum Maßstab, so kann man von einer Materialgrundlage sprechen, welche die antike Prägetätigkeit nahezu vollständig wiedergibt.

Info: Der Prägevorgang

Zur Münzprägung wurde ein im Gewicht bereits genormter Metallschrötling zwischen einen Unterstempel (Avers der Münzen) und einen frei beweglichen Oberstempel (Revers der Münzen) gelegt. Beim Prägevorgang formten sich die negativ geschnittenen Münzbilder von

Unter- und Oberstempel im Schrötling erhaben ab, der damit zur Münze wurde.
Je nach Art des ausgeprägten Metalls, Durchmesser und Dicke des Schrötlings bzw. Prägetechnik konnten bis zum Verschleiß eines Stempelpaars zwischen ca. 5.000 und 20.000 Münzen hergestellt werden. Genaue Beobachtung ermöglicht es festzustellen, welche Münzen aus demselben Stempelpaar bzw. einem gemeinsamen Ober- oder Unterstempel hergestellt wurden (= ‚stempelidentisch'; stempelvergleichende Methode).

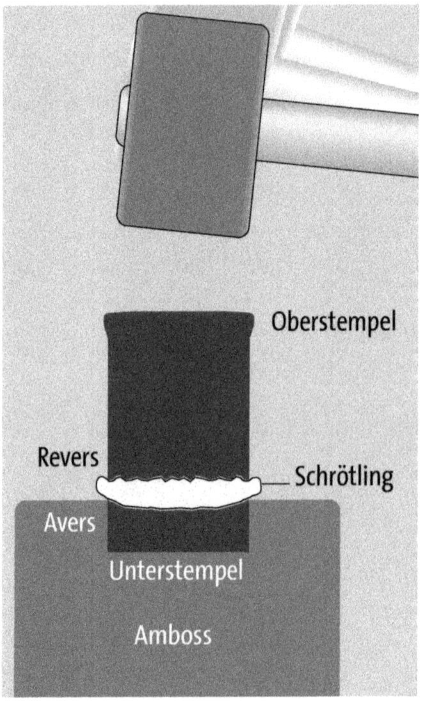

Abb. 20 Prägen einer Münze

Für die Ausprägung eines bestimmten Münzmotivs wurden im Regelfall mehrere Stempelpaare hergestellt, weil nur so eine – entsprechend ihrer Geldfunktion – ausreichend große Zahl von Münzen angefertigt werden konnte. Als handwerkliche, nicht mechanisierte und in der Regel von mehreren Stempelschneidern durchgeführte Arbeit unterschied sich jeder Stempel, selbst wenn die Vorgaben oder Vorlagen, gewissermaßen die ‚Blaupausen' der Münzmotive (= Münztyp) für alle Stempelschneider gleich waren. **Münztyp**, **Stempel** und **Münze** – als absteigende Folge von der Bildidee bis zum heute konkret vorliegenden Zeugnis – sind grundlegende Begriffe in der Numismatik, die das Material auf unterschiedlichen Ebenen vorsortieren und so für verschiedene Fragestellungen bereithalten.

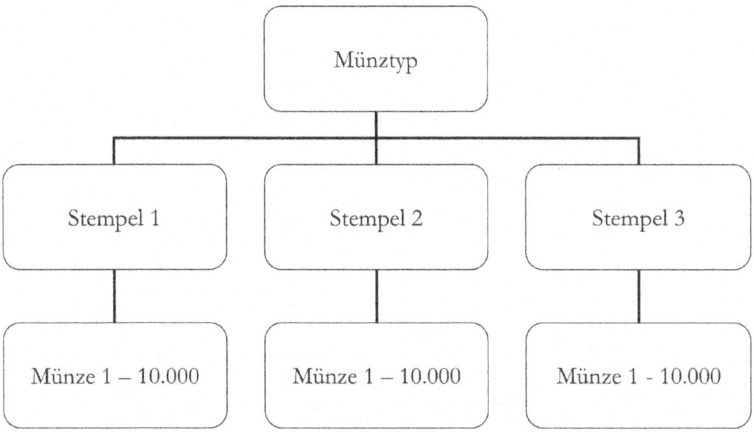

Abb. 21 Schema: Münztyp – Stempel – Münze

Weiterhin zeichnet die Münzen aus, dass **Herkunftsort** und **Herstellungszeit** in aller Regel sehr genau bestimmbar sind. Mehrere hundert Städte und Gemeinwesen prägten in griechischer Zeit Münzen, und jede wählte für sich ein unverwechselbares und im polisübergreifenden Verkehr sofort identifizierbares Bild. Kehrseite dieses ‚Wappencharakters' war allerdings, dass sich die Münzbilder innerhalb einer Polis kaum veränderten und chronologische Differenzierungen sich vielfach nur auf stilistische Entwicklungen stützen können. In der römischen Kaiserzeit hingegen wechselten die Bilder ständig, und gemeinsam mit der zumeist ausführlichen Kaisertitulatur in der Legende kann der Prägezeitpunkt in günstigen Fällen bis auf wenige Tage eingegrenzt werden. In Verbindung mit der nahezu ungefilterten Überlieferung ist so am Originalmaterial eine einzigartig dichte Nachzeichnung wirtschaftlicher oder politischer Vorgänge möglich.

Info: Tetradrachmen Athens: Verschiedene Stilstufen

Auf den Vorderseiten der Silbermünzen ist jeweils die Stadtgöttin Athena mit attischem Helm und Ohrring nach rechts zu sehen, auf den Rückseiten die Eule als ihr Wappentier. Links von der rechts stehenden, doch frontal schauenden Eule ist ein Olivenzweig mit Blättern, rechts von ihr ist die Legende AΘE zu lesen.
Charakteristisch für die archaischen Stücke sind die großen und frontal ausgeführten Augen der Athena und der Eule. In klassischer Zeit ist die Ausführung beider Seiten – trotz dieses noch beibehaltenen Stilelements – in hohem Relief weitaus feiner und lebendiger. In hellenistischer Zeit folgt auch Athen dem allgemeinen Trend zur breiteren und dünneren Ausführung des Schrötlings: Der Helm der jetzt im echten Profil gezeigten Athena wird dreifach gebuscht ausgeführt; die Eule im Revers steht auf einer Ölamphore und wird von einem Olivenkranz umgeben. Beizeichen, Beamtennamen und Monatszählungen füllen nun jeden verbliebenen Raum des Münzbildes.

Abb. 22 Athenische Tetradrachme, archaisch (ca. 514–480 v. Chr.)

Abb. 23 Athenische Tetradrachme, klassisch (ca. 450–410 v. Chr.)

Abb. 24 Athenische Tetradrachme, hellenistisch

2.5.3 Münzgeschichte

Die **Anfänge der Münzprägung** liegen in Lydien im westlichen Kleinasien. Um die Mitte des 7. Jahrhunderts v. Chr. wurden dort Elektronklümpchen in verschiedenen Stückelungen ausgebracht, die im Gewicht genormt und mit einem Bild versehen waren, wie man es bis dahin vor allem von den Siegeln kannte. Vermutlich wurde das in dieser Region natürlich vorkommende Elektron von Anfang an durch Silberbeimischung auf eine einheitliche Legierung gebracht, als Grundlage für Vergleich- und Tauschbarkeit. Möglicherweise war es dieser Metallstandard, für den das Siegel in erster Linie garantierte. Die Stücke selbst standen unverkennbar in der Tradition des in Barren- und Hackform gehandelten Edelmetallgelds aus Gold und Silber, das – bei akzeptierter Metallqualität – zur Wertermittlung im Tauschverkehr noch stets gewogen wurde. Die äußere Form der Elektronprägung, die Normierung von Standard und Gewicht sowie die Siegelung, brachte eine entscheidende Neuerung. Normierung und Siegelung schufen Voraussetzungen, dass die Stücke im Umlauf nicht mehr auf ihre Metallsubstanz überprüft und gewogen, sondern einfach nur noch **gezählt** werden brauchten. Aus dem Vertrauen in die Stücke konnte sich eine Massengewohnheit der Annahme entwickeln, die schließlich auch eine gewisse Überbewertung des geprägten Metalls im Vergleich zum ungeprägten zuließ, als Kompensation für den Prägeaufwand und als Schutz vor Einschmelzung. Als später auch noch Münzen aus Kupfer(-legierungen) zur Bereitstellung eines handlicheren Kleingelds aufkamen, war vielfach akzeptiert, dass ihr Wert durch die Autorität des Ausbringers der Münze abgesichert war, unterstützt durch festgelegte Wechselkurse zu den Edelmetallmünzen.

Die für das Elektron in Kleinasien gefundene Form wurde schon bald von den griechischen Poleis auf das dort für Tauschzwecke weit verbreitete Silber übertragen. Ab der Mitte des 6. Jahrhunderts v. Chr. nahmen die Städte des griechischen Festlands und die Kolonien nach und nach eine eigene Münzprägung auf. Das Grundgewicht der Münzen folgte dem jeweils lokal vorhandenen Gewichtssystem (= **Münzfuß**) und blieb entsprechend heterogen. Die gewählten Bilder verwiesen wie die ‚Eulen' von Athen, die ‚Pegasoi' von Korinth oder die ‚Schildkröten' von Ägina wappenartig auf die für die Prägung verantwortliche Stadt. Schon von Anfang an halfen vielerorts die Legende oder ein Monogramm, die ausprägende Stadt zu identifizieren. Die einmal eingeführten Bilder wurden in aller Regel beibehalten; grundsätzliche Änderungen zeigen oft politische Wechsel in den innen- oder außenpolitischen Beziehungen an. Polisübergreifende Zusammenhänge lassen sich auch aus der Entwicklung der Münzfüße gewinnen, wo zunehmende Angleichungen auf engere wirtschaftliche oder politische Kontakte verweisen. So resultierte aus der Vorherrschaft Athens im Attischen Seebund eine Ausbreitung des attischen Münzfußes im gesamten Ägäis-Raum.

Info: Himera und Akragas

Die im Nordwesten Siziliens gelegene chalkidische Kolonie Himera begann in der zweiten Hälfte des 6. Jahrhunderts v. Chr. mit einer eigenen Münzprägung in Silber. Auf den Vorderseiten der frühesten Münzen war ein Hahn zu sehen, während die bildlosen Rückseiten eine quadratische Vertiefung trugen, wie sie in den Anfängen der Münzprägung üblich war (= *quadratum incusum*, hier in Form eines Windflügelmusters). Später, als auch die anderen Städte zu einer zweiten Bildseite übergingen, gesellte man dem Hahn auf den Aversen eine Henne auf den Reversen bei.

Nach einiger Zeit wurde die Henne auf dem Revers plötzlich durch die Abbildung einer Krabbe abgelöst. Die Krabbe repräsentierte in der Münzprägung die Stadt Akragas. Unverkennbar reagiert das neue Münzbild auf die Einnahme der Stadt Himera durch den Tyrannen Theron von Akragas um 483/82 v. Chr. Gleichzeitig erfolgte ein Wechsel im Gewichtsstandard der Münzen Himeras, vom chalkidischen zum attischen Münzfuß, wie er bereits vorher in Akragas eingeführt worden war.

Als 472 v. Chr. Thrasydaios, der Sohn des Theron, aus Himera vertrieben wurde, endete auch die Hahn/Krabbe-Prägung. Den attischen

Münzfuß, der in der griechischen Welt immer weitere Verbreitung gewann, behielt man in Himera jedoch bei.

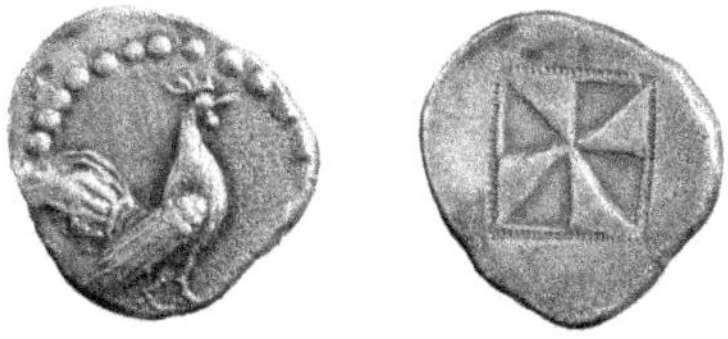

Abb. 25 Didrachme von Himera, ca. 530–520 v. Chr.

Abb. 26 Didrachme von Himera, ca. 520–510 v. Chr.

Abb. 27 Didrachme von Himera, ca. 483/82–472 v. Chr.

Abb. 28 Didrachme von Akragas, ca. 490–483/82 v. Chr.

Mit dem Siegeszug Alexanders des Großen verbreitete sich der attische Münzfuß schließlich in die gesamte **hellenistische Welt**. Auch in anderer Hinsicht spiegelt die Münzprägung den Übergang zum Territorialstaat: Die Städteprägungen wurden von einer Reichsprägung überlagert. Die neuen Münzen zeigen in der Regel auf der Vorderseite das Porträt des Herrschers, in dem sich zugleich die Reichsidee verkörperte; auf der Rückseite ist zumeist das Bild der ihm persönlich verbundenen Gottheit zu sehen. Neben den individuell gehaltenen Porträts nennen die Legenden den Namen des jeweiligen Herrschers und seine Stellung als Basileus (= König).

Rom prägte die ersten Münzen erst am Ende des 4. Jahrhunderts v. Chr., und damit mehr als zwei Jahrhunderte später als die griechischen Städte Süditaliens und Siziliens. In üblicher Weise zeigten die Münzen Roms Bilder, die auf die Stadt verwiesen. Der Prägeumfang der anfangs sogar außerhalb der Stadt hergestellten Münzen blieb noch bis weit nach der Mitte des 3. Jahrhunderts v. Chr. so gering, dass man eher von einer Aufnahme der Münzprägung als Zeichen der **Selbsthellenisierung** – also der kulturellen Teilhabe – spricht, als dass ihr eine wirtschaftlich tragende Rolle zugekommen wäre. Dies änderte sich erst mit Roms kontinuierlicher Expansion über den gesamten Mittelmeerraum nach dem Zweiten Punischen Krieg (218–201 v. Chr.). Jetzt wurden die römischen Prägungen nicht nur zur dominierenden Münze im gesamten Mittelmeerraum, sondern auch die **Bilder** änderten sich: Die für die Prägung verantwortlichen Magistrate entwarfen in immer schnellerem Wechsel Motive, welche auf zeitgenössische Ereignisse anspielten oder die Geschichte Roms mit jener der eigenen Familie verbanden. Am Anfang ihrer politischen Karriere stehend positionierten sie sich bzw. verwiesen sie so auf die Verdienste ihrer ***gens*** für die Stadt. In dieser Entwicklung spiegelt sich nicht nur die Desintegration der römischen Führungsschicht, wie sie dann ab der Gracchenzeit (133–121 v. Chr.) offen zum Ausbruch kam, sondern auch die römische Expansion: Aufgrund der zunehmenden **Konkurrenzlosigkeit** der römischen Münzen hatten die Bilder ihre Funktion für eine Erkennbarkeit nach außen, also für die Zuweisung des Prägeherrn, verloren. Konsequent konnten die wappenartigen Bilder aufgegeben und der freigewordene Platz für eine Ansprache nach innen eingesetzt werden. Selbst ihren Namen setzten die Münzmeister in immer ausführlicherer Form auf die Münzen und verdrängten so den Namen der Stadt.

Mit dem Beginn der Prinzipatszeit endete diese Münzmeisterprägung. Auf den Aversen der Münzen war von nun an das **Bild des Kaisers** oder eines seiner Angehörigen zu sehen, während sich die Reverse vor allem seinen Taten und Tugenden widmeten. Regelmäßig wurden von nun an auch Goldmünzen ausgeprägt. Die Bilder, mit teils ausführlichen Legenden auf Vorder- und Rückseite, wechselten schnell.

Neben der zentralen Reichsmünzstätte, in der frühen Kaiserzeit im gallischen Lugdunum und in der Hauptstadt Rom, ab Nero schließlich allein in

Rom, gab es im Imperium Romanum noch über 300 selbstständig prägende Städte: In eigener Verantwortung prägten sie in allererster Linie Münzen aus unedlen Metallen und entlasteten so die reichsrömische Münzstätte bei der Herstellung von **Kleingeld**. Dessen Umlauf blieb ohnehin lokal begrenzt. Als allerdings im Verlauf des 3. Jahrhunderts n. Chr. der Bedarf auch für Gold- und Silbermünzen signifikant anwuchs, kam es zur Neugründung etlicher vom Reich kontrollierter Münzstätten, die Edelmetallmünzen im Reichsstandard herstellten und neben die Münzstätte Rom traten.

Zum Gegenstandsbereich der antiken Numismatik zählen ebenso die Münzen der keltischen Gebiete Nordeuropas, der Perser, Parther und Sasaniden, auch die der Graeco-Baktrer, der Kushan oder der Karthager – um nur die wichtigsten zu nennen. Durchgehend nahmen die an der Peripherie der griechisch-römischen Welt lebenden Gemeinwesen ihre Münzprägung unter lydischem bzw. griechisch-römischem Einfluss auf: Die Wurzeln lassen sich sowohl in der Bildidee, die teils direkt übernommen wurde und – wie bei den Kelten – erst allmählich eigene Gestaltung gewann, als auch im Gewichtssystem, also metrologisch wiederfinden.

2.5.4 Forschungsgebiete

Innerhalb der Geschichtswissenschaft gibt es verschiedene Forschungsbereiche, für welche die Münzen zentrale, teilweise die einzigen Quellen sind. Einige Themenbereiche haben sich angesichts der Fülle des zur Verfügung stehenden Materials wieder zu Teildisziplinen mit eigenen Spezialisten entwickelt.

Der älteste und wohl immer noch verbreitetste Forschungsansatz innerhalb der Numismatik ist die **ikonographische Interpretation** der Münzbilder. Zumeist geht sie vom vorliegenden Einzelstück aus und bemüht sich um Verständnis und historische Bewertung des in Bild und Schrift Dargestellten. Die Dechiffrierung bedient sich der Methoden einer kunsthistorisch arbeitenden Klassischen Archäologie, indem sie motivische und formale Traditionen aufdeckt, Anspielungen und Symbole identifiziert, den Zeitbezug herstellt und nach den hinter einer Bildidee stehenden Absichten sowie den Möglichkeiten der Wahrnehmung fragt.

Eigenes Gewicht kommt innerhalb dieser Fragestellung der Erforschung der **Porträts** zu. Erste Individualporträts von Lebenden finden sich bereits im 5. Jahrhundert v. Chr. auf den Münzen persischer Satrapen. Im Hellenismus und in der römischen Kaiserzeit wird die Darstellung der jeweiligen Herrscher sowie von Angehörigen des Herrscherhauses zur Regel. Durch beigegebene Legenden sind die Porträts nicht nur zweifelsfrei identifizierbar, sondern Belegdichte und unabhängig feststellbare chronologische Folge lassen auch Entwicklungen erkennen, etwa von idealisierenden zu naturalistischen oder veristischen Porträts, teils machen sie Porträtstufen einzelner Personen jahrgenau datierbar. Die meisten rundplastischen Porträts sind für die Archäologie überhaupt erst durch den Vergleich mit Münzbildern ansprechbar geworden.

Antike Münzen wurden wiederholt als **antike Tageszeitungen** bezeichnet, vor allem unter dem Eindruck der späten römischen Republik und der Kaiserzeit. Die in schneller Folge wechselnden Reverse zeigen innen- und außenpolitische Ereignisse, Jubiläen und Feste, in Personifikationen ausgedrückte gesellschaftliche Werte oder religiöse Präferenzen. Als aus ihrer Zeit erhaltene Quellen sind Münzen oft ein authentisches Zeugnis für Vorgänge, die bereits aus anderen Quellen bekannt geworden sind. Von manchen historisch-politischen Ereignissen jedoch wissen wir überhaupt nur durch ihre Abbildung auf Münzen, wie etwa von der Einsetzung eines Quadenkönigs durch Antoninus Pius im Vorfeld der Markomannenkriege (→ **Abb. 29**). Einen spektakulären Einblick in das Verhältnis Konstantins d. Gr. zum Christentum bietet ein Silbermedaillon aus dem Jahre 315, auf dem im Stirnjuwel Konstantins das Christusmonogramm zu sehen ist. Nicht weniger informativ ist die abwechslungsreiche **Städteprägung** der römischen Kaiserzeit, die Motive aus dem politischen, gesellschaftlichen und religiösen Alltag der jeweiligen Kommunen zeigt und Kaiserbesuche oder das Verhältnis zur Reichszentrale dokumentiert. Freundschaftliche Beziehungen und agonale Konkurrenz der Städte untereinander sind weitere zentrale Themen der Selbstdarstellung.

Abb. 29 Sesterz des Antoninus Pius: REX QVADIS DATVS

Abbildungen von öffentlichen Gebäuden, Tempeln und Altären, von Ehrendenkmälern oder Götterbildern liefern schließlich nicht nur den heutigen Archäologen dort konkrete Anschauung, wo oft nur eine literarische Erwähnung oder ein freigelegter Grundriss vorliegen. Sie geben Vorstellungen von für uns Verlorenem, auch wenn spezielle Konventionen der Darstellung sowie auf das Münzrund Rücksicht nehmende Reduktionen bei der Auswertung zu berücksichtigen sind.

Schließlich tragen die Münzen schon seit ihren Anfängen in aller Regel **Schrift**. Die Legenden werden zu Unrecht etwas nachrangig behandelt: Über den Inhalt hinaus sind in ihnen etwa die Verbreitung von sprachlichen Spezifika oder Dialekte feststellbar. Der Wechsel der Buchstaben von Koppa zu Kappa, verschiedene Formen des Lambda etc. zeigen für die griechische Zeit Entwicklungen in der Schrift, teils werden die Buchstaben aber auch bewusst archaisierend gebraucht. Personennamen und Ämter, Titulaturen der Herrscher und ihrer Angehörigen bieten wesentliche Grunddaten für Prosopographie, Chronologie und Verwaltungsgeschichte (→ auch **Kap. 4.1** und **Kap. 4.3**).

Info: Die *Curia Iulia*

Die Münze Octavians, des späteren Kaisers Augustus, zeigt auf der Rückseite die *Curia Iulia*, deren Errichtung noch von Caesar geplant war und die im Jahre 29 v. Chr. von seinem Adoptivsohn Octavian eingeweiht wurde. Aus diesem Anlass dürfte auch die Münze mit diesem Motiv in den Umlauf gebracht worden sein.

Die im Nordosten des Forum Romanum stehende *Curia Iulia* zählt zu den noch heute fast vollständig erhaltenen Gebäuden aus römischer Zeit – auch wenn es sich nicht mehr um den originalen caesarischen Bau, sondern einen Wiederaufbau Diokletians aus dem späten 3. Jahrhundert n. Chr. handelt. Hinter einer Säulenfront ist der große Mitteleingang auf der Münze ebenso gut zu erkennen, wie die drei frontalen Fenster im oberen Geschoss. Im Innenraum der Kurie stand eine Victoria auf dem Globus, als Zeichen der römischen Weltherrschaft. Um auch das Standbild mit in die Aufmerksamkeit des Betrachters zu ziehen und überdies das abgebildete Gebäude eindeutig ansprechbar zu machen, wählten die Stempelschneider den Weg, die Statue als Giebelschmuck darzustellen.

Abb. 30 Denar des Octavian

In der modernen Forschung wird immer wieder diskutiert, ob Münzbilder von den Zeitgenossen überhaupt wahrgenommen wurden bzw. ob sie einem breiteren Publikum verständlich waren. Doch sind zwischenzeitlich viele Beispiele herausgearbeitet worden, die eine breite bewusste Wahrnehmung der Münzbilder in der Antike dokumentieren. Vermutlich wurde von den für die Prägung Verantwortlichen in der Kaiserzeit sogar eine Ansprache ganz konkreter sozialer Gruppen vorgenommen. Dies ließ sich über die Nominale und mithin den Wert der Münzen steuern, auch konnten Empfänger von direkten Staatszahlungen ganz gezielt mit bestimmten Nachrichten bedacht werden. Münzbilder und Legenden waren ein Medium der **zeitgenössischen Kommunikation**: Sie dienten nicht als Geschichtszeugnis. Der interpretierende Zugang der Historiker heute ist von der zeitgenössischen Wahrnehmung und erhofften Wirkung damals zu trennen.

Bei einer ikonographischen Interpretation sollte stets **der Prägekontext** mitberücksichtigt werden, da eine Münze erst in ihrem Prägezusammenhang voll verständlich wird. In der griechischen Welt haben sich etwa mehrfach verschiedene Städte zu einem Bund zusammengeschlossen, der auch eine gemeinsame Währung einschloss. Reservierung einer Münzseite für ein Motiv des Bundes, während die zweite Seite den autonom gewählten Bildern der beteiligten Städte vorbehalten blieb, war eine Möglichkeit, die Identität als Bund und als Polis zum Ausdruck zu bringen. Noch kaum erreicht ist für die Massenprägung der römischen Kaiserzeit die Rekonstruktion des Prägeverlaufs, der so genannten EMISSIONEN: Die derzeitigen Münzkataloge geben zwar hervorragende Übersichten zu den ausgeprägten Münztypen; die Herausarbeitung der Prägestruktur und Identifizierung von Serien, in denen sich gemeinsam geprägte Münztypen zu einer Aussage fügen, ist jedoch noch weitgehend ein Desiderat.

Die **Wirtschaftsgeschichte** sieht die Münzen hingegen primär als Geld. Grundlegende Fragen sind, wer bzw. welche Städte oder politische Gemeinwesen überhaupt Münzen prägten – und warum sie dieses taten. Dienten die von den staatlichen Autoritäten ausgeprägten Münzen allein zur Bezahlung eigener Aufwendungen, oder aber sah man die Notwendigkeit, die private Wirtschaft mit den nötigen Umlaufmitteln zu versorgen? Eine oft geäußerte Hypothese ist, dass es in der Antike eine Unterversorgung mit Münzen gab, welche das wirtschaftliche Wachstum bremste. Wichtige Voraussetzung zur Beantwortung vergleichbarer Fragen ist, den Rhythmus der Prägungen – der in der Antike sehr unregelmäßig und alles andere als jahresgebunden war – zu ermitteln und die hergestellten Münzen in den jeweiligen Zeitabschnitten zu quantifizieren. Bestimmung der verfügbaren Metalle und der ausgeprägten Nominale, der Qualität und Vollwertigkeit von Gold- und Silbermünzen; Untersuchung des Verhältnisses von Staatseinnahmen, Staatsausgaben und Münzprägung, der Entwicklung von Preisen und Löhnen; Verfolgen der Veränderungen von Wechselkursen innerhalb einer Währung; Bestimmung der Bereiche von Geldwirtschaft und Naturalwirtschaft, von stärker und weniger stark monetarisierten Gebieten; Untersuchung der Rolle von Banken und Krediten, der Geldhortung, Umlaufgeschwindigkeit und des bargeldlosen Zahlungsverkehrs; Aufspüren des Anteils der verschiedenen Gesellschaftsschichten am Geldverkehr: all dieses sind von der Numismatik in Angriff genommene Fragen, die von den Münzen ausgehend über die Wirtschafts- weit in die Sozialgeschichte bzw. in die Geschichte der Institutionen und des Alltags hineinragen.

Info: Devaluation

Die Graphik zeigt den durchschnittlichen Silbergehalt römischer Denare zwischen 14 und 253 n. Chr. Signifikant ist eine kontinuierliche Abnahme des Silberanteils. In einer ersten großen Stufe beginnt dies unter Nero (64 n. Chr.), beschleunigt sich – trotz zwischenzeitlicher Bemühungen zur erneuten Anhebung des Standards – vor allem aber ab 193 n. Chr. Die Verringerung des Silberanteils pro Münze ermöglichte, aus derselben Edelmetallmenge eine größere Anzahl von Münzen zu prägen. Phasen der Legierungsverschlechterungen lassen sich zumeist unmittelbar mit Zeiten steigender Staatsausgaben verbinden. Schon die neronische Reduktion ist eine Maßnahme nach dem Brand Roms, die der Erschließung von Ressourcen für den großzügigen Neuaufbau der zerstörten Stadtviertel diente.

Lange Zeit wurde die durch moderne Metallanalysen sehr genau feststellbare Legierungsverschlechterung unmittelbar mit gesunkener Kaufkraft der Münzen und dadurch ausgelöster Inflation gleichgesetzt. Neuere Untersuchungen zeigen jedoch, dass eine beschleunigte Preissteigerung erst gegen Ende des 3. Jahrhunderts eintrat, ohne lange Vorlaufzeit. Die Massengewohnheit der Annahme und das Vertrauen in die staatliche Wertgarantie konnte die Substanzverschlechterung bis dahin offensichtlich nicht erschüttern. Das gewachsene Geldvolumen wiederum wurde durch eine immer noch zunehmende MONETARISIERUNG bis in die äußeren Reichsteile aufgefangen und wirkte sich deshalb lange Zeit nicht preistreibend aus.

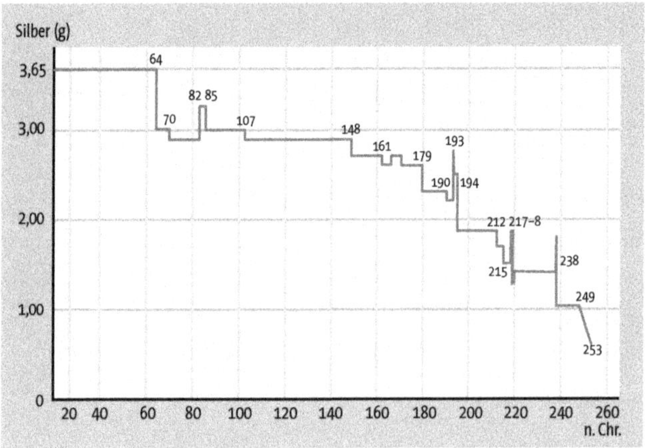

Abb. 31 Die Entwicklung des Silbergehalts römischer Denare zwischen 14 und 253 n. Chr.

Zu einem eigenen Teilbereich der Numismatik hat sich die Analyse von **Fundmünzen** entwickelt. Ausgangspunkt ist die Erfassung und Bestimmung aller Münzen mit gesicherten Fundorten. Diese können dann in Verbreitungskarten oder in chronologisch differenzierenden Graphiken zur Anschauung gebracht werden. In der Streuung der Münzen spiegeln sich Kontakte zwischen verschiedenen Regionen, welche datiert und in den einzelnen Zeitstufen quantifiziert werden können. Kartierungen unterscheiden monetarisierte von weniger monetarisierten Regionen. Teils lassen sich auch die In-Umlauf-Setzung von Münzen – die keineswegs direkt von der Prägestätte ausgehen muss – und deren weitere Verbreitung erkennen. Griechische Fundmünzen auf der Krim oder in Ägypten, römische Fundmünzen in Skandinavien, dem Ostseeraum oder in Indien weisen **Fernverbindungen** nach. Dabei sind die heute gemeldeten Münzen nur die Spitze eines Eisbergs. Neben Handel können die Münzen auch auf politische Kontakte verweisen, wie z.B. die Zahlung von Subsidien. Aber auch für die **chronologische Bestimmung** einzelner Fundkomplexe oder Schichten (**→ vgl. S. 124 f.**) erfüllen die Fundmünzen eine wichtige Funktion. Als Objekte, auf denen oft sogar das Datum selbst angegeben ist, erweisen sich die Münzen typologischen, aber auch den meisten naturwissenschaftlichen Datierungen gegenüber überlegen.

Etabliert hat sich die Differenzierung zwischen Münzhorten, Einzelfunden und Fundkomplexen wie etwa Siedlungsfunde. Aus den jeweiligen **Fundkategorien** resultieren unterschiedliche Methoden und Möglichkeiten der Auswertung. So kann in der zeitlichen Streuung der in einer Siedlung verlorenen Münzen der Besiedlungsverlauf in Dauer und Intensität nachvollzogen werden. Horizonte von Hortfunden, die bewusst niedergelegt wurden, zeigen hingegen oft Regionen und Zeiträume stärkerer Unruhen an. Nicht festzustellen ist, ob dabei aus Angst insgesamt mehr Geld versteckt wurde. Doch hatte eine größere Zahl von Besitzern aufgrund von Vertreibung oder Tod keine Chance mehr, das angelegte Depot zu einem späteren Zeitpunkt wieder zu heben.

2.5.5 Bereitstellung des Materials: Zitierwerke

Aufgaben der Numismatik als Wissenschaft sind die **Bereitstellung** des Materials und dessen **Auswertung** mit den ihr eigenen Methoden. Die Münzen selbst werden in großen Corpora vorgelegt, die das Material für bestimmte Räume bzw. Epochen erfassen, systematisch ordnen, beschreiben und zum Teil einer ersten Auswertung zuführen. Grundlegend für den Nutzer numismatischer Quellen ist das ‚Zitat', der Verweis auf eine Münzbeschreibung in einem etablierten Referenzwerk, die dem diskutierten Münztyp entspricht. In diesem Referenz- oder **Zitierwerk** sind dann auch Prägeort und Prägeherr der Münze, der Zeitpunkt der Prägung sowie eine detaillierte Beschreibung beider Münzseiten zu finden, ggf. ergänzt um eine Abbildung und Hinweise zur Interpretation.

Vorzüglich aufbereitet ist diesbezüglich die Münzprägung der römischen Republik, für die „Crawford" das Standardwerk ist (→ **S. 153**). Es zeichnet sich durch Genauigkeit und zahlreiche Hilfen aus. Die Münzen der römischen Kaiserzeit werden nach *Roman Imperial Coinage* bestimmt, das nach jahrzehntelanger Arbeit vollständig vorliegt. Für die autonome Prägung unter römischer Herrschaft (*Roman Provincials*; früher – mit stärkerem Blick auf den griechischen Raum – oft *Greek Imperials* genannt) ist das sehr ambitionierte Werk *Roman Provincial Coinage* im Entstehen: Die vorliegenden Bände machen ein schwer erschließbares Material kompakt und in hoher Qualität zugänglich.

Zitierwerke vergleichbarer Geschlossenheit und Qualität gibt es für die griechische Münzprägung archaischer und klassischer Zeit nicht. Die letzte und beste Zusammenfassung ist immer noch Heads *Historia Numorum* von 1911. Eine Überarbeitung ist begonnen worden, liegt bislang aber erst für die Prägungen der griechischen Städte Italiens vor (Rutter). Allerdings gibt es zahlreiche Monographien zur Münzprägung einzelner griechischer Poleis. Bei diesen wird die Erschließung der einzelnen Stempel immer mehr zum Standard. Exemplarisch für die dazu erforderliche Materialbewältigung sei die Studie von Wolfgang Fischer-Bossert zu den Didrachmen von Tarent genannt. Wo keine vergleichbaren Monographien vorliegen, wird das Zitat durch den Bezug auf eine der veröffentlichten größeren Sammlungen gewonnen: Vollständig publiziert sind die griechischen Münzen im Britischen Museum; eine hohe Qualität in Münzbeschreibung und Abbildung haben die Bände der *Sylloge Nummorum Graecorum*.

Der Stand der Materialerschließung ist für die verschiedenen Regionen an der Peripherie der griechisch-römischen Welt wie Kelten, Perser, Parther, Sasaniden oder Kushan unterschiedlich, die Zitierweise folgt jedoch grundsätzlich denselben Regeln. Die entsprechenden Zitierwerke sind in den Einführungswerken zur antiken Numismatik und in den Bibliographien verzeichnet.

Aufgrund der eingehenden Materialerfassung sind auch ältere Zitierwerke in der Regel nicht überholt. Für vertiefte Studien ist jedoch eine Berücksichtigung der jüngeren Forschungsliteratur, etwa in den einschlägigen Fachzeitschriften, unumgänglich. Deutlich zeigt sich dieses in der Datierung: Für die Münzen der römischen Republik brachte das Werk von Crawford gegenüber dem nur 20 Jahre älteren Katalog von Sydenham grundlegende Neudatierungen. In der Chronologie der griechischen

Münzen kam es in den 1970er Jahren zum so genannten **Downdating**: Insbesondere die Münzen archaischer und frühklassischer Zeit wurden aufgrund neuer Funde teils erheblich jünger datiert. Eine nützliche Hilfe zur Überprüfung und Aktualisierung älterer Zitierwerke bietet der „Griechische Münzkatalog" von Eva und Wolfgang Szaivert, dessen Datierungen den neueren Forschungsstand wiedergeben.

In ähnlicher Weise sind die Fundmünzen publiziert. Die griechischen Münzhorte sind im *Inventory of Greek Coin Hoards* (M. Thompson/O. Mørkholm/C. M. Kraay, New York 1973) zusammengestellt, für die Funde aus der Zeit der römischen Republik hat Michael Crawford (*Roman Republican Coin Hoards*, London 1969) eine nützliche Übersicht vorgelegt. Diese sind jetzt in erweiterter Form mit zahlreichen Zusatzfunktionen als Datenbanken frei zugänglich (http://coinhoards.org/ bzw. http://numismatics.org.ch rr/). Die Masse der Funde stammt jedoch aus der römischen Kaiserzeit: Vorherrschend sind regionale Kataloge, die von den einzelnen Fundplätzen ausgehend das jeweils gefundene Münzspektrum dokumentieren. Ein besonders ambitioniertes Unternehmen ist das in den 1950er-Jahren in der Bundesrepublik begonnene Projekt *Die Fundmünzen der römischen Zeit in Deutschland*. In nach Bundesländern und Regierungsbezirken geordneten Bänden werden die in den Grenzen Deutschlands gefundenen römischen Münzen dokumentiert. In vielen europäischen Nachbarstaaten, den Niederlanden und Luxemburg, der Schweiz und Österreich, in Polen, Ungarn, Slowenien, Kroatien hat das Unternehmen direkte, in anderen wie Frankreich, Großbritannien oder Italien eine vergleichbare Nachahmung gefunden. Der Fundmünzennumismatik wird so nach und nach eine hervorragende Materialbasis für unterschiedlichste Fragestellungen zur Verfügung gestellt. Von ungleich größerer Effizienz für jede Auswertung ist allerdings eine digitale Materialvorlage: Die rund 10.000 Münzhorte der römischen Kaiserzeit werden derzeit in einem ambitionierten Projekt der Universität Oxford zusammengetragen (https://chre.ashmus.ox.ac.uk/).

Literatur

Allgemeine Einführungen:

R. Göbl, **Antike Numismatik**, 2 Bde., München 1978.

M. R.-Alföldi, **Antike Numismatik**, 2 Bde., Mainz 1978 (Bd. 2: 2. erw. Aufl. 1982).

C.-J. Howgego, **Geld in der Antiken Welt. Was Münzen über Geschichte verraten**, 2. Aufl., Darmstadt 2011.

W.E. Metcalf (Hg.), **The Oxford Handbook of Greek and Roman Coinage**, Oxford 2012.

P. Mittag, **Griechische Numismatik: Eine Einführung**, Heidelberg 2016.

Zu Abbildungen und zur ikonographischen Interpretation:

M. R.-Alföldi, **Bild und Bildersprache der römischen Kaiser. Beispiele und Analysen**, Mainz 1999.

F. Schmidt-Dick, **Typenatlas der römischen Reichsprägung von Augustus bis Aemilianus, Teil 1: Weibliche Darstellungen**, Wien 2002; **Teil 2: Geographische und männliche Darstellungen**, Wien 2011.

Ch. Howgego/V. Heuchert/A. Burnett (Hgg.), **Coinage and Identity in the Roman Provinces**, Oxford 2005.

Speziell zu Münzlegenden:

W. Leschhorn, **Lexikon der Aufschriften auf griechischen Münzen**, 2 Bde., Wien 2002–2009.

Münzen und schriftliche Quellen:

J.R. Melville Jones, **Testimonia Numaria. Greek and Latin Texts concerning Ancient Greek Coinage. Vol. I.: Texts and Translations**, London 1993, **Vol. II: Addenda and Commentary**, London 2007.

W. Szaivert/R. Wolters, **Löhne, Preise, Werte. Quellen zur römischen Geldwirtschaft**, Darmstadt 2005.

Numismatik und Geldgeschichte:

C.M. Kraay, **Archaic and Classical Greek Coins**, London 1976.

W. Fischer-Bossert, **Die Chronologie der Didrachmenprägung von Tarent (510–280 v. Chr.)**, Berlin/New York 1999.

O. Mørkholm, **Early Hellenistic Coinage. From the Accession of Alexander to the Peace of Apamea (336–188 B.C.)**, Cambridge u.a. 1991.

A.M. Burnett, **Coinage in the Roman World**, London 1987 (ND 2004).

M.H. Crawford, **Coinage and Money under the Roman Republic. Italy and the Mediterranean Economy**, London 1985.

R.A.G. Carson, **Coins of the Roman Empire**, London/New York 1990.

R. Wolters, **Nummi Signati. Untersuchungen zur römischen Münzprägung und Geldwirtschaft**, München 1999.

K. Butcher/M. Ponting, **The Metallurgy of Roman Silver Coinage. From the Reform of Nero to the Reform of Traian**, Cambridge 2014.

Einen Zugang zu den verschiedenen Fundmünzenunternehmungen und ihren Publikationen öffnet:

R.C. Ackermann/H.R. Derschka/C. Images (Hgg.), **Selbstwahrnehmung und Fremdwahrnehmung in der Fundmünzenbearbeitung. Bilanz und Perspektiven am Beginn des 21. Jahrhunderts**, Lausanne 2005.

Bibliographien:

Der „Survey“ ist eine systematische und in älteren Jahrgängen auf Vollständigkeit angelegte Bibliographie, die zum alle 6 Jahre stattfindenden „Internationalen Numismatischen Kongress“ herausgegeben wird. Zusammengestellt ist die jeweils seit dem letzten Kongress erschienene Literatur in systematischer Ordnung:

M. Amandry/D. Bateson (Hgg.), **A Survey of Numismatic Research: 2002–2007**, Glasgow 2009.

C. Arnold-Bucchi/M. Caccamo Caltabiano/H. Emmerig (Hgg.), **A Survey of Numismatic Research 2008–2013**, Taormina 2015.

Hilfreich für den Bereich der griechischen Numismatik ist:

W.E. Daehn, **Annotated Bibliography of Ancient Greek Numismatics**, 2. Aufl., Lancaster u. a. 2013.

Zu Katalogen und Zitierwerken → **Kap. 3.2.5**
Zur EDV-gestützten Recherche → **Kap. 3.2.1**

2.6 Materielle Überreste - die Archäologie

Bereits Platon kannte das Wort ARCHAIOLOGIA (Hippias maior 285d) und meinte damit die „Kunde von den vergangenen Dingen“. Gegenstand der Archäologie war für ihn die gesamte Vergangenheit in all ihren Äußerungen. Spätestens als sich die Alte Geschichte und die Klassische Archäologie aus der Philologie lösten und als eigene Fächer etablierten (→ **Kap 1.4**), konkretisierte sich die besondere Zuständigkeit der Archäologie: In Abgrenzung zu den sich ausschließlich oder überwiegend auf die schriftliche Überlieferung stützenden Disziplinen wurden die materiellen sowie die visuell erfassbaren Zeugnisse vergangener Gesellschaften ihr besonderer Kompetenzbereich.

Seither hat sich die Archäologie zu einem bedeutenden altertumswissenschaftlichen Fach entwickelt, das an allen größeren Universitäten vertreten ist. Die von den **Menschen geformten Überreste** als zu behandelnde Gegenstände – gestaltete Umwelt und Architektur, Rundplastik, Porträts und Reliefs, Vasen und Vasenmalerei, Gemälde und Mosaike, Tracht und Schmuck – sind vielfältig, und entsprechend breit ist das inhaltliche und methodische Spektrum. Dies hat zu einer **Ausdifferenzierung in archäologische Teilfächer** beigetragen, die freilich meistens einer eher geographischen und zeitlichen Spezialisierung Rechnung tragen. Es gibt also heute neben der Klassischen Archäologie noch viele andere Archäologien: Die Prähistorische Archäologie, die Altorientalische, Vorderasiatische und Ägäische, die Biblische und Christliche oder auch die Provinzialrömische Archäologie. Die Vielfalt unter einheitlichem Namen verweist indes auf gemeinsame Methoden, deren Anwendung vom konkreten Raum oder Zeitabschnitt unabhängig ist. Gleichzeitig hat die große und wachsende Zahl der in der Archäologie angewandten Vorgehensweisen auch zu **methodischen Spezialisierungen** geführt, und Teilbereiche wie Unterwasserarchäologie, Luftbildarchäologie, die Zweige der naturwissenschaftlichen Archäologien oder die Archäometrie konnten sich bereits als mehr oder weniger selbstständige Disziplinen etablieren. Gegenüber diesen methodisch-pragmatischen Einteilungen ist das Verdienst der auf bestimmte Zeiten und Kulturen bezogenen Archäologien, dass sie den inneren Zusammenhang und die verschiedenen Äußerungen einer Kultur als Einheit bewahren und dadurch einen Anknüpfungspunkt für die Zusammenarbeit mit den jeweils benachbarten philologischen und historischen Fächern bieten: Denn zumindest für die historischen Zeiten ist ein Gesamtbild einer Kultur nur durch die gemeinsame Berücksichtigung von materieller und schriftlicher Hinterlassenschaft zu erreichen.

In der Alten Geschichte hat man es vorrangig mit der **Klassischen Archäologie**, also der Archäologie des griechisch-römischen Kulturraums zu tun, und sie ist mit ihrer spezifischen Kompetenz für die materiellen Quellen komplementär und unverzichtbar. In den der griechisch-römischen Zivilisation vorangehenden Phasen bzw. an den äußeren Grenzen dieser Kultur kommt man auch immer wieder mit den anderen Archäologien in fruchtbaren Austausch. Besondere Bedeutung hat das von der Archäologie erschlossene Material für die griechische und die etruskisch-römische Frühgeschichte, für die so gut wie keine schriftlichen Quellen aus der Zeit selbst vorhanden sind. Doch auch für Zeitabschnitte, aus denen wir eine überdurchschnittliche literarische Überlieferung zur Verfügung haben, kann die Archäologie unsere

Kenntnisse erheblich intensivieren: Exemplarisch sei auf die Zeit des Augustus verwiesen, wo in den letzten Jahrzehnten Alte Geschichte und Klassische Archäologie gemeinsam zu einer besonders dichten Nachzeichnung der tief greifenden gesellschaftlichen und kulturellen Wandlungen gelangt sind, die mit den politischen Umwälzungen einhergingen.

2.6.1 Archäologie als Grabungswissenschaft

In der Öffentlichkeit wird das Bild der Archäologie weitgehend durch **spektakuläre Ausgrabungen** und sensationelle Funde bestimmt. Der Prototyp der dafür erforderlichen Forscherpersönlichkeit war in Deutschland lange Zeit der besessene Außenseiter Heinrich Schliemann, für die auch medial globalisierte jüngere Generation sind Indiana Jones und Lara Croft in diese Rolle nachgerückt. Es geht jedoch, auch bei der Grabungswissenschaft, keineswegs um Schatzsucherei!

Info: Delphi

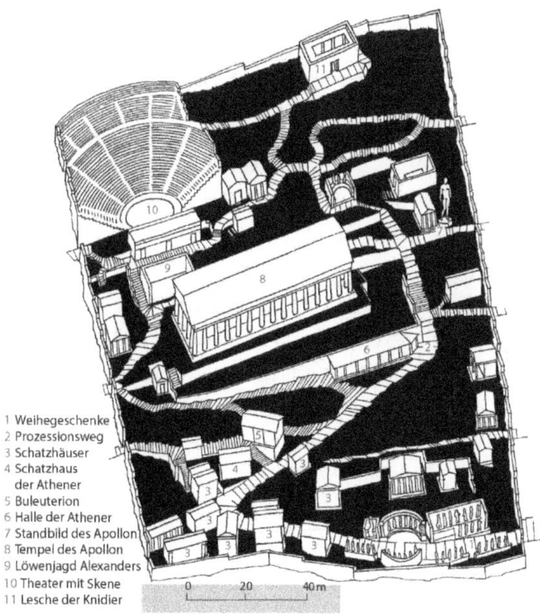

Abb. 32 Delphi in der Antike (Rekonstruktionszeichnung)

Das Apollon-Heiligtum von Delphi war eine der bedeutendsten und einflussreichsten Kultstätten Griechenlands. Einerseits fanden hier – ähnlich wie in Olympia – regelmäßig Spiele statt, worauf das (in dieser Zeichnung nicht sichtbare) Stadion im Nordwesten der Anlage verweist. Andererseits erhofften sich viele griechische Städte und führende Einzelpersonen vom dort beheimateten Orakel der Pythia für ihre Unternehmungen Rat und Unterstützung: Sie dankten es durch großzügige Weihgaben, die den gesamten Tempelbezirk rund um den Apollontempel füllten. Schon in früher Zeit errichteten die mächtigeren Städte für ihre Stiftungen eigene Schatzhäuser innerhalb des Tempelbezirks. In der Vielzahl der Stiftungen und der verschiedenen Bauphasen lassen sich Geschichte und wechselnde Bedeutung des Heiligtums allein aus archäologischer Perspektive zum Teil sehr genau nachzeichnen.

Bei ihren Ausgrabungen holt die Archäologie ganze **Lebenskontexte** wieder ans Licht, im Maßstab 1 : 1 und am originalen Ort. Ihren Gegenständen ist nicht nur eine besondere Anschaulichkeit zu eigen, sondern sie sind zugleich authentisch: Ägyptische Tempel und Grabanlagen, die Paläste von Knossos, Phaistos oder Malia, die Burgen von Tiryns, Troia oder Mykene, Heiligtümer wie Olympia, Delphi und Epidauros, Städte wie Milet, Ephesos, Ostia, nicht zuletzt das unter den Lavamassen begrabene Pompeii oder Herculaneum: Die Einbindung der Orte in die Landschaften, Bauweisen und -techniken oder auch die funktionale bzw. repräsentative Anordnung der Gebäude lässt sich an diesen Orten detailliert verfolgen. Ein Gang durch die ausgegrabenen Überreste ermöglicht ein sehr direktes Nacherleben.

Hinzu treten die Funde: Neben den Architekturelementen, die oft sehr aufwändig gestaltet wurden, genießen die wertvollen und künstlerisch überragenden **Einzelobjekte**, wie sie dann in den Vitrinen unserer Museen zu finden sind, besondere Aufmerksamkeit: Statuen, Statuetten und Reliefs, Mosaike und Gemälde, Gefäße aus Edelmetall, Bronze, Ton oder Glas, Schmuck aus Gold, Silber und Elfenbein. Einen Einblick in die gesamte Lebenswirklichkeit bieten Alltagsgegenstände und Werkzeuge wie Fibeln, Nadeln, Äxte oder medizinisches Gerät.

Für die Archäologie wichtiger als die Funde sind allerdings die **Befunde**, mithin Kontexte und Deutungen. Bezüglich Topographie und Architektur stellt sich die Frage, welche Plätze in Besitz genommen wurden und wie sich eine Siedlung ausdehnte. Die Bauten selbst sind in aller Regel nicht in einer einzigen Phase errichtet worden: Abriss und komplette Erneuerung am selben Ort, Umbauten und Erweiterungen, Teilzerstörungen oder Reparaturen sind zu unterscheiden, wobei das Jüngere das jeweils Ältere horizontal überlagert. Derartige Schichtenfolgen zu erfassen und zu dokumentieren ist Gegenstand der STRATIGRAPHIE.

Die Bewusstmachung stratigraphischer Abfolgen signalisiert zugleich, dass jedes Vordringen zu einer weiter unten gelegenen Schicht – oder der Versuch, hier eine ältere Schicht zu finden – nur um den Preis einer zumindest partiellen Zerstörung der darüber liegenden Schichten zu haben ist. **Jede Ausgrabung ist** also auch eine nicht wieder rückgängig zu machende **Zerstörung**. Was bei einer Grabung selbst nicht zweifelsfrei dokumentiert wird, ist für immer verloren. Die Problematik der von Grabungsleitungen zu treffenden Entscheidungen zeigt sich bei Siedlungsgrabungen, wenn ein Platz über Jahrhunderte oder gar Jahrtausende bewohnt war: Inwieweit ist es legitim, mittelalterliche, byzantinische, kaiserzeitliche, hellenistische oder klassische Schichten abzuräumen, um darunter nach jeweils noch älteren Schichten zu suchen? Derartige Überlegungen haben dazu beigetragen, dass heute im Regelfall nicht mehr großflächig ausgegraben wird, sondern eher punktuell oder sektoral, um Auskunft über genau definierte Fragestellungen zu erhalten – und auch, um späteren Generationen die Möglichkeit zu geben, mit besseren Methoden oder neuen Fragen scheinbar sicheres Wissen zu überprüfen.

Die in ihrer **relativen Abfolge** unterschiedenen Schichten gilt es sodann absolut zu datieren. Die Funde innerhalb der Schichten – insbesondere Keramik, Fibeln, Münzen – können mit je wechselnder Genauigkeit Auskunft darüber geben, desgleichen Merkmale wie etwa Bautechniken. Da aus den oben genannten Gründen zumeist nur noch einzelne **Grabungsschnitte** vorgenommen werden, sind diese zu synchronisieren, d. h. sie müssen horizontal und vertikal vernetzt werden. Grabungspläne dokumentieren dies. Bei ihrer Interpretation ist entsprechend sorgfältig darauf zu achten, welche Befunde gesichert, und welche, an nicht ergrabenen Stellen, durch Interpolation gewonnene Rekonstruktionen sind.

Die in einer Grabung gemachten Funde helfen daneben bei Funktionsbestimmungen einzelner Komplexe, und aus dem Gesamtbild der Funde sind Rückschlüsse auf die kulturelle und soziale Zugehörigkeit eines Platzes zu erzielen. Doch auch für die Bewertung einzelner Fundobjekte ist es im Gegenzug wichtig, wo genau diese gemacht worden sind: In Wohnhäusern, in Tempeln oder einem Grab, als Verlust oder als bewusste Niederlegung. Nicht in jedem Kontext hat ein Objekt dieselbe Funktion und Bedeutung.

Ein weiträumiger **Vergleich** von Herkunft und Verbreitung vorgefundener Formen, von Importen oder Nachahmungen zeigt kulturelle Kontakte, groß- und kleinräumige Wirtschaftsbeziehungen oder politische Vorgänge an. **Akkulturationsprozesse** wie Hellenisierung und Romanisierung oder die Ausbreitung von Religionen lassen sich in archäologischen Funden oft sehr detailliert nachvollziehen. Gegenüber einer früher vielfach praktizierten direkten Zuordnung von Objekten und Formen zu bestimmten Ethnien – mit oft weit reichenden Folgen für die Rekonstruktion der Ereignisgeschichte – ist in jüngerer Zeit jedoch zu Recht erhebliche Zurückhaltung geübt worden: Man kann Völker nicht ohne weiteres ‚ausgraben'!

Gerade für derartige Fragestellungen beschäftigt sich die Archäologie keineswegs nur mit museumswürdigen Objekten, sondern auch die massenhaft vorkommende, oft unspektakuläre **Keramik** kann diesbezüglich eine wichtige Quellengruppe sein. Denn ein Vorteil der gebrannten Keramik ist ihre ausgesprochene Langlebigkeit: Weder zersetzen sich die weggeworfenen Scherben eines zerbrochenen Gefäßes, noch lassen sie sich – wie Metalle – als wertvoller Rohstoff weiterverwenden. Bezeichnenderweise ist die Masse der römischen **Bronzegefäße** nicht innerhalb des Römischen Reiches, sondern jenseits der Grenzen im Norden Europas gefunden worden: Dort dienten sie als Grabbeigaben und waren derart vor einem Einschmelzen geschützt. Erst eine Verwendung als Grabbeigaben sicherte auch das massenhafte Überdauern der griechischen **Vasen** – auch in diesem Fall nicht im heimischen, sondern im fremden Kontext. Denn die Mehrzahl der heute unbeschädigt auf uns gekommenen Gefäße wurde nicht in Griechenland gefunden, sondern in Etrurien, wo die Einheimischen die wertvollen Importe den Toten mitgaben: Die Benutzung der Gefäße durch die Lebenden hat im archäologischen Befund deutlich weniger Spuren hinterlassen.

Aus ähnlichen Gründen weiß die Archäologie schließlich auch **Abfallgruben** und **Kloaken** zu schätzen: Sie sind oft wahre Schatzgruben für die ansonsten schwer nachweisbaren organischen Überreste und können zumindest einen ungefähren Eindruck von dem archäologisch ansonsten nicht Sichtbaren geben. Mit Hilfe naturwissenschaftlicher Untersuchungen und Methoden ist es aber möglich, aus den Abfällen Lebensmittelreste zu analysieren und Auskunft über Flora und Fauna, über Essgewohnheiten und Ernährungsmöglichkeiten zu erhalten.

Für die Archäologie als Grabungswissenschaft hat die **Ur- und Frühgeschichte** (oder: Prähistorische Archäologie), die sich für ihre Analysen ja per definitionem nicht zusätzlich auf schriftliche Quellen stützen kann, ganz besondere Kompetenzen entwickelt und die inhaltliche und methodische Ausdifferenzierung weit vorangetrieben. Die Fülle der aus materiellen Objekten, aus Funden und Befunden ableitbaren Kenntnisse und Erkenntnisse kann hier nicht einmal angedeutet werden. Aber gerade für den Alltag sowie für die sonst schwer zu fassenden unteren sozialen Schichten, doch auch für das Wirtschaftsleben stellt die Archäologie oft ein singuläres Quellenmaterial bereit.

Heute sind Ausgrabungen in aller Regel hoch organisierte **Großunternehmen**, an denen sich eine Vielzahl von Spezialisten beteiligt. Längst sind es nicht mehr nur auf Architektur oder bestimmte Artefakte spezialisierte Archäologen, ergänzt um Numismatiker oder Epigraphiker, sondern es sind Forscher aus Geographie, Geologie, Botanik, Anthropologie und Zoologie, aus der Vielfalt der technischen und naturwissenschaftlichen Fächer, die ihr Wissen zu jeder größeren Grabung beisteuern: Unverkennbar ist allerdings auch, wie mit dem Fortschritt der Methoden sich die Fragestellungen ebenfalls erweitern und den Anteil der Spezialisten von Mal zu Mal vergrößern. Auch hier sollte der Blick fürs Ganze darüber nicht verloren gehen.

2.6.2 Archäologie als Bildwissenschaft

Auf der anderen Seite steht die Klassische Archäologie als Wissenschaft von den Formen und Bildern, ihrer Beschreibung, Ordnung und Dechiffrierung. Historische Wurzel ist das Verständnis der Archäologie als Kunstwissenschaft bzw. Kunstgeschichte. Im Gegensatz zu früher wird ein derartiger Ansatz heute weder allein auf die so genannten ‚Kunstwerke' bezogen, noch beschränkt er sich auf die Kategorien von Form, Stil, Struktur oder Qualität: Auch die von der **Ikonographie** bzw. der Untersuchung der gestalteten Lebensräume kommende Archäologie nähert sich ihrem Gegenstand derzeit weitestgehend historisch und bettet ihn in wirtschafts- und sozialgeschichtliche, kultur- und religionsgeschichtliche oder in den weiten Bereich der historisch-anthropologischen Kontexte ein (→ **Kap. 4.4**). Von der Vorstellung der Kunst als einer autonomen Erscheinung wird dabei Abstand genommen. Denn weder lässt sich, wie gerade die neuzeitlichen Erweiterungen des Kunstbegriffs gezeigt haben, Kunst von Nichtkunst abgrenzen, noch ist irgendein Objekt unabhängig von seinem Kontext.

Abb. 33 Die sogenannte Chigi-Vase datiert um 640 v. Chr. und zeigt im mittleren Band eine Schlacht, in der die Kämpfer in geschlossener Reihe gegeneinander antreten. Es ist die früheste Darstellung einer Hoplitenphalanx. Die neue Kampfweise machte eine Beteiligung breiterer Schichten an der Kriegsführung erforderlich und führte dadurch letztlich auch zu politischen Veränderungen.

In ihren Fragestellungen hat die von der Kunst kommende Archäologie vielfach gleiche Interessen wie die Alte Geschichte entwickelt. Mit ihren **Bildquellen** ist sie in der Lage, manche Fragen besser zu beantworten, als dieses allein auf der Grundlage der schriftlichen Überlieferung möglich wäre. Insbesondere für den Bereich der visuellen Kommunikation, für die „intentionalen Gestaltungen der Lebensräume, Bauten und Bildwerke, in denen eine Gesellschaft sich vor der Mit- und Nachwelt repräsentiert" (Borbein/Hölscher/Zanker), hat sie hohe Kompetenzen und einen besonders scharfen Blick entwickelt.

Vasen und Reliefs, Gemälde oder Mosaike sind für die Historiker zunächst als aus der Antike selbst erhaltene Artefakte von Gewinn. Neben ihrer eigenen Form und Material tragen sie darüber hinaus **Abbildungen**, die antike Gegenstände, vergangene Ereignisse oder aber Vorstellungswelten wiedergeben: Zu sehen sind Landschaften, Architektur und Inventar; Kleidung oder Schmuck; Szenen aus Alltag und Krieg oder auch Mythen und religiöse Praktiken. Es lassen sich Vorlieben für bestimmte Themen oder Darstellungsformen zeigen, die ihrerseits Aufschlüsse über wichtige historische Entwicklungen geben können. Beispielsweise lässt sich in der Vasenmalerei recht gut verfolgen, wie der Theseus-Mythos, der zunächst gemeingriechisches Sagengut war, zunehmend von Athen vereinnahmt und dann ab dem frühen 5. Jahrhundert v. Chr. benutzt wurde, um die Führungsstellung der Stadt unter den griechischen Poleis zu legitimieren.

Andere Monumente wurden bereits eigens für das Festhalten und Bewahren von Ereignissen erstellt: Die sogenannten **historischen Reliefs**, wie sie beispielsweise auch an Triumph- und Ehrenbögen angebracht wurden, geben vergangenes Geschehen aus einer bestimmten zeitgenössischen Perspektive wieder. Verschiedene Kriegsepisoden werden auf der Traians- und Marcussäule detailliert erzählt. Hinzu kommt die Gestaltung ganzer Räume als Erinnerungslandschaft: Auf öffentlichen Plätzen wie der Agora von Athen wurde durch Neubauten oder aktuell aufgestellte Denkmäler Vergangenes und Gegenwärtiges eng vernetzt und neue Bedeutungsebenen wurden konstruiert. Ein breit gespanntes **ideologisches Programm** begleitete die Umgestaltung des Forum Romanum unter Caesar und Augustus, die einer dynastischen Aneignung dieses Platzes gleichkam. Das Forum des Augustus und das Forum Traians schließlich waren genauestens durchgeplante Anlagen, welche die Ideologie der Zeit erfassten und zugleich prägen sollten.

Abb. 34 Forum Romanum, heutiger Zustand, in der Bildmitte rechts der Ehrenbogen für Septimius Severus

Info: Augustus von Primaporta

Der sogenannte Augustus von Primaporta wurde 1863 in der Villa der Livia, der Frau des Augustus, vor den Toren Roms gefunden. Es dürfte sich um die Marmorkopie eines Bronzestandbilds handeln, das noch unter Augustus an einem zentralen öffentlichen Platz aufgestellt war. Die Panzerstatue entspricht im Standmotiv dem Zentralwerk des griechischen Künstlers Polyklet aus dem 5. Jahrhundert v. Chr., dem so genannten *Doryphoros* (= Speerträger). Die Wahl dieser äußeren Form verweist auf den normativen Status, den die griechische Kunst der Hochklassik im augusteischen Rom einnahm. Der reich geschmückte Panzer des Augustus zeigt in seiner zentralen Szene einen bärtigen Barbaren rechts, der dem ihm links gegenüberstehenden römischen Kriegsgott Mars ein Feldzeichen überreicht: Angespielt wird auf die Rückgabe der 53 v. Chr. von Crassus an die Parther verlorenen römischen Feldzeichen, deren Wiederaushändigung Augustus auf diplomatischem Wege im Jahre 20 v. Chr. gelang. Neben dieser Szene befinden sich Personifikationen unterworfener Völker: links mit dargebotenem Schwert vermutlich Dalmatia, rechts – bereits entwaffnet – mit Eberstandarte ein keltisches Land, vielleicht Kantabrien. Darunter verweisen der auf einem Greif reitende Apoll sowie Diana mit dem Hirsch auf andere entscheidende Siege des Octavian/Augustus: Apoll steht für den Sieg über Marcus Antonius und Kleopatra bei Actium im Jahr 31 v. Chr., Diana für den Sieg über Sextus Pompeius bei Naulochos im Jahr 36 v. Chr. Im oberen Feld rechts trägt Aurora, die Göttin der Morgenröte, die mit dem Attribut der Fackel kenntlich gemachte Nacht davon; aus dem linken Feld heraneilend folgt ihr der Sonnengott Sol in der Quadriga. Beide stehen nicht nur für den Beginn eines neuen Tages, sondern ebenso für den Beginn eines neuen Zeitalters. Denn über ihnen breitet Saturn, der Gott des Goldenen Zeitalters, seinen Mantel aus. So liegt dann am unteren Ende des Panzers in entspannter Haltung Tellus, die Erde: Füllhorn, Ähren und Kinder deuten auf Wohlergehen und Fruchtbarkeit. Die politisch-militärischen Leistungen des Augustus, der Herrschaftsanspruch Roms und das Glück des ganzen Erdkreises werden so zu einem Gesamtbild geformt, das in Augustus nicht nur seinen Ursprung, sondern auch seinen Garanten hat.

Abb. 35 Die Statue des Augustus von Primaporta

2.6.3 New Archaelogy und Experimentelle Archäologie

Als besondere Zweige der Archäologie haben sich in jüngerer Zeit die so genannte ‚New Archaeology' sowie die ‚Experimentelle Archäologie' herausgebildet. Die **New Archaeology** versucht, vor allem über die konsequente Anwendung naturwissenschaftlicher und statistischer Verfahren sowie durch weit gespannte Vergleiche und Modellbildungen zur Analyse vergangener Gesellschaften vorzustoßen. Besonders wichtig sind hier Erkenntnisse der Ethnologie bzw. Anthropologie. Im Vergleich dazu sehr praktisch und konkret ist der Zugriff der **Experimentellen Archäologie**: Sie hat etwa mit den Nachbauten von antiken Häusern, Werkstätten und deren Erprobung oder Nachbau von Schiffen auf sich aufmerksam gemacht. Zahlreiche Experimente gelten dem Bereich des römischen Heeres. Hier geht es nicht nur um die Überprüfung technischer Lösungen für die Anfertigung und Verwendung von Geräten oder Ausrüstung; auch das Nacherleben als Ruderer oder das Tragen einer Legionärsausrüstung bieten sonst nicht zu gewinnende Einblicke in Lebensumstände und Alltag früherer Zeiten.

2.6.4 Archäologie und Alte Geschichte

Besonderes Charakteristikum der Archäologie ist einerseits, dass sie die zur Verfügung stehenden Quellen ständig vermehrt – und dabei auch Quellen für jene Zeiten und Räume zur Verfügung stellt, aus denen wir sonst keine andere Überlieferung haben –, andererseits ist es ihre besondere Anschaulichkeit. Mit ihrer materiellen Gegenwärtigkeit und ihrer **Bildorientierung** scheint sie den Bedürfnissen der Gegenwart besonders entgegenzukommen.

Historiker sollten sich nicht damit begnügen, die archäologischen Quellen nur als Illustration für Sachverhalte zu benutzen, die sie bereits anderweitig erschlossen haben: Dies wird dem Rang der Archäologie nicht gerecht. Vielmehr gilt es, auch unter Einbringung der spezifischen historischen Kompetenzen, Fragestellungen zu entwerfen und die **Aussagemöglichkeiten** auch des archäologischen Materials auszuloten. Auf der anderen Seite ist jedoch ebenso zu berücksichtigen, dass archäologische Quellen nicht ‚aus sich selbst heraus' sprechen, sondern gedeutet und erklärt werden müssen. Die Anordnung des Materials und die Art seiner Verknüpfung sind Sache der deutenden Forscher und somit stets hinterfragbar. Wenn es dann darum geht, historische Folgerungen zu ziehen, sind es oft wieder erst die literarischen Quellen, die Zusammenhänge herstellen.

Literatur

Einführungen in die Klassische Archäologie:

U. Hausmann (Hg.), **Allgemeine Grundlagen der Archäologie. Begriff und Methode, Geschichte, Problem der Form, Schriftzeugnisse** (= Handbuch der Archäologie VI 1), München 1969.

H.G. Niemeyer, **Einführung in die Archäologie**, 4. Aufl., Darmstadt 1995.

J. Bergemann, **Orientierung Archäologie. Was sie kann, was sie will**, Hamburg 2000.

U. Sinn, **Einführung in die Klassische Archäologie**, München 2000.

A.H. Borbein/T. Hölscher/P. Zanker (Hgg.), **Klassische Archäologie. Eine Einführung**, Darmstadt 2000.

F. Lang, **Klassische Archäologie. Eine Einführung in Methoden, Theorie und Praxis**, Tübingen 2002.
T. Hölscher, **Klassische Archäologie. Grundwissen**, 4. Aufl., Darmstadt 2015.
R. von den Hoff, **Einführung in die Klassische Archäologie**, München 2019

Zur Archäologie als Grabungswissenschaft:
D.R. Brothwell/A. M. Pollard (Hgg.), **Handbook of Archaeological Sciences**, Chichester u. a. 2001.
B. Cunliffe u. a. (Hgg.), **The Oxford Handbook Archaeology**, Oxford 2017.
M.K.H. Eggert, **Prähistorische Archäologie. Konzepte und Methoden**, 4. Aufl., Tübingen/Basel 2012.
M.K.H. Eggert/S. Samida, **Ur- und frühgeschichtliche Archäologie**, 2. Aufl., Tübingen/Basel 2013.
Th. Fischer (Hg.), **Die römischen Provinzen. Eine Einführung in ihre Archäologie**, Stuttgart 2001.
I. Hodder, **The Archaeological Process: An Introduction**, Oxford 1999 (New Archaeology).
D. Carmichael/R. Rafferty, **Excavation**, Oxford 2003 (zur Technik der Ausgrabung).
G.A. Wagner (Hg.), **Einführung in die Archäometrie**, Berlin/Heidelberg 2007.

Archäologie als Bildwissenschaft:
P. Zanker, **Augustus und die Macht der Bilder**, München 1987.
L. Giuliani (Hg.), **Meisterwerke der antiken Kunst**, München 2005.

Archäologie und Alte Geschichte:
J.M. Hall, **Artifact and Artifice. Classical Archaeology and the Ancient Historian**, Chicago 2014.

Hinweis: Die Zitierweise ist in der Archäologie durch die Richtlinien des Deutschen Archäologischen Instituts (DAI) sehr streng reguliert und die meisten archäologischen Fachzeitschriften und Verlage folgen diesen Vorgaben. Sie weichen von dem in der Alten Geschichte oder Klassischen Philologie üblichen Standard häufiger ab (vgl. https://www.dainst.org/publikationen/publizieren-beim-dai/richtlinien).

3 Arbeitstechniken und Darstellungsformen

Überblick

Sich für die Vergangenheit interessieren und über sie reden kann jeder. Der entscheidende Unterschied, der die Beschäftigung mit Geschichte ‚wissenschaftlich' macht, besteht darin, dass man die eigenen Fragen an die Vergangenheit, das eigene Vorgehen und selbstverständlich auch die eigenen Ergebnisse offen legt, sie für jedermann nachvollziehbar macht und sich damit einer Diskussion stellt. Wer eine wissenschaftlich haltbare Untersuchung durchführen will, muss sich deshalb an bestimmte Regeln des wissenschaftlichen Arbeitens und der Darstellung halten. Voraussetzung dafür ist zunächst, sich alle erforderlichen Informationen für eine bestimmte Fragestellung verschafft und diese umfassend ausgewertet zu haben. Die folgenden Bemerkungen gliedern sich entsprechend dieser Leitlinien: Wie findet man in der Alten Geschichte zu einer bestimmten Fragestellung die dafür wichtigen Quellen, wie findet man die erforderliche Literatur, was gilt es bei der Bearbeitung des so recherchierten Materials zu bedenken und welche Konventionen gibt es bei der Darstellung? Bevor diese Fragen in Angriff genommen werden, soll allerdings zuerst darauf eingegangen werden, wie eine historische Untersuchung überhaupt abläuft und warum dies so ist.

3.1 Einleitung: die historische Untersuchung

3.1.1 Wie es eigentlich gewesen

Oben ist bereits verschiedentlich angedeutet worden, wie wichtig bei der historischen Arbeit Fragestellungen sind, unter deren Maßgabe das Quellenmaterial einer Interpretation unterzogen wird. Dieser Gedanke mag freilich bei manchen Studienanfängern auf Unverständnis stoßen, denn er steht in einem deutlichen Kontrast zu dem, was man sich normalerweise unter ‚Geschichte' vorstellt. Die gängige Meinung darüber lautet bekanntlich auch heute noch, dass Geschichte doch einfach identisch ist mit der Vergangenheit. Man sagt, Geschichte ist „das, was war", und versteht darunter eine Ansammlung von Daten und Fakten aus früheren Zeiten. Die Aufgabe der Historiker besteht aus dieser Warte lediglich darin, diese Daten und Fakten darzustellen, ihnen Raum zu geben und damit die ‚objektive Vergangenheit' gewissermaßen zu rekonstruieren. Der preußische Historiker Leopold von Ranke (1795–1886) hat diese Auffassung auf die viel zitierte Formel gebracht, es gehe darum, zu „zeigen, wie es eigentlich gewesen."

3.1.2 Fakten und (Be)deutung

Man findet heutzutage indes nur wenige Geschichtswissenschaftler, die sich Ranke an dieser Stelle vorbehaltlos anschließen würden. Das hängt allerdings nicht so sehr mit den grundsätzlichen Einwänden zusammen, die man hier erheben könnte, etwa der Frage danach, was eine Tatsache denn ist, oder ob es **eine objektive Wahrnehmung und Realität überhaupt gibt**. Zwar sollte diese eher ‚philosophische' Dimension durchaus im Blick behalten werden, wenn darüber nachgedacht wird, was Geschichte ist. Um entscheiden zu können, ob das landläufige Verständnis von Geschichte zutrifft, ist es aber nicht unbedingt nötig, einen Ausflug in das weite und hoch komplizierte Feld der Erkenntnistheorie zu unternehmen. Es genügt, genau zu betrachten, was die Geschichtsschreibung und die Geschichtswissenschaft tatsächlich machen, und warum dies so ist.

Wer dies tut, wird feststellen, dass es praktisch niemanden gibt (und auch niemals gab), der stehen bleiben würde bei der puren Präsentation von so genannten Fakten, also zum Beispiel von Ereignissen, Sachverhalten oder auch Gegenständen. Ranke selbst hat sich natürlich ebensowenig damit begnügt, und das hat seinen guten Grund. Wer sich mit Geschichte befasst, will nämlich üblicherweise viel mehr wissen als das bloße Faktum: Uns interessieren **Ursachen und Folgen von Ereignissen**, wir stellen Zusammenhänge her, mit einem Wort, wir wollen die Vergangenheit **verstehen**, damit wir sie uns **erklären** können. Darüber hinaus halten wir auch längst nicht alles aus der Vergangenheit für gleichermaßen wichtig und erheblich; meistens finden wir nur ganz bestimmte Fakten interessant und beschränken uns dann auf diese. Edward Hallett Carr hat in diesem Zusammenhang treffend unterschieden zwischen Fakten der Vergangenheit, also dem, was war, und so genannten historischen Fakten: Nicht jedes Faktum der Vergangenheit ist ein historisches Faktum; historische Fakten sind nur diejenigen Tatsachen der Vergangenheit, mit denen sich die Historiker auch beschäftigen. Man trifft also als Historiker eine **Auswahl an Fakten**, und entscheidend daran ist nun, dass diese Auswahl keineswegs deshalb vorgenommen wird, weil, wie es so oft heißt, die Fülle an Tatsachen dazu zwingen würde. Die Arbeitsökonomie mag vielleicht im einen oder anderen Fall eine Rolle spielen, aber grundsätzlich gilt, dass niemand etwas Wichtiges weglassen darf. Umgekehrt heißt das: Die Faktenauswahl der Historiker hängt in erster Linie davon ab, was sie für bedeutend halten.

3.1.3 Material und Interpretation

All diese Punkte nun, Kausalzusammenhänge und Bedeutung sowie die damit in Verbindung stehende Auswahl liegen jedoch nicht in den Tatsachen selbst begründet, und sie werden auch nicht vorgegeben durch einen ‚objektiven' Faktenbestand. Sie sind vielmehr das Ergebnis von Denkoperationen, genauer gesagt von **Deutungen**, die ihrerseits einem **Erkenntnisinteresse** folgen, das man immer schon mitbringt – und genau dieser Prozess ist es, der oben gemeint war: Wer sich mit Geschichte beschäftigt, der will etwas wissen, und diese **leitende Fragestellung** führt zu einem Material, zu bestimmten, ‚ausgewählten' Fakten der Vergangenheit, die auf diese Weise in den Rang von historischen Fakten erhoben werden. Die Antworten, um die es hierbei geht, muss man dem Material freilich erst noch entlocken. Das aber ist nur durch **Interpretation** möglich! Carr resümiert folglich: „Der Glaube an einen festen Kern historischer Fakten, die objektiv und unabhängig von der Interpretation des Historikers bestehen, ist ein lächerlicher, aber nur schwer zu beseitigender Trugschluss".

In der Tat ist Carr auch in letzterer Einschätzung zuzustimmen; immer wieder wird auch in der Geschichtswissenschaft so getan, als sprächen die Tatsachen für sich selbst, als ergäben sich bestimmte Schlussfolgerungen geradezu zwingend und objektiv. Machen wir deshalb die Gegenprobe: Wie würde denn eine pure Darstellung von Daten und Fakten aussehen? Ist es überhaupt möglich, Interpretation gänzlich auszuklammern? – Um mit der zweiten Frage zu beginnen: Wahrscheinlich ist dies nicht möglich. Aber wenn wir auch hier – etwas vergröbernd – die sich ergebenden erkenntnistheoretischen Schwierigkeiten ausklammern, können wir sagen: Es gibt solche Darstellungen von Daten und Fakten durchaus, oder zumindest Werke, die dem ziemlich nahekommen. Zu denken ist in diesem Zusammenhang etwa an den Fundkatalog einer archäologischen Publikation, der in der Regel nur Beschreibungen und Abbildungen von Objekten umfasst, oder an so genannte Prosopographien, also im wesentlichen unkommentierte Zusammenstellungen von Quellenbelegen zu Personen (→ **Kap. 4.3**). Natürlich enthalten auch derartige Materialvorlagen stets nur eine Auswahl an Fakten, und insofern lässt sich das Problem der selektiven Wahrnehmung je nach beigemessener Bedeutung wohl kaum gänzlich umgehen. Aber immerhin zeigen die Beispiele, worum es im Kern geht: Eine reine Materialvorlage fordert förmlich dazu heraus, interpretierend bearbeitet zu werden, denn für sich genommen sind viele Fakten nicht besonders interessant.

3.1.4 Die Zeitgebundenheit von Fragestellungen

Die historischen Fakten machen demzufolge nur die eine Hälfte einer historischen Untersuchung aus. Sie sind das Material, das die Historiker interpretieren, also das, was oben als Quellen bestimmt wurde (→ **Kap. 2.1.1**). **Woher aber stammen die Fragen**, auf die uns die Quellen eine Antwort geben sollen? Wieder hilft ein Blick auf die Praxis der Geschichtsforschung und der Geschichtsschreibung: Es ist kein Zufall, dass Theodor Mommsen die Eroberung Italiens durch die Römer als einen Prozess der nationalen Einigung verstanden und beschrieben hat (→ **S. 34 f.**) – Mommsen verfasste seine berühmte „Römische Geschichte" bekanntlich zwischen 1850 und 1856, mithin in einer Zeit, in der die Frage der nationalen Einheit gerade in Deutschland viele Gemüter bewegte.

Es ist ferner kein Zufall, dass sich Robert von Pöhlmann 1893 mit der „Geschichte des antiken Kommunismus und Sozialismus" befasste (in der 3. Auflage von 1925 dann publiziert als zweibändige „Geschichte der sozialen Frage und des Sozialismus in der antiken Welt") – das „Kommunistische Manifest" von Karl Marx und Friedrich Engels war damals noch keine fünfzig Jahre alt, die Bismarck'schen Sozialgesetze gab es seit knapp einem Jahrzehnt.

Schließlich und endlich ist es alles andere als ein Zufall, dass in jüngerer Zeit Abhandlungen zur antiken Geschlechtergeschichte, zum Aufeinandertreffen von Kulturen und zu Migrationsvorgängen erschienen sind (→ **Kap. 1.4.3**). Die Fragestellungen, welche die Historiker an ihr Material herantragen, sind also ganz offensichtlich die **Fragestellungen ihrer eigenen Zeit**, mit anderen Worten: Geschichte ist, wie Jacob Burckhardt sich ausdrückte, „der Bericht darüber, was eine Zeit von einer anderen aufzuschreiben für würdig befindet".

Dieser Umstand, dass Geschichte durch immer neue Fragen und Ideen vorangetrieben wird, führt freilich zugleich zu einer für die Historikerzunft (und nicht zuletzt für die Althistoriker) höchst erfreulichen Feststellung: **Geschichte hört nie auf**, sie ist niemals abschließend und erschöpfend dargestellt, auch wenn sich in einem bestimmten Bereich oder in Bezug auf einen bestimmten Zeitabschnitt das Quellenmaterial nicht mehr wesentlich vermehrt. Auch die Alte Geschichte ist, entgegen anders lautender Vorurteile, noch lange nicht am Ende, jedenfalls nicht, so lange uns noch Fragen an sie einfallen.

3.1.5 Interpretation und Wissenschaftlichkeit

Wir können nun mit Moses I. Finley die **historische Untersuchung** begrifflich bestimmen als „eine **Zusammenstellung von Antworten auf Fragen**", die man an ein geeignetes Material stellt. Um die erwünschten Antworten zu bekommen, muss dieses Material interpretiert werden, und das wiederum bedeutet im Grunde genommen, dass es sich bei den Ergebnissen, die man auf diese Weise gewinnt, in überwiegendem Maße um Deutungen handelt, und damit um Meinungen. Meinungen aber kann natürlich jeder haben, und die Zahl der kursierenden Meinungen ist stets Legion. Es drängt sich daher an diesem Punkt die Frage auf, wie wir der – im Übrigen nicht nur bei der Beschäftigung mit Geschichte drohenden – Gefahr der Beliebigkeit entrinnen können. Leider fällt die Antwort hierauf eher ernüchternd aus: Es gibt keine objektiven Maßstäbe, die es erlauben würden, die ‚Wahrheit' zweifelsfrei zu ermitteln. Trotzdem ist es so, dass man zwar verschiedener Meinung sein kann zu einem bestimmten Punkt, dass aber nur selten alle Meinungen gleich gut sind: Einige überzeugen mehr, andere weniger, und dies hängt aller Erfahrung nach davon ab, wie gut sie jeweils begründet sind. Es kommt also darauf an, **alles zu begründen**, was man behauptet, und den eigenen Gedankengang, wenn möglich, minutiös zu belegen – und zwar mit Verweisen auf die Anhaltspunkte, durch die man auf die Meinung gebracht wurde, die man vertritt. Dieses Vorgehen erhöht die Überzeugungskraft einer Interpretation ungemein, denn es versetzt andere in die komfortable Lage, die betreffende Argumentation nachvollziehen zu können und dann, in Form eines Gedankenexperimentes, zu überprüfen, ob sie zu denselben Schlussfolgerungen kommen.

3.1.6 Die wissenschaftliche Methode

Anders formuliert: Unser Ausweg aus der Falle der Beliebigkeit ist eine Art Diskussionsprozess im großen Stil, in dessen Verlauf Interpretationen vorgebracht und dann im Hinblick auf ihre Überzeugungskraft beurteilt werden. Im Laufe der Zeit haben sich hierfür eine Reihe von **Prinzipien und Regeln der Kommunikation** eingebürgert, sowohl was die Arbeits-, als auch was die Darstellungsweise einer Untersuchung anbelangt. Die Einhaltung dieser Regeln verbindet man gemeinhin mit dem Prädikat der Wissenschaftlichkeit, die daher im Bereich der Geschichte (und nicht nur dort) in erster Linie mit einer bestimmten Methode verbunden ist. Zusammengefasst geht es dabei um folgende Punkte:

1. Oberstes Gebot ist die Nachvollziehbarkeit der eigenen Gedanken. Daraus ergibt sich die Forderung nach unbedingter Transparenz, Klarheit, logischer Folgerichtigkeit und Präzision.
2. Bereits die Fragestellung einer historischen Untersuchung muss offengelegt und begründet werden.
3. Ferner muss deutlich werden, welches Material hierfür wichtig ist und warum, und auf welche Vorarbeiten anderer man sich stützen kann. Dieses Material, die Quellen, muss vollständig recherchiert werden, ebenso wie besagte Vorarbeiten, die so genannte Sekundär- oder Forschungsliteratur (→ **Kap. 2.1.1**).
4. Fakten und Interpretationen müssen klar voneinander unterschieden werden. Interpretationen sind logisch zu begründen und durch Belege und Verweise auf Fakten überprüfbar zu machen.
5. Natürlich müssen abschließend die Antworten auf die leitenden Fragen zusammengestellt und der diesbezügliche Erkenntnisfortschritt klargemacht werden.

Nach diesen Prinzipien und Regeln, aus denen sich vor allem in Bezug auf die Darstellungsweise noch eine ganze Reihe mehr oder weniger verbindlicher Konventionen entwickelt haben (→ **Kap. 3.5**), geht das wissenschaftliche Arbeiten im Bereich der Geschichte, aber auch in vielen Nachbardisziplinen vonstatten. Konkret verläuft diese Arbeit oft ‚dialektisch': Häufig nähert man sich mit einem noch eher allgemeinen Vorverständnis einer noch eher unbestimmten Materie und gelangt erst in einem längeren Prozess von Wechselwirkungen zwischen forschendem Subjekt und Forschungsgegenstand zu einer abgerundeten historischen Untersuchung; erst mit der

Zeit und im Dialog mit dem Material bildet man präzisere Fragestellungen aus, gewinnt dann umgekehrt einen klareren Blick dafür, welche Quellen und welche Forschungsliteratur relevant sind, und kann schließlich immer deutlicher die Ergebnisse absehen. Gedanklich lassen sich die hierbei mehrmals wiederholten und sich gegenseitig beeinflussenden Arbeitsschritte allerdings übersichtlich in drei große Komplexe zerlegen: in die **Recherche**, die **Materialbewältigung** und die **Präsentation**, und diese drei Schritte sollen die Richtschnur sein, nach der sich die folgenden Ausführungen gliedern.

3.2 Quellenrecherche

3.2.1 Digitale Quellenrecherche

Die meisten Quellen im Bereich der Alten Geschichte sind, anders als etwa bei neu- oder gar zeithistorischen Untersuchungen, bei denen man häufig in Archiven arbeitet, bereits in publizierter Form zugänglich. Daraus folgte bis vor Kurzem, dass die Quellenrecherche zu althistorischen Themen fast ausnahmslos in dafür geeigneten Bibliotheken und mit in Buchform publizierten Hilfsmitteln stattfand. Heute ist das anders, es existiert eine **Vielzahl von Möglichkeiten der digitalen Quellensuche im Internet**, und auch die kostenpflichtigen Angebote darunter sind für Universitätsangehörige in der Regel über Campuslizenzen und mit einem Remote-Zugang auf dem eigenen Rechner bequem von zu Hause aus nutzbar. Mittlerweile sind praktisch alle für die Alte Geschichte relevanten Quellengattungen sehr gut online erschlossen, wobei es mitunter schwerfällt, in diesem höchst dynamischen Feld noch auf dem Laufenden zu bleiben und einen Überblick zu behalten.

Info

Eine äußerst hilfreiche aktuelle Orientierung in dieser Hinsicht bietet: M. Schröter, Erfolgreich recherchieren – Altertumswissenschaften und Archäologie, Berlin 2017.

Eine stattliche Anzahl **griechischer und lateinischer Texte**, zum Teil mit englischer Übersetzung, bietet die „Perseus Digital Library – Greek and Roman Materials“ der Tufts University (Massachusetts) (http://www.perseu

s.tufts.edu/hopper/). Die meisten antiken griechischen Texte und eine große Anzahl byzantinischer Autoren enthält der sogenannte TLG (= „Thesaurus Linguae Graecae"), der von der University of California at Irvine angefertigt wurde und online zugänglich ist (http://stephanus.tlg.uci.edu/). Die „Fragmente der Griechischen Historiker" (ursprünglich herausgegeben von Felix Jacoby ab 1923) kann man jetzt als „Jacoby Online" beim Brill-Verlag in Leiden aufrufen (https://referenceworks.brillonline.com/). Die lateinischen Autoren bis ca. 600 n. Chr. werden berücksichtigt im Online-Wörterbuch TLL (= „Thesaurus Linguae Latinae"), das seit 2009 in Kombination mit der sogenannten „Bibliotheca Teubneriana Latina Online" vorliegt (https://www.degruyter.com/document/doi/10.1515/btl/html). Empfehlenswert ist auch die „Library of Latin Texts" (http://www.brepols.net/Pages/BrowseBySeries.aspx?TreeSeries=LLT-O). Außerdem verfügbar sind mehrere Datenbanken mit Schriften der spätantiken Kirchenväter, die spätantiken Gesetzessammlungen sowie die „Monumenta Germaniae Historica" – diese umfassen allerdings hauptsächlich mittelalterliche Texte.

Die griechischen **Inschriften** der publizierten Bände der Inscriptiones Graecae finden sich in der Datenbank „Searchable Greek Inscriptions" des amerikanischen Packard Humanities Institute (PHI; https://epigraphy.packhum.org/), ergänzend hinzuzuziehen sind die „Inscriptiones Graecae Online" (http://telota.bbaw.de/ig/). Die „Epigraphische Datenbank zum antiken Kleinasien" der Universität Hamburg verzeichnet sämtliche griechischen und lateinischen Inschriften aus dem Gebiet der heutigen Türkei (https://www.epigraphik.uni-hamburg.de), und speziell zu den antiken lateinischen Inschriften kann man über das Internet gleich zwei umfangreiche Datenbanken aufrufen: zum einen die „Epigraphische Datenbank Heidelberg" (EDH; https://edh-www.adw.uni-heidelberg.de/), und zum anderen die „Epigraphische Datenbank Clauss/Slaby" (EDCS; http://manfredclauss.de).

Ähnliche Online-Ressourcen gibt es auch für **Papyri**: Die Sammlungen von internationalem Rang werden erschlossen durch das Portal „Papyri.info", das aus dem amerikanischen „Advanced Papyrological Information System" (APIS) hervorgegangen ist und Texte, Übersetzungen und Interpretationen liefert sowie vielfache technische und bibliographische Hinweise und Hilfen enthält (http://papyri.info). Die einzelnen Sammlungen in Deutschland vereinigt das sogenannte „Papyrus Portal" (https://www.organapapyrologica.net/), und das „Heidelberger Gesamtverzeichnis der Papyrusurkunden Ägyptens" bietet eine Zusammenstellung aller bis zum Jahr 2000 bekannten dokumentarischen ägyptischen Papyri (HGV; http://aquila.zaw.uni-heidel berg.de/). Daneben gibt es noch die „Berliner Papyrusdatenbank" (https:// berlpap.smb.museum/) sowie die Datenbank „POxy: Oxyrhynchus Online" (http://www.papyrology.ox.ac.uk/POxy/), und nicht zuletzt das interdisziplinäre Projekt „Trismegistos", das, ausgehend von ägyptischen Papyri und Inschriften, bestrebt ist, immer weitere Bereiche der Erforschung der antiken Welt online zugänglich zu machen (https://www.trismegistos.org).

Neben Textdatenbanken gibt es eine Vielzahl von **Bild-** und vor allem **Münzdatenbanken**: Ausgezeichnete Suchfunktionen und eine hervorragende Qualitiät der Datenaufnahme zeichnen den „Interaktiven Katalog des Münzkabinetts" (= IKMK) der Staatlichen Museen Berlin aus (https://ikmk.smb.museum/). Neben vielen anderen Institutionen haben sich die Münzsammlungen der Universitäten in Deutschland und Österreich der Struktur des IKMK angeschlossen (https:/ /www.numid.online). Sämtliche Münztypen der römischen Republik finden sich unter „Coinage of the Roman Republic Online" (http://numismatics.org/crro/), jene der Kaiserzeit mit überreichem Belegmaterial unter „Online Coins of the Roman Empire" (http://numismatics.org/ocre/); das schwer zu erschließende Material der römischen Provinzprägungen wird unter „Roman Provincial Coinage Online" (https://rpc.ashmus.ox.ac.uk/) schnell voranschreitend zugänglich. „CoinArchives" (https://www.coinarchives.com/) und „acsearch" (https:// www.acsearch.info/) sind Metadatenbanken aus dem Angebot internationaler Münzhandelshäuser mit derzeit mehr als 5 bzw. 7 Millionen Einträgen. Das überaus reiche digitale Angebot im Bereich der Numismatik, einschließlich bibliographischer Hilfsmittel, erschließt die Homepage der „American Numismatic Society" (http://numismatics.org/) und jene des „Instituts für Numismatik und Geldgeschichte" (https://numismatik.univie.ac.at/forschung/links/).

Darüber hinaus präsentieren sich heutzutage ebenso die wichtigen Museen im Internet (so etwa der Louvre, das Britische Museum oder das Pergamonmuseum), es gibt Keramikdatenbanken online (zum Beispiel das „Corpus Vasorum Antiquorum", CVA; https://www.cvaonline.org/cva/), und man findet natürlich auch Webseiten zu antiken Stätten. Die umfassende Objektdatenbank „iDAI.objects/Arachne" wird seit 2004 vom Deutschen Archäologischen Institut und der Universität Köln betrieben (https://arach ne.uni-koeln.de/drupal/). Es sind also nicht nur die schriftlichen Quellen der Alten Geschichte im Internet vertreten, sondern auch die anderen Quellengattungen, und das diesbezügliche Angebot wächst beständig.

All diese Internetressourcen können – zum Teil mithilfe spezieller Suchprogramme – relativ einfach durchsucht werden. Allerdings sind solche Recherchen angesichts der Fülle des online präsentierten Materials oft recht zeitaufwändig und kommen daher eher für Fortgeschrittene in Betracht, die weitgespannte Fragestellungen verfolgen, zum Beispiel im Rahmen einer Masterarbeit oder einer Dissertation. Im normalen Studienalltag sehen sich gerade die Anfängerinnen und Anfänger ganz anderen Anforderungen gegenüber, etwa, wie man sich in kürzester Zeit einen Überblick über die Hauptquellen eines bestimmten Zeitabschnittes oder Sachzusammenhangs verschafft, oder wie man die Quellenbasis für eine (in der Regel zu einem Spezialthema anzufertigende) Pro- oder Hauptseminararbeit eruiert. Für solche eng begrenzten und überschaubaren Rechercheinteressen empfiehlt es sich, den ‚analogen Weg' zu gehen und die einschlägige Sekundärliteratur sowie spezielle in Buchform publizierte Hilfsmittel zu konsultieren.

3.2.2 Handbücher und Quellensammlungen

Hauptquellen für größere Zeitabschnitte, also zum Beispiel antike Geschichtswerke, die sich insgesamt mit der betreffenden Zeit befassen, werden oftmals in HANDBÜCHERN zur politischen und ‚allgemeinen' Geschichte aufgeführt. An erster Stelle stehen hier die Bände der Reihe „Handbuch der Altertumswissenschaft" (HdA) und die 2./3. Auflage der „Cambridge Ancient History" (CAH). Obwohl einige dieser Bücher durchaus älteren Datums sind, eignen sie sich, wie auch die älteren Nachschlagewerke (s. u.), immer noch sehr gut zur Auffindung vor allem literarischer Quellen, da deren Bestand sich seit rund einhundert Jahren kaum mehr dramatisch vergrößert hat und neuere Handbücher aus diesem Grund oft auf einen Anmerkungsapparat mit Quellenverweisen verzichten. Die Bände der Reihe „Handbuch der Altertumswissenschaft" listen neben den in Form von Anmerkungen notierten Einzelbelegen zusätzlich jeweils im Vorspann der einzelnen Kapitel die Hauptquellen zum betreffenden Zeitabschnitt auf.

Wichtige Handbücher für die Quellenrecherche in der griechischen Geschichte sind:

H. Bengtson, **Griechische Geschichte**, HdA III 4, 5. Aufl., München 1977.

CAH 2./3. Aufl., Bde. II bis VII 1 (1973–1984).

Wichtige Handbücher für die Quellenrecherche in der römischen Geschichte sind:

H. Bengtson, **Grundriß der römischen Geschichte mit Quellenkunde I: Republik und Kaiserzeit bis 284 n. Chr.**, HdA III 5.1, 3. Aufl., München 1982.

CAH 2. Aufl., Bde. VII 2 bis XII (1989–2005).

Wichtige Handbücher für die Quellenrecherche in der spätantiken Geschichte sind:

A. Demandt, **Die Spätantike. Römische Geschichte von Diocletian bis Justinian 284–565 n. Chr.**, HdA III 6, 2. Aufl., München 2007.

CAH 2. Aufl., Bde. XIII (1998) und XIV (2000).

A.H.M. Jones, **The later Roman Empire**, 3 Bde., Oxford 1964.

Für spezielle Gebiete abseits der Politikgeschichte geht man bei der Quellensuche entsprechend vor: Wieder finden sich die Hauptquellen in den umfangreicheren jeweiligen Handbüchern, so z.B. Quellen zur frühchristlichen Kirche im „Handbuch der Kirchengeschichte“ Bde. I, II 1 und II 2 (hg. von H. Jedin, Freiburg 1962ff.) oder im „Lehrbuch der Geschichte der Alten Kirche“ von K.S. Frank (3. Aufl., Paderborn u.a. 2002), Quellen zur römischen Sozialgeschichte bei G. Alföldy, Römische Sozialgeschichte, 4. Aufl., Wiesbaden 2011, und Quellen zur römischen Landwirtschaft bei D. Flach, Römische Agrargeschichte, HdA III 9, München 1990 etc. (eine Auswahl der wichtigsten für die Quellensuche geeigneten Handbücher findet sich unten im Anhang).

Außer den in Handbüchern zusammengestellten Verweisen gibt es für einzelne Zeitabschnitte der römischen und griechischen Geschichte und natürlich auch für spezielle Themenbereiche besondere **Quellensammlungen**, die im Regelfall den Quellentext selbst (im Original und/oder Übersetzung) bieten, aber aus Platzgründen immer nur eine Auswahl der wichtigsten Quellen präsentieren können.

Wichtige Quellensammlungen für größere Zeitabschnitte sind:

W. Arend, **Geschichte in Quellen, Bd. I: Altertum**, 2. Aufl., München 1975.

H.-J. Gehrke/H. Schneider (Hgg.), **Geschichte der Antike – Quellenband**, 2. Aufl., Stuttgart u.a. 2013.

G.F. Hill/R. Meiggs/A. Andrewes, **Sources for Greek History between the Persian and Peloponnesian Wars**, Oxford 1962.

A.H.J. Greenidge/A.M. Cary/E.W. Gray, **Sources for Roman History 133–70 BC**, 2. Aufl., Oxford 1986.

V. Ehrenberg/A.H.M. Jones, **Documents illustrating the Reigns of Augustus and Tiberius**, 2. Aufl., Oxford 1976.

Beispiele für Quellensammlungen zu speziellen Themenbereichen sind:

Im Bereich Religionsgeschichte:

P. Guyot/R. Klein, **Das frühe Christentum bis zum Ende der Verfolgungen**, 2 Bde., Darmstadt 1994.

V. Keil, **Quellensammlung zur Religionspolitik Konstantins des Großen**, Darmstadt 1989.

Im Bereich Wirtschaft und Gesellschaft:

M. Austin/P. Vidal-Naquet, **Gesellschaft und Wirtschaft im alten Griechenland**, München 1984.

M. Sommer/D. Rohde, **Wirtschaft. Quellenreader Antike**, Darmstadt 2015.

Im Bereich römische Gesetzgebung:

M.H. Crawford/J.D. Cloud, **Roman Statutes**, 2 Bde., London 1996.

Fontes Iuris Romani Anteiustiniani (FIRA), hgg. v. S. Riccobono, J. Baviera, V. Arangio-Ruiz, 3 Bde., 2. Aufl., Florenz 1940–43.

Im Bereich Provinzialgeschichte/Landeskunde:

K. Brodersen, **Das römische Britannien. Spuren seiner Geschichte**, Darmstadt 1998.

H.-W. Goetz/K.-W. Welwei, **Altes Germanien**, 2 Bde., Darmstadt 1995.

H.-W. Goetz/St. Patzold/K.-W. Welwei, **Die Germanen in der Völkerwanderungszeit**, 2 Bde., Darmstadt 2006/7.

3.2.3 Spezialliteratur und Lexikonartikel

Der übliche Weg der Quellensuche für ein Spezialthema, etwa für eine Seminararbeit, besteht darin, die Quellenbelege der einschlägigen Sekundärliteratur (Monographien oder Aufsätze) zu exzerpieren und zusammenzustellen (das Auffinden von Sekundärliteratur wird unten in → **Kap 3.3** „Literaturrecherche“ erläutert). Oft ist es aber möglich, ein Thema in lexikalische Stichwörter aufzutrennen. In diesem Fall empfiehlt es sich, in den wichtigsten althistorischen Nachschlagewerken unter dem jeweiligen Eintrag nach Quellenbelegen zu suchen. Als Faustregel darf dabei gelten: Je umfangreicher die Lexikonartikel sind, desto vollständiger ist die Zusammenstellung.

Die wichtigsten Lexika hierbei sind, in der Reihenfolge ihrer Bedeutung für die Quellensuche:

A. Pauly/G. Wissowa, **Realencyclopädie der klassischen Altertumswissenschaft**, Stuttgart 1893–1978 (= RE oder PW) (dazu Info → **S. 154 ff.**).

Th. Klauser (Hg.), **Reallexikon für Antike und Christentum**, Stuttgart 1950 ff. (= RAC).

H. Beck/D. Geuenich/H. Steuer (Hgg.), **Reallexikon für Germanische Altertumskunde**, 2. Aufl., Berlin 1968–2008 (= RGA oder auch „Hoops" abgekürzt, vom Herausgeber der Erstauflage).

Unter Vorbehalten können folgende 'kleinere' Nachschlagewerke für die Quellensuche empfohlen werden:

C. Andresen u. a. (Hgg.), **Lexikon der Alten Welt**, Zürich 1965 mit ND (= LAW).

R.S. Bagnall (Hg.), **The Encyclopedia of Ancient History**, Chicester 2013 (online unter https://onlinelibrary.wiley.com/doi/book/10.1002/9781444338386).

H. Cancik/H. Schneider (Hgg.), **Der Neue Pauly**, Stuttgart/Weimar 1996–2007 (= DNP; online unter https://referenceworks.brillonline.com/).

S. Hornblower u. a. (Hgg.), **The Oxford Classical Dictionary**, 4. Aufl., Oxford 2012 (= OCD).

K. Ziegler u. a. (Hgg.), **Der Kleine Pauly**, 5 Bde., Stuttgart 1962–1975 (= KlP).

3.2.4 Vom Quellenbeleg zur Quelle: die Abkürzungen

Die Quellensuche ergibt im Allgemeinen eine Zusammenstellung von Quellenbelegen, d. h. (bibliographische) Angaben, die auf eine Veröffentlichung verweisen, in der die jeweilige Quelle zu finden ist. Solche Quellenbelege werden in der Alten Geschichte zumeist nach mehr oder weniger verbindlichen Regeln abgekürzt:

Antike Autoren und ihre Werke werden nach den unten aufgeführten einschlägigen Verzeichnissen abgekürzt. Die Belegstelle wird normalerweise nicht als Seitenzahl angegeben (dafür existieren zu viele verschiedene Ausgaben), sondern in Form von Buch, Kapitel, Unterkapitel, Paragraph. Dabei lehnt man sich, wenn möglich, an eine vom Autor selbst oder wenigstens noch in der Antike vorgenommene Einteilung an (z. B. bei Livius). Bei manchen Autoren (etwa bei Platon oder Aristoteles) werden zusätzlich oder sogar ausschließlich Seitenzahlen älterer Editionen angeführt, teilweise mit Buchstaben, die für die Spalten in solchen alten, mitunter aus dem 17. oder 18. Jahrhundert stammenden verbindlichen Ausgaben stehen.

Es ist also Vorsicht geboten, denn nicht selten existieren unterschiedliche Nummerierungsweisen für ein und denselben Autor, und bisweilen wiederum weichen die Nummerierungen verschiedener Ausgaben voneinander ab! Gute neuere Ausgaben und Übersetzungen zeichnen sich dadurch aus, dass sie die – gegebenenfalls mehreren – Gliederungsweisen eines Autors im Text oder am Seitenrand (als so genannte MARGINALIE) vollständig und eindeutig abdrucken.

Bei **spätantiken Autoren**, insbesondere bei den Kirchenvätern, empfiehlt es sich aufgrund der häufig recht grobmaschigen Kapiteleinteilung in jedem Fall, ergänzend zur einschlägigen Nummerierung, in Klammer die Abkürzung der Editionsreihe, den jeweiligen Band und die betreffende Seiten- oder Spaltenzahl anzufügen.

Ähnlich wie Schriftsteller werden auch die **spätantiken Gesetzessammlungen** abgekürzt, beispielsweise der *Codex Theodosianus* oder das *Corpus Iuris Civilis*: Auch hier wird zuerst das Quellenkürzel aufgeführt (CTh bzw. C.I.C., dessen einzelne Teile freilich noch eigens abgekürzt werden; die Abkürzungen für all diese Rechtsquellen finden sich in den unten genannten Verzeichnissen); die folgenden Ziffern bezeichnen die jeweiligen Untereinteilungen, die so genannten Titel, Kapitel, und Paragraphen.

Inschriften und **Papyri** werden wie folgt abgekürzt: Kürzel der Publikationsreihe (auch diese sind mithilfe der unten erwähnten Abkürzungsverzeichnisse aufzulösen); danach kommt gegebenenfalls die Bandnummer mit Auflage (Bände epigraphischer oder papyrologischer Reihen werden in der Regel durch römische Ziffern bezeichnet, Unter- oder Halbbände, so genannte Faszikel, mit arabischen); zuletzt kommt – in arabischen Ziffern – eine Inschriften-/Papyrusnummer; wenn nötig folgt noch eine Zeilenangabe. Inschriften und Papyri werden innerhalb einer Publikation häufig fortlaufend nummeriert. Eher selten, etwa bei den *Oxyrhynchus Papyri*, wird sogar innerhalb der Gesamtreihe fortlaufend gezählt (in diesem Fall kann der Hinweis auf den Band entfallen).

Münzen werden (analog zu den Inschriften und Papyri) zitiert nach dem Kürzel der Publikationsreihe, eventuell mit Bandnummer; es folgt gegebenenfalls die Angabe des Prägeherren, also zum Beispiel der Name einer Landschaft/Stadt oder eines Herrschers, und zuletzt kommt – bei fortlaufender Nummerierung wie oben – die Nummer des Münztyps.

Nach erfolgreicher Quellensuche gilt es also zunächst, die aufgefundenen, nach den oben beschriebenen Konventionen abgekürzten Belege zu

‚übersetzen'. Hierfür können mehrere, in Einzelfällen leicht voneinander abweichende **Abkürzungsverzeichnisse** herangezogen werden:

Allgemeine Abkürzungsverzeichnisse (Autoren und Werke, epigraphische und andere Standardwerke und Reihen) finden sich in folgenden Lexika:

- LAW-Anhang, Sp. 3438–3486.
- KlP Bd. 1, Sp. IX–XXVI.
- DNP Bd. 1, Sp. XII–XLVII.
- DNP Bd. 3, Sp. XXXVI – XLIV (ergänzte Fassung gegenüber DNP Bd. 1; abrufbar unter https://referenceworks.brillonline.com/).

Tipp

Inschriften, Papyri und Münzen sind nicht immer in Standardwerken oder Editionsreihen publiziert; dies ist ja auch bei den antiken Schriftstellern oft nicht der Fall. Manchmal werden sie im Rahmen einer wissenschaftlichen Untersuchung (Monographie, Artikel) vorgelegt. Dann besteht der Quellenbeleg einfach in einer entsprechenden bibliographischen Vollangabe (→ **Kap. 3.5.4**).

Speziell für **griechische Autoren** und deren Werke ist heranzuziehen:

- H.G. Liddell/R. Scott/H.S. Jones, **A Greek-English Lexicon**. With a revised supplement (1996), Oxford 1996 (= ND der 9. Aufl. 1940).

Speziell für **lateinische Autoren** und deren Werke sind heranzuziehen:

- I.G.W. Glare, **Oxford Latin Dictionary**, Oxford 1968–1982.
- **Thesaurus Linguae Latinae**, Index, Leipzig 1904; Supplementum, Leipzig 1958.

Abkürzungen für **Inschriftenpublikationen** können aufgelöst werden mithilfe von:

- F. Bérard/D. Feissel/P. Petitmengin/D. Rousset/M. Sève, **Guide de l'Épigraphiste**, 4. Aufl., Paris 2010.

Papyruseditionen findet man verzeichnet in:

- J.F. Oates/R.S. Bagnall/W.H. Willis/K.A. Worp, **Checklist of Editions of Greek and Latin Papyri, Ostraca and Tablets**, 5. Aufl., Atlanta 2001.

Hilfreich ist ferner:

- J.S. Wellington, **Dictionary of Bibliographic Abbreviations found in the Scholarship of Classical Studies and Related Disciplines**, Westport/London 1983.

3.2.5 Das Auffinden von Quellenpublikationen

Ist der abgekürzte Quellenbeleg aufgeschlüsselt, muss als nächstes die betreffende Publikation aufgefunden werden. Dazu kann man entweder in den oben in **Kap. 3.2.1** genannten Online-Datenbanken recherchieren, oder man sucht eine Druckfassung im OPAC einer wissenschaftlichen Bibliothek. Letzteres ergibt eine so genannte SIGNATUR, die das betreffende Buch so kennzeichnet, dass man es findet – dies funktioniert je nach Bibliothek anders (→ **Kap. 5.1.6**).

Editionen und Übersetzungen antiker und frühchristlicher Schriftsteller sind oft in Editionsreihen erschienen, die in vielen zugänglichen Bibliotheken, vor allem in den Präsenzbibliotheken (→ **Kap. 5.1.6**) geschlossen und alphabetisch nach Autorennamen geordnet aufgestellt sind. In diesen Fällen erübrigt sich die Suche im OPAC; wer sich einigermaßen auskennt in der betreffenden Bibliothek, kann direkt an das Bücherregal gehen.

Editionsreihen für antike Autoren:

Textausgaben:

- **Bibliotheca scriptorum Graecorum et Romanorum Teubneriana** (= „Teubner-Ausgabe").
- **Scriptorum classicorum bibliotheca Oxoniensis** (= „Oxford-Ausgabe").

Übersetzungen:

- **Edition Antike** (griech./lat.–dt.)
- **Tusculum-Bibliothek** (griech./lat.–dt.).
- **Loeb Classical Library** (griech./lat.–engl.).
- **Edition Budé** (griech./lat.–frz.).

Editionsreihen für frühchristliche Autoren:

Textausgaben:

- J.P. Migne, **Patrologiae cursus completus, series Graeca** (= PG; veraltet, aber z.T. noch nicht ersetzt).
- J.P. Migne, **Patrologiae cursus completus, series Latina** (= PL; s.o.: veraltet).
- **Corpus Christianorum** (= CChr).
- **Corpus Scriptorum Ecclesiasticorum Latinorum** (= CSEL).
- **Die griechischen christlichen Schriftsteller der ersten Jahrhunderte** (= GCS).

Übersetzungen:

- **Bibliothek der Kirchenväter** (= BKV; dt. Übersetzung).
- **Fontes Christiani** (griech./lat.–dt.).
- **Sources Chrétiennes** (= SChr; griech./lat.–frz.).
- **The Nicene and Post-Nicene Fathers** (engl. Übersetzung).

Die Textausgaben und Übersetzungen der **spätantiken Gesetzessammlungen** finden sich in Bibliothekskatalogen unter dem Titel der Sammlung, teilweise aber auch unter dem Namen der Herausgeber und Übersetzer.

Textausgaben:

- **Corpus Iuris Civilis**, ed. P. Krüger/Th. Mommsen/R. Schoell/W. Kroll, 3 Bde., Berlin 1884–1912 (= C.I.C.).
- **Codex Theodosianus**, ed. P. Krüger/P. Meyer/Th. Mommsen, 3 Bde., Berlin 1904/5 (= CTh).

Übersetzungen:

- O. Behrends u. a. (Hgg.), **Corpus Iuris Civilis: Text und Übersetzung**, Heidelberg 1995 ff. (griech./lat.–dt.).
- B. Frier u. a. (Hgg.), **The Codex of Justinian: A New Annotated Translation**, 3 Bde., Cambridge 2016–2019 (griech./lat.–engl.).
- C. Pharr, **The Theodosian Code**, Princeton 1952 (engl. Übersetzung).

Inschriften, Papyri und Münzen finden sich, wenn sie im Rahmen einer Einzelpublikation vorgelegt wurden, in einem Bibliothekskatalog zumeist unter dem Namen des modernen Herausgebers (s. o.); Editionsreihen in diesen Bereichen sind im Regelfall unter der Bezeichnung der Reihe im Katalog einer Bibliothek zu finden, es gilt hier im Übrigen dasselbe wie für

Editionsreihen antiker und frühchristlicher Autoren: Die Reihen sind in zugänglichen Bibliotheken häufig geschlossen aufgestellt, was Ortskundigen die Katalogrecherche erspart.

Wichtige Inschriftenpublikationen für den griechischen Raum:

- **Inscriptiones Graecae**, Berlin 1873 ff. (= IG; Inschriftencorpus, d. h. Bestandsaufnahme mit dem Ziel der Vollständigkeit).
- **Supplementum Epigraphicum Graecum** (= SEG; regelmäßige Ergänzung zu den IG).
- **Sylloge Inscriptionum Graecarum**, ed. W. Dittenberger, 4 Bde., 3. Aufl. von F. Hiller von Gärtringen, Leipzig 1915–1924 (= Sylloge^3 oder Syll^3, auch SIG; Inschriftenselektion, d. h. Auswahl nach bestimmten Gesichtspunkten).
- R. Meiggs/D. Lewis (Hgg.), **A Selection of Greek Historical Inscriptions**, 2. Aufl., Oxford 1988 (= Meiggs-Lewis^2).
- P.J. Rhodes/R. Osborne (Hgg.), **Greek Historical Inscriptions 478–404 BC**, Oxford 2017.
- P.J. Rhodes/R. Osborne (Hgg.), **Greek Historical Inscriptions 404 – 323 BC**, Oxford 2003.

Übersetzung:

- K. Brodersen/W. Günther/H. H. Schmitt (Hgg.), **Historische griechische Inschriften in Übersetzung**, Darmstadt 2011 (2., einbändige Aufl. der dreibändigen Ausgabe 1992 – 1999).

Wichtige Inschriftenpublikationen für den lateinischen Raum:

- **Corpus Inscriptionum Latinarum**, Berlin 1862 ff. (= CIL; Inschriftencorpus).
- **L'Année Epigraphique** (= AE; regelmäßige Ergänzung zum CIL).
- **Inscriptiones Latinae Selectae**, ed. H. Dessau, Berlin 1892 ff. (= ILS; Inschriftenselektion).

Übersetzungen:

- H. Freis, **Historische Inschriften zur römischen Kaiserzeit. Von Augustus bis Konstantin**, Darmstadt 2017 (= ND 2. Aufl., Darmstadt 1994).
- L. Schumacher, **Römische Inschriften**, 2. Aufl., Stuttgart 2001.

Wichtige Papyruspublikationen:

- R.A. Pack, **The Greek and Latin Literary Texts from Greco-Roman Egypt**, 2. Aufl., Ann Arbor 1965.
- **Ägyptische Urkunden aus den königlichen (staatlichen) Museen zu Berlin. Griechische Urkunden**, Berlin 1895 ff. (= BGU).
- **The Oxyrhynchus Papyri**, London 1898 ff. (= POxy oder PapOxy).
- R. Cavenaile, **Corpus Papyrorum Latinarum**, Wiesbaden 1958.
- F. Preisigke u. a. (Hgg.), **Sammelbuch Griechischer Urkunden aus Ägypten**, 1915 ff. (= SB).

Übersetzungen:

- J. Hengstl, **Griechische Papyri aus Ägypten als Zeugnisse des öffentlichen und privaten Lebens**, griech.-dt., München 1978.
- A.S. Hunt/C.C. Edgar/D.L. Page, **Select Papyri**, griech./lat.-engl., 3 Bde., Cambridge, Mass./London 1932–1941 (ND London 1970–1988).

Wichtige Münzpublikationen:

- B.V. Head, **Historia Numorum** (= HN). **A Manual of Greek Numismatics.** New and Enlarged Edition, Oxford 1911 (ND 1963) (für chronologische Aktualisierungen und wegen der erweiterten Illustrationen sinnvoll zu ergänzen durch E. Szaivert/W. Szaivert/ D.R. Sear, **Griechischer Münzkatalog**, 2 Bde., München 1980–83).
- N.K. Rutter, **Historia Numorum. Italy**, London 2001.
- British Museum (= BMC) – **A Catalogue of the Greek Coins in the British Museum**, 29 Bde., London 1873–1925 (ND 1963).
- **Sylloge Nummorum Graecorum** (= SNG: Reihe, in der die wichtigsten Sammlungen griechischer Münzen veröffentlicht werden), z.B.:
- **Sylloge Nummorum Graecorum Dänemark: The Royal Collection of Coins and Medals, Danish National Museum Copenhagen**, 8 Bde., Kopenhagen 1942–1996, Suppl. 2002.
- M.H. Crawford, **Roman Republican Coinage**, 2 Bde., Cambridge/ Toronto 1974.
- H. Mattingly/E.A. Sydenham et al., **The Roman Imperial Coinage** (= RIC), 10 Bde., London 1923–1994 (Bd. I [1984], II.1 [2007] sowie II.3 [2019] in durchgehend neubearbeiteter 2. Auflage erschienen. Eine Konkordanz der Katalognummern zum Bd. 1 bei F. Schmidt-Dick, **Litterae Numismaticae Vindobonenses** 3, 1987, 395–542.

- R. Göbl (Hg.), **Moneta Imperii Romani** (= MIR). Bislang erschienen: Bd. 2/3 Tiberius/Gaius (W. Szaivert); Bd. 14 Traianus (B. Woytek); Bd. 18 Marc Aurel/Lucius Verus/Commodus (W. Szaivert); Bd. 28 Maximinus Thrax (M. Alram); Bd. 36; 43; 44 Valerianus I./Gallienus/Saloninus/Regalianus/Macrianus/Quietus (R. Göbl); Bd. 47 Aurelianus (R. Göbl).
- A. Burnett/M. Amandry et alii, **Roman Provincial Coinage** (= RPC) I: From the Death of Caesar to the Death of Vitellius (44 B.C. –A.D. 69), 2 Bde., London/Paris 1992 (Suppl. 1998); II: From Vespasian to Domitian (69–96 A.D.), 2 Bde., London/Paris 1999; III: Nerva, Trajan and Hadrian (AD 96–138), 2 Bde., London/Paris 2015, und weitere. Ein aktueller Überblick zu den erschienenen Bänden, Supplemente sowie Vorabpublikationen finden sich unter: http://rpc.ashmus.ox.ac.uk.

Tipp

Was bei der Bearbeitung der antiken Quellen, die auf die hier beschriebene Weise gefunden wurden, unbedingt berücksichtigt werden sollte, ist auf → **S. 165 ff.** „Die Materialbewältigung“ dargestellt.

Info: Die Realencyclopädie (RE)

Die „Realencyclopädie der klassischen Altertumswissenschaft“ ist das wohl umfangreichste Nachschlagewerk im Bereich der Alten Geschichte. In über 80 so genannten Halbbänden sind tausende von Stichwörtern behandelt, einige Artikel haben den Umfang und die Qualität von Monographien. Der Umstand, dass all diese Artikel auf deutsch abgefasst worden sind, sichert der deutschen Sprache übrigens bis heute eine wichtige Rolle im Bereich der Altertumswissenschaften. Die „Realencyclopädie“ wird gemeinhin als ‚RE‘ bezeichnet, manchmal findet sich auch die Abkürzung ‚PW‘ für ‚Pauly-Wissowa‘ (nach August Pauly, dem Herausgeber des Vorläuferlexikons [6 Bde., 1839–1852], und Georg Wissowa, der am Ende des 19. Jahrhunderts die Neubearbeitung in Angriff nahm).

Das Erscheinen der RE zog sich fast ein Jahrhundert hin, von 1893 bis 1978, und es hätte noch länger gedauert, wenn man nicht ab 1914 gleichzeitig mit der Bearbeitung der zweiten Hälfte des Alphabetes begonnen hätte. Da niemand die Zahl der endgültig vorliegenden Bände und Halbbände absehen konnte, wurde bei dieser zweiten Reihe die Nummerierung wieder von vorne begonnen, und zur Unterscheidung von den Bänden der ersten Reihe sind die der zweiten Reihe durch ein

‚A' gekennzeichnet (dies ist vor allem für diejenigen wichtig, die einen RE-Beleg ‚anfertigen' müssen, → **Kap. 3.5.4**).
Bei einem so gewaltigen Projekt blieb es freilich nicht aus, dass im Laufe der Jahre Ergänzungen und Korrekturen vorgenommen werden mussten. Daher erschienen ab 1903 so genannte Supplementbände, die in sich alphabetisch geordnet sind und Nachträge enthalten. Dabei handelt es sich entweder um Artikel zu Stichwörtern, die in den alphabetischen Reihen gar nicht behandelt wurden, weil sie erst später ins Bewusstsein der Forschung rückten, oder um die erneute Behandlung von Einträgen, deren erste Darstellung als unvollständig oder nicht mehr dem Forschungsstand entsprechend empfunden wurde (z. B. in Bezug auf Ortschaften, zu denen inzwischen Grabungen neues Material zutage gefördert hatten). Es gibt in der RE also teilweise mehrere Artikel zu ein und demselben Stichwort in ganz verschiedenen Bänden, und manches, das in den alphabetischen Reihen nicht zu finden ist, fehlt nur scheinbar, denn es wurde später in einem Supplementband abgehandelt. Dies führt zu der Schwierigkeit, dass es nicht auf Anhieb klar ist, ob ein bestimmtes Stichwort in der RE behandelt wurde, und wenn ja, wo und wie oft. Hier sorgen die Registerbände von 1980 und 1997 sowie die Register im Internet (s. u.) für Abhilfe.
Trotz ihres teilweise recht hohen Alters ist die RE auch heute noch ein Hilfsmittel ersten Ranges: Sie bietet zu manchen Sachverhalten die ausführlichsten Informationen, erschließt auf jeden Fall den älteren Forschungsstand und verzeichnet in der Regel die für ein Thema relevanten literarischen Quellen nahezu komplett.

Der urheberrechtlich freie Teil der RE-Artikel ist inzwischen unter https://de.wikisource.org/wiki/Paulys_Realencyclopädie_der_classischen_Altertumswissenschaft im Internet einsehbar.

Die Gliederung im Einzelnen:

1. Alphabetische Bände
   - Erste Reihe (= erste Hälfte des Alphabets von A bis Q): Insgesamt 49 Halbbände von RE I 1: Aal–Alexandros (1893) bis RE XXIV: Pyramos–Quosenus (1963).
   - Zweite Reihe (= zweite Hälfte des Alphabets von R bis Z): Insgesamt 19 Halbbände von RE I A1: Ra–Ryton (1914) bis RE X A: Zenobia–Zythos (1972).

2. Supplementbände
   Insgesamt 15 Ergänzungsbände, jeder Band alphabetisch geordnet, von RE Suppl. I: Aba–Demokratia (1903) bis RE Suppl. XV: Acilius–Zoilos (1978).
3. Registerband von 1980: Enthält alle Stichwörter der Supplementbände alphabetisch geordnet mit Bandnachweis sowie ein Autorenverzeichnis.
4. Alphabetisches Gesamtregister von 1997: Enthält auf 1158 Seiten alphabetisch geordnet alle behandelten Stichwörter (also die Artikel sowohl der alphabetischen Reihen, als auch der Supplementbände), zum Teil mit kurzer Inhaltsangabe, in jedem Fall aber mit Angabe, in welchem RE-Band und von welchem Autor das Stichwort ausgeführt wurde.

Die Persönlichkeiten der römischen Geschichte werden in der RE nicht unter ihrem Beinamen (*cognomen*) aufgeführt, sondern unter ihrem Geschlechternamen (*nomen gentile*). Cicero findet man also unter „Tullius", Tacitus unter „Cornelius". Römerinnen stehen – entgegen den Regeln des Alphabets – hinter Römern, also z. B. „Tullia" hinter „Tullius". Die Gentilnamen derjenigen Römer, die man eher unter ihren Beinamen kennt, findet man zum Beispiel in den oben (→ **Kap. 3.2.3**) genannten ‚kleineren' Nachschlagewerken (LAW, OCD, KlP).

3.3 Literaturrecherche

3.3.1 Unterschiedliche Literatur …

Niemand kann sich heutzutage wirklich sicher sein, die gesamte wissenschaftliche Literatur zu einem Thema erfasst zu haben; dafür ist die Flut der Publikationen in den letzten Jahrzehnten in beinahe allen Fachbereichen einfach zu sehr angewachsen. Natürlich kämpft auch die Alte Geschichte mit diesem Problem, das sich durch die Möglichkeiten einer elektronischen Veröffentlichung eher noch verschärft hat. An dieser Stelle behilft man sich mit der mehr oder weniger stillschweigenden Konvention, die Literatur aufzuteilen in so genannte **einschlägige Titel**, die man auf jeden Fall recherchiert haben sollte, und so genannte abgelegene Publikationen, bei denen niemand wirklich erwarten kann, dass man auf sie gestoßen ist.

Was aber verbirgt sich genau hinter dieser Unterscheidung? Zunächst wird durch das Adjektiv ‚einschlägig' ja suggeriert, dass es sich hierbei um die für ein Thema wirklich wichtigen Veröffentlichungen handelt. Der Umkehrschluss gilt allerdings nicht: Auch abgelegen publizierte Literatur kann sich, wenn man sie dann schließlich gefunden hat, als relevant für die eigene Untersuchung herausstellen. Salopp gesprochen verhält es sich also eher so, dass einschlägige Literatur das ist, was alle kennen (und was man deswegen auch selbst berücksichtigen muss), während **abgelegen Publiziertes** sich dadurch definiert, dass es (fast) niemand kennt (so dass man es auch nicht kennen muss). Das klingt freilich höchst relativ und willkürlich und wäre auch vollkommen unhaltbar, wenn man die Begriffsbestimmung ‚einschlägig – abgelegen' nicht mehr weiter konkretisieren könnte. Glücklicherweise ist dies aber möglich, denn in der Praxis haben sich in den einzelnen Wissenschaftsdisziplinen sowohl bei den Veröffentlichungen als auch bei der Literaturrecherche gewissermaßen ‚erste Adressen' etabliert, die den Maßstab dafür darstellen, was ‚einschlägig' ist und was nicht. Dabei handelt es sich zum einen um bestimmte Verlage, Zeitschriften oder Veröffentlichungsreihen, die sich auf das jeweilige Fach spezialisiert haben und bei denen die Qualität durch wissenschaftliche Beiräte, ‚Peer-Review-Verfahren' o. ä. gewährleistet ist. Damit korrespondieren so genannte bibliographische Hilfsmittel, die es sich zur Aufgabe gemacht haben, die Publikationen innerhalb der betreffenden Disziplin zu erfassen und zu notieren. Wer mit diesen gängigen Hilfsmitteln sorgfältig sucht, kann darauf vertrauen, die einschlägige Literatur zusammengestellt zu haben.

3.3.2 ... und unterschiedliche Recherche

Bei der Literatursuche gibt es im Grunde genommen nur zwei verschiedene Strategien: Entweder man konsultiert eigens hierfür erstellten **Literaturlisten** oder **EDV-Datenbanken**, die zumeist einen Anspruch auf Vollständigkeit verfolgen, oder man notiert sich beim Lesen die jeweils genannte zugrunde liegende oder weiterführende Literatur. Die erste Methode ist natürlich gründlicher und wird darum als **systematisches Bibliographieren** bezeichnet, die zweite Methode beruht stärker auf Zufälligkeiten und heißt dementsprechend **unsystematisches Bibliographieren**. Theoretisch sollte man bei der Literatursuche immer erst systematisch vorgehen, und dann mit den so gefundenen Titeln unsystematisch weitersuchen, um dadurch abgelegene Publikationen entdecken zu können, die den Herausgebern der bibliographischen Hilfsmittel eventuell entgangen sind. In der Praxis verläuft der Weg in der Regel umgekehrt, man fängt unsystematisch an. Das liegt daran, dass das unsystematische Bibliographieren nicht so zeitaufwändig ist wie die systematische Recherche, und dass es zudem der oben (→ **Kap. 3.1.6**) skizzierten ‚dialektischen' Arbeitsweise entgegenkommt: Am Beginn einer Untersuchung wird man zunächst so schnell wie möglich einen überschaubaren Bestand an Literatur bearbeiten wollen, um sich in das Thema einzulesen. Zumeist gewinnt die eigene Fragestellung erst dadurch deutlichere Konturen, und erst dann kann man auch einen präziseren Zugriff auf Quellen und Forschung entwickeln. Das aber bedeutet, dass sich das systematische Bibliographieren oft erst in einer späteren Arbeitsphase wirklich rentiert. Es empfiehlt sich also, die Literatursuche zu einem Thema unsystematisch zu beginnen, und deshalb soll im Folgenden zuerst diese Methode erläutert werden.

3.3.3 Unsystematisches Bibliographieren: das ‚Schneeballsystem'

Ausgangspunkt beim unsystematischen Bibliographieren ist ein möglichst neues Buch (Aufsatz, Artikel etc.) zum jeweiligen Thema oder Zeitraum. Die dort – in der Regel in den Fuß- oder Endnoten, manchmal auch im Text – genannten **Literaturhinweise** müssen alle herausgeschrieben und nachgeschlagen werden (dies geschieht, wie bei den Quellen auch, mithilfe eines Bibliothekskataloges, → **Kap. 5.1.6**). Mit den gefundenen Büchern und Aufsätzen geschieht dasselbe: Nun müssen die dort angegebenen Literaturhinweise herausgeschrieben und danach ihrerseits überprüft werden auf weitere Verweise. Wenn man diesen Arbeitsgang mehrere Male wiederholt, wird man feststellen, dass sich die Menge der auf diese Art recherchierten Literaturtitel nicht etwa unendlich vermehrt, sondern dass ab einem bestimmten Zeitpunkt nichts mehr hinzukommt. Es ist, als hätte man einen Zirkel von sich gegenseitig zitierenden Werken zutage gefördert, eine Gruppe von Meinungsäußerungen zu einem bestimmten Thema, in der jeder jeden kennt, oder zumindest die jüngste Meinung alle anderen. Genau das aber ist die so genannte einschlägige Literatur, die also auch durch mehrmaliges unsystematisches Bibliographieren gesammelt werden kann, vorausgesetzt, man geht von der neuesten Publikation zu einem Thema aus.

Wie aber findet man einen solchen Ausgangspunkt? In Lehrveranstaltungen wird die neueste Literatur im Regelfall vom Dozenten angegeben oder findet sich in einem sogenannten Seminarapparat. Daneben kann man aber auch neueste Handbücher oder Nachschlagewerke konsultieren, oder eine erste EDV-gestützte Literatursuche durchführen (→ **Kap. 3.3.5**).

3.3.4 Systematisches Bibliographieren

Nach einer ersten unsystematischen Literaturrecherche sollte, wie erwähnt, systematisch weitergearbeitet werden. Dies geschieht, indem man Computerdatenbanken und Onlinekataloge benutzt. Aber Vorsicht: Wer dann wirklich sichergehen will, auch abgelegene Publikationen zu erfassen, muss anhand der so aufgefundenen Treffer in einem dritten Arbeitsgang noch einmal abschließend unsystematisch weitersuchen.

Da die EDV-gestützte Literatursuche jedoch manchmal gleich auf Anhieb so viele Treffer ergibt, dass mitunter der Überblick verloren zu gehen droht, kann eine erste systematische Literatursuche auch mit Hilfsmitteln beginnen, die die verarbeitete Literatur chronologisch, thematisch, und im Optimalfall auch nach Relevanz gliedern. Das bedeutet freilich, dass man trotz aller neuen Möglichkeiten, die das Internet bietet, zuweilen immer noch mit einschlägigen **Fachbüchern** anfangen sollte, da nur diese einen solchen ‚Filter' bereitstellen. Besonders hervorzuheben sind in diesem Zusammenhang die Bände aus der – übrigens nicht nur die Alte Geschichte abdeckenden – Reihe *Oldenbourg Grundriss der Geschichte* (OGG); diese enthalten außer einer knappen Darstellung ohne Quellen- und Literaturverweise einen umfangreichen thematisch arrangierten Literaturanhang, und als Besonderheit einen zwischen Darstellung und Anhang eingeschobenen sogenannten Forschungsteil, der es erlaubt, die wichtigsten Forschungsfelder zu erkunden und etwaige Forschungskontroversen zu den jeweiligen Bereichen nachzuvollziehen.

Die für die Antike wichtigen (wenngleich zum Teil leider veralteten) Bände der Reihe *Oldenbourg Grundriss der Geschichte* sind:

- Chr. Ulf/E. Kistler, **Die Entstehung Griechenlands**, OGG 46, Berlin/Boston 2020.
- W. Schuller, **Griechische Geschichte**, OGG 1, 6. Aufl., München 2008.
- H.-J. Gehrke, **Geschichte des Hellenismus**, OGG 1a, 4. Aufl., München 2008.
- J. Bleicken, **Geschichte der römischen Republik**, OGG 2, 6. Aufl., München 2004.

- W. Dahlheim, **Geschichte der römischen Kaiserzeit**, OGG 3, 3. Aufl., München 2003.
- J. Martin, **Spätantike und Völkerwanderung**, OGG 4, 4. Aufl., München 2001.

Speziell für die römische Kaiserzeit ist außerdem von Nutzen (ähnlich aufgebaut wie OGG):

- F. Jacques/J. Scheid, **Rom und das Reich in der Hohen Kaiserzeit 44 v. – 260 n. Chr., I: Die Struktur des Reiches**, Stuttgart 1998.
- C. Lepelley u. a., **Rom und das Reich in der Hohen Kaiserzeit 44 v. – 260 n. Chr., II: Die Regionen des Reiches**, München 2001.

Info: Die „Année Philologique" (der ‚Marouzeau')

Wer früher, in der ‚Vor-Computerzeit', über die strukturierten Literaturhinweise in Handbüchern oder abgeschlossenen Bibliographien hinauskommen wollte, musste auf **regelmäßig erscheinende bibliographische Hilfsmittel** zurückgreifen. Im Bereich der klassischen Altertumswissenschaften steht hier an erster Stelle die sogenannte **Année Philologique**, nach ihrem ursprünglichen Herausgeber häufig auch ‚Marouzeau' genannt.

Dabei handelt es sich um eine seit 1928 jährlich erscheinende Bibliographie, die nahezu alle wissenschaftlichen Publikationen (Monographien und Aufsätze) erfasst und rubriziert, die innerhalb der klassischen Altertumswissenschaften (Alte Geschichte, Klassische Philologie und Klassische Archäologie) in dem betreffenden Jahr veröffentlicht worden sind. In der Zwischenzeit liegen über 80 Bände gedruckt vor, wobei die Année immer etwa zwei Jahre zurückliegt, d. h., der jüngste Band, der 2017 erschien, verzeichnet die Literatur von 2015 (und heißt dementsprechend „L'Année philologique 2015").

Die neuesten Bände der Année sind allerdings inzwischen so umfangreich (z. T. enthalten sie mehr als 15.000 Titel), dass eine Literatursuche mit der Papierversion der Année Philologique kaum mehr praktikabel ist. Wichtig an den gedruckten Bänden bleibt, dass sich am Anfang eines jeden Bandes ein umfassendes Abkürzungsverzeichnis für alle zitierten Fachzeitschriften befindet. Dies wird vor allem dann interessant, wenn man bibliographische Angaben in wissenschaftlichen Veröffentlichungen entschlüsseln will, oder aber selbst solche Belege ‚fabrizieren' muss, z. B. für eine Seminararbeit (→ **Kap. 3.5.2** und **3.5.3**).

3.3.5 Digitale Literatursuche

Wie bei der Quellensuche hat der Einsatz der neuen EDV-Angebote auch bei der **Literaturrecherche** zu einer wahrhaften Revolutionierung in fast jeder Hinsicht geführt: Wie bereits angedeutet, hat die digitale Literatursuche im Grunde genommen die herkömmlichen Hilfsmittel der systematischen Recherche beinahe vollständig ersetzt.

Grundsätzlich bieten sich für das computergestützte Bibliographieren zwei verschiedene Wege an: zum einen Bestandskataloge von Bibliotheken und Bibliotheksverbünden (z.B. über den „Karlsruher Virtuellen Katalog" KVK, https://kvk.bibliothek.kit.edu/), und zum zweiten fachspezifische bibliographische Datenbanken. Von der Recherche mithilfe der einschlägigen Internet-Suchmaschinen ist dagegen eher abzuraten, da die vorhandenen anderen Suchmöglichkeiten im Allgemeinen vollständiger sind und zudem viel schneller zum Ziel führen. In diesem Zusammenhang an erster Stelle im Bereich der Altertumswissenschaft sind die Datenbanken **Dyabola** und **Gnomon** sowie die Online-Version der **Année philologique** zu nennen. Wie bei der digitalen Quellenrecherche gilt auch hier: Die wichtigen Angebote sind zwar kostenpflichtig; für Universitätsangehörige stehen aber im Regelfall Campuslizenzen zur Verfügung.

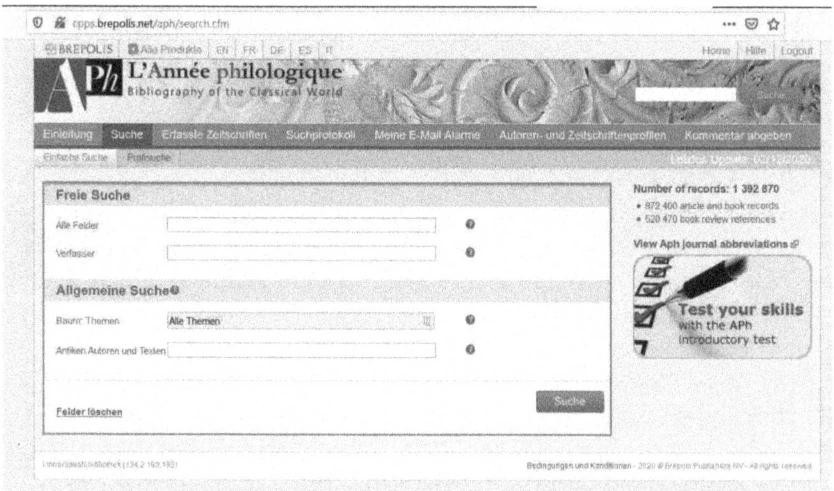

Abb. 36 Die Startseite der Année philologique online

- Eine Vielzahl von Recherchemöglichkeiten bietet das sogenannte Projekt Dyabola (www.dyabola.de), unter anderem die aktuelle Version der „Archäologischen Bibliographie" des Deutschen Archäologischen Instituts, sowie den umfangreichen Sachkatalog der Römisch-Germanischen Kommission Frankfurt.
- Die „Gnomon Bibliographische Datenbank" (https://www.gbd.digital/) enthält rund 500.000 Einträge und wird momentan aktualisiert.
- Die Année Philologique Online (www.brepolis.net/) enthält alle Titel, die auch gedruckt vorliegen (d. h. derzeit bis einschließlich Band 2017), und wird regelmäßig aktualisiert. Die Datenbank kann auf deutsch betrieben werden. Wenn man Literatur von und über antike Autoren sucht, empfiehlt sich die Suchoption „Antike Autoren und Texte", da man hierbei nicht auf die unterschiedlichen Schreibweisen der klassischen Autoren in den modernen europäischen Sprachen eingehen muss (der athenische Historiker Xenophon [ca. 430–354 v. Chr.] wird auf Italienisch etwa „Senofonte" genannt). Für eine thematische Recherche funktioniert die Option „Alle Felder" natürlich am besten. Rezensionen findet man über das Suchfeld „Verfasser" (weitere Optionen bietet die „Profisuche").

3.3.6 Rezensionen und Recherche

Wissenschaftliche Buchbesprechungen in Fachzeitschriften bezeichnet man gemeinhin als REZENSIONEN (→ **Kap. 3.5.2**). Rezensionen haben den Vorteil, dass man sich relativ schnell über den Inhalt und die Bedeutung einer Publikation orientieren kann. Darüber hinaus sind Rezensionen oft der Ansatzpunkt für eine wichtige Forschungsdiskussion. Wer regelmäßig Rezensionen zu neu erschienener Fachliteratur liest, kann sich daher mit der Zeit einen groben Überblick über die aktuellen Trends in der Forschung verschaffen. Allein deswegen ist die Lektüre von Rezensionen eine wichtige Ergänzung der eigenen Recherche- und Forschungstätigkeit.

Die Année Philologique bemüht sich, zu allen von ihr erfassten Büchern möglichst vollständig die zugehörigen Rezensionen zu verzeichnen. In der Online-Version sucht man einfach über das Feld „Verfasser" die Buchanzeige heraus. Diese führt alle seither erschienenen Rezensionen in Kurzform auf. Zur Entschlüsselung der dort aufgeführten Angaben muss man gegebenenfalls das am Anfang eines jeden Année-Bandes abgedruckte umfassende Verzeichnis zu den Zeitschriftenabkürzungen heranziehen.

Rezensionen zu Büchern, die (noch) nicht in der Année Philologique erfasst sind, findet man, indem man die einschlägigen Zeitschriften nach Rezensionen durchblättert. Ausschließlich Rezensionen finden sich in der Zeitschrift Gnomon sowie im Classical Review. Hilfreich sind auch die Zeitschriften Klio und Gymnasium, das Journal of Hellenic Studies (JHS), Journal of Roman Studies (JRS) oder die Historische Zeitschrift (HZ).

Internet-Rezensionen, die den Vorteil haben, sehr zeitnah zu erscheinen, bieten der Bryn Mawr Classical Review (https://bmcr.brynmawr.edu/), das deutsche Online-Rezensionsorgan „sehepunkte" (http://www.sehepunkte.de/), und die mailing-Liste „H-Soz-u-Kult" (https://www.hsozkult.de/publicationreview/page), die daneben zahllose andere nützliche Informationen liefert.

Info: Wikipedia

Wikipedia, „die freie Enzyklopädie" (http://de.wikipedia.org/wiki/Wikipedia:Hauptseite, oder, auf Englisch http://en.wikipedia.org/wiki/Main_Page) ist mittlerweile schon allgegenwärtig, und dies rechtfertigt es allemal, in einem Einführungswerk für Studienanfänger gesondert darauf einzugehen. Besinnen wir uns zunächst auf den Grundgedanken von Wikipedia: Es ist die Idee, durch die Mitarbeit aller so viel gemeinsames Wissen wie möglich zu generieren. Diese Idee ist faszinierend, und: sie scheint zu funktionieren – das meiste, was dort zu lesen ist, ist offenbar zutreffend! Obwohl Wissen eigentlich nicht per Mehrheitsentscheid bestimmt werden kann und daher seiner Struktur nach eher exklusiv und elitär ist, stützt Wikipedia also eine Vermutung, die schon Aristoteles (384–322 v. Chr.) geäußert hat: Dass nämlich die große Mehrheit der Menschen zusammengenommen mehr weiß als die Klügsten, selbst wenn jeder für sich genommen den Experten natürlich nicht das Wasser reichen kann. „Denn es sind viele, und jeder hat einen Teil an Tugend und Einsicht. Wenn sie zusammenkommen, so wird die Menge wie ein einziger Mensch, der viele Füße, Hände und Wahrnehmungsorgane hat und ebenso, was den Charakter und den Intellekt betrifft" (Aristoteles, Politik III 11, 1281b4-7). Doch das Verhalten der Menschen ist nicht immer nur auf Erkenntnis ausgerichtet. Denn kann man bei Desinformation oder Fehlern wirklich, wie dies die Schöpfer der Plattform vorschlagen, uneingeschränkt auf die ‚Selbstheilungskräfte' der mitarbeitenden Nutzer hoffen? Was ist, wenn es in politisch sensiblen Fragen zu ideologischen Grabenkämpfen

oder gar ‚feindlichen Übernahmen' kommt? Letzte Zweifel bleiben, gerade in Zeiten von „Fake News" und „Alternative Facts"! Doch das ist nicht das Problem, um das es in unserem Zusammenhang geht. Unser Problem mit Wikipedia besteht in der mangelnden Transparenz dieser Datensammlung, die letzten Endes nicht mehr den Maßstäben der Wissenschaftlichkeit entspricht. Abgesehen von der Möglichkeit ständiger Änderungen (die, wenn auch nicht sehr übersichtlich, immerhin nachvollzogen werden können) ist es vor allem die Tatsache, dass die Autoren in Wikipedia in der Regel unter Decknamen arbeiten. In der Wissenschaft aber ist die Identifizierbarkeit von Autor und Interpretation oberstes Gebot, wir müssen Ross und Reiter kennen und auch nennen (→ **Kap. 3.1.6**)!
Mit anderen Worten: Wikipedia ist nicht zitierfähig (→ **Kap. 3.5.4**). Darf man Wikipedia dennoch benutzen? Die Antwort kann nur lauten: Ja, aber nicht ohne Gegenprüfung! Alles, was man von dort übernommen hat, muss überprüft und anderweitig abgestützt werden. Dazu können die zitierfähigen Belege dienen, die nicht selten in Wikipedia-Artikeln angeführt werden, und diese Belege können natürlich auch in einer wissenschaftlichen Arbeit aufscheinen. Soll man in einem solchen Fall dann – verschämt – verschweigen, dass die ursprüngliche Quelle dieser Belege Wikipedia war? Hier gibt es noch keine Klarheit. Wenn man Wikipedia in dem hier vorgeschlagenen Sinne als ein reines Rechercheinstrument ansieht, dann könnte eine Nennung als Quellenangabe unterbleiben; entsprechende Hilfsmittel werden ansonsten ja auch nicht eigens genannt. Da ein solcher Artikel aber häufig mehr ist als eine Literaturzusammenstellung, da er in der Regel genuine Interpretationsarbeit eines oder mehrerer Autoren reproduziert, die man eigentlich erwähnen muss (wie jede Meinung anderer zum eigenen Thema), bleibt die Situation im Moment unbefriedigend.

3.4 Die Materialbewältigung

3.4.1 Quellenbearbeitung

Natürlich geht es bei der Lektüre von Quellen zunächst schlicht und ergreifend darum, den Inhalt einer bei der Recherche aufgefundenen Stelle korrekt zu erfassen und – normalerweise, indem man sich die Kernaussagen herausschreibt, s. u. – für die weitere Arbeit abrufbar zu machen. Angesichts der oben (→ **Kap. 2.2**) herausgestellten Besonderheiten der antiken literarischen Überlieferung ist es freilich ratsam, einige wichtige Punkte grundsätzlich zu bedenken und diese bei der Bearbeitung von Quellen regelmäßig zu überprüfen:

- Einzelstelle und gesamtes Werk: Auch wenn man vielleicht nur einen Einzelbeleg aus einem größeren Werk benötigt, sollte man stets den Kontext einer Stelle klären, um über inhaltliche oder auch überlieferungstechnische Eventualitäten Bescheid zu wissen.
- Literaturgattungen und Topik: Vor allem muss die Möglichkeit im Blick behalten werden, dass Quellenaussagen von gattungsspezifischen Regeln bestimmt sind oder anderen topischen Bezügen unterliegen.
- Quellenkritik und Quellenforschung: Schließlich und endlich ist es unabdingbar, etwaige Darstellungsabsichten eines Verfassers zu kennen. Es ist also notwendig, sich über die Lebensumstände der jeweiligen Person kundig zu machen, und in diesem Zusammenhang stellt sich letztlich auch die Kardinalfrage der Quellenkritik: Woher konnte der Autor überhaupt das wissen, was er uns berichtet?

Vor diesem Hintergrund empfiehlt es sich immer, mit textkritischen Editionen und einschlägigen KOMMENTAREN zu arbeiten (zum Auffinden → **Kap. 3.2 und Kap. 3.3**); eine zuverlässige erste Orientierung über antike Autoren und deren Werke bieten kleinere Lexika wie die bereits oben bei der Quellensuche erwähnten Nachschlagewerke DNP, KlP, LAW und OCD sowie:

- M. Landfester (Hg.), **Geschichte der antiken Texte. Autoren und Werklexikon** (= DNP Suppl. 2), Stuttgart 2007.
- O. Schütze (Hg.), **Metzler-Lexikon antiker Autoren**, Stuttgart u. a. 1997.

Ausführlichere Informationen zu Autoren finden sich zum Beispiel in der RE sowie in den einschlägigen Handbüchern über antike Literatur und Geschichtsschreibung (→ **S. 63 ff.**).

Es ist kein Geheimnis, dass die meisten Menschen, die sich mit antiken Texten befassen, moderne Übersetzungen leichter und schneller verstehen als das altsprachliche (lateinische oder altgriechische) Original. Im Interesse einer zügigen Materialbewältigung kann es deshalb durchaus angezeigt sein, sich den Quellen mithilfe moderner Übersetzungen zu nähern. Eine wirklich ernsthafte Quellenarbeit jedoch darf umgekehrt niemals ausschließlich auf Übersetzungen basieren. Auch wenn die Versuchung gerade in der Alten Geschichte besonders groß ist, da viele antike Schriftquellen in deutscher, englischer oder französischer Sprache vorliegen, ist es unerlässlich, bei Bedarf den **Originaltext** konsultieren zu können, und deshalb sind entsprechende **Sprachkenntnisse** eine notwendige Vorbedingung für das Studium der Alten Geschichte (→ **Kap. 5.1.1**)!

Die Erklärung für diese ‚eiserne Regel', die von Studierenden leider nicht immer eingesehen wird, liegt in dem in Kap. 3.1 beschriebenen Charakter der Geschichtswissenschaft: Wer im Bereich der Geschichte wissenschaftlich arbeiten will, der muss den Dingen auf den Grund gehen können, und er muss insbesondere in der Lage sein, Interpretationen anderer nachzuprüfen. Grundsätzlich gilt aber, dass jede Übersetzung bereits ihrerseits eine Interpretation ist; wer also nur mit Übersetzungen arbeitet, macht sich voll und ganz von der Interpretation der jeweiligen Übersetzer abhängig und ist nicht mehr dazu fähig, mit kritischem Urteilsvermögen hinter diese Kulissen zu blicken.

Zur eigenständigen **Übersetzung** der antiken Quellen können natürlich die gängigen **Wörterbücher** benutzt werden, z.B. die „Langenscheidt"-Lexika oder „Pons" und „Stowasser" (Latein) bzw. der „Gemoll" (Griechisch). Besonders hinzuweisen ist allerdings auf vier wichtige Standardwerke:

- H.G. Liddell/R. Scott/H.S. Jones, **A Greek-English Lexicon**. With a Revised Supplement (1996), Oxford 1996 (= ND der 9. Aufl. 1940).
- I.G.W. Glare, **Oxford Latin Dictionary**, Oxford 1968–1982.
- K.E. Georges, **Der neue Georges**. Ausführliches Handwörterbuch Lateinisch-Deutsch, 2 Bde., bearb. v. Th. Baier, Darmstadt 2012.
- G.W.H. Lampe, **A Patristic Greek Lexicon**, Oxford 1961–1968.

3.4.2 Literaturbearbeitung

Das Problem der stetig anwachsenden Publikationsflut ist in diesem Kapitel bereits mehrfach angeklungen, und diese Tatsache ist bei den folgenden Bemerkungen durchaus im Hinterkopf zu behalten, gewissermaßen als verschärfender Faktor, der es heutzutage dringlicher denn je erscheinen lässt, mit Sekundärliteratur rationell umzugehen. Trotzdem galt auch früher schon der Grundsatz: *Ars longa, vita brevis* („Die Kunst ist umfangreich, das Leben kurz“). Wer nicht untergehen will im Ozean der Materialfülle, der muss lernen, den potentiellen Lesestoff ökonomisch zu bewältigen!

Das bedeutet zunächst, dass man das Material in wichtige (‚einschlägige‘) und weniger wichtige Literatur einteilt und mit den grundlegenden Titeln beginnt. Bei einer solchen **Vorsortierung** können gerade Rezensionen und Forschungsüberblicke in Handbüchern oder Fachzeitschriften besonders hilfreich sein; sie erlauben es nämlich, sich schnell über den Inhalt (und die Qualität) einer Publikation zu informieren. Es lohnt sich auch meistens, zuerst kürzere Beiträge zu lesen (z. B. Artikel in Zeitschriften, Sammelbänden oder Nachschlagewerken), bevor man die umfangreicheren Monographien zum Thema in Angriff nimmt, denn häufig werden die jeweils wichtigen Punkte in Aufsätzen bündiger und kompakter dargestellt als in Büchern. Wo immer dies möglich ist, sollte man **selektiv lesen**, das heißt, anhand eines Inhaltsverzeichnisses, eines Registerteiles und zusammenfassender Abschnitte (die es nicht nur in Büchern gibt) die Kernaussagen eines Literaturtitels erfassen, um so zu entscheiden, ob er relevant ist. Nach aller Erfahrung geht dieser Bewertungsprozess desto leichter und schneller vonstatten, je weiter man sich in ein Thema eingearbeitet hat.

Die auf diese Weise gewonnene Zeit lässt sich gewinnbringend investieren in die eingehende Lektüre der wirklich wichtigen Bücher und Aufsätze. Da niemand ein grenzenlos belastbares Gedächtnis besitzt, sollte man dabei allerdings immer Stichpunkte zum jeweiligen Inhalt, aber auch zu Literatur- und Quellenverweisen notieren, mit anderen Worten: Man sollte niemals einen wissenschaftlichen Text lesen, ohne dazu gleichzeitig ein EXZERPT zu erstellen. Da es vorkommen kann, dass man manchmal nach Jahren wieder auf eine Publikation stößt, die man schon einmal – vielleicht in einem ganz anderen Zusammenhang – gelesen hat, ist es außerdem ratsam, die eigenen Exzerpte möglichst so zu archivieren, dass man sie gegebenenfalls wiederverwenden kann. Nur dadurch vermeidet man eine zeit- und vor allem nervenraubende Doppelarbeit, denn fast nichts ist schlimmer als das Gefühl, sich nur noch verschwommen an plötzlich dringend benötigte Informationen erinnern zu können.

Beim **Exzerpieren** selbst ist es wichtig, sich nicht sofort Aussagen aus dem Text herauszuschreiben. In vielen Texten werden Dinge wiederholt, und nicht zuletzt wissenschaftliche Literatur tendiert zur Redundanz. Es sollte also zuallererst die gesamte Sinneinheit gelesen werden (Kapitel o. ä.), bevor man sich überlegt, was der Autor sagen will. In diesem Zusammenhang sollten unbekannte Begriffe unbedingt nachgeschlagen werden, am besten mithilfe eines vertrauenswürdigen Referenzwerkes (z. B. dem „Neuen Pauly Online" oder der „Encyclopdia of Ancient History" → **Kap. 3.2.3**).

Danach muss der Gedankengang Schritt für Schritt verfolgt und in passender Form in eigenen Worten knapp herausgeschrieben werden. Eigene Formulierungen sind aus zweierlei Gründen empfehlenswert: Zum einen ist dies die beste Methode, um festzustellen, ob man einen Sachverhalt wirklich verstanden hat. Zum anderen wird anhand der Exzerpte vielleicht später eine Seminararbeit o. ä. angefertigt, und eine solche Ausarbeitung soll eigentlich nicht – oder höchstens ausnahmsweise – den Wortlaut und die Wortwahl fremder Werke wiederholen (→ **Kap. 3.5.3**). Grundsätzlich müssen Exzerpte so genau wie möglich sein, also bei Literatur- oder Quellenverweisen ausreichende bibliographische Angaben verzeichnen und bei inhaltlichen Aussagen selbstverständlich die betreffenden Seitenzahlen. Darüber hinaus lohnt es sich, eigene Gedanken oder Fragen, die beim Lesen auftauchen, aber auch konträre oder bestätigende Literatur ebenfalls auf dem Exzerpt zu notieren – freilich jeweils als solches gekennzeichnet.

An der äußeren Form von Exzerpten schließlich scheiden sich seit jeher die Geister, und deswegen soll an dieser Stelle darauf nur kurz eingegangen werden. Früher favorisierten die Perfektionisten der Archivierung den guten alten Zettelkasten mit Karteikarten und einem ausgeklügelten System der Verschlagwortung; heute empfehlen sie erwartungsgemäß computerisierte Datenbanken oder Dienstprogramme wie „Citavi", und in der Tat ist dagegen nichts einzuwenden. Es sollte aber auch beim Exzerpieren und der Aufbewahrung von Exzerpten der diesbezügliche Aufwand stets in einem vertretbaren Verhältnis zum möglichen Nutzen stehen! Im Kern geht es bei Exzerpten nämlich noch immer einzig und allein darum, dass das Gelesene verstanden wird und dass es hinterher möglich ist, wiederzufinden, was von wem an welcher Stelle geschrieben worden ist. Solange dieses Ziel erreicht wird, ist es freilich zweitrangig, mit welcher persönlichen Technik man arbeitet, ob handschriftlich oder mit Computer.

Eder, Walter: Perserkriege, in: Der Neue Pauly 9, 2000, 605–610 (Instituts-Signatur: W-NP 9)

i) Bezeichnung
S. 605: *Bezeichnung „P." ist modern:*
490–480/79 v. Chr.: im engeren Sinne
490–Mitte 5. Jh. v.: im weiteren Sinne

ii) Quellen
S. 605: *a) Griech. Perspektive: Sieht konsequentes Ausgreifen der Perser, so*
Hdt. 3,135–138: Erkundung in Griechenland
„ 3,139–149: Eroberung v. Ägäis-Inseln
Skythenfeldzug und Eroberung Thrakiens
Hdt. 6,43–45: Mardonios-Feldzug (Thrakien und Makedonien als Vorbereitung zur Eroberung Griechenlands)
S. 605: *b) Pers. Perspektive: Unbekannt*
1. Feldzug: Wohl Strafaktion; auch zur Sicherung Seeherrschaft
2. Feldzug: Wohl Eroberung Griechenlands geplant

iii) Vorgeschichte:
S. 606: *Ionischer Aufstand: Athen und Eretria halfen*
Besonders provozierend für Perserkönig: Weil dieser Athener seit Hilfsgesuch 506 v. Chr. (Hdt. 5,73) als Untertanen sah

Abb. 37 Exzerpt

Tipp: Exzerpt

1. Bewährt hat sich, beim Exzerpt die referierte Position einerseits und eigene Gedanken zum Text andererseits durch die Schriftfarbe zu unterscheiden, etwa durch die parallele Benutzung von Füller und Bleistift.
2. Für die häufig vorkommenden datierenden Angaben „1. Hälfte des 6. Jahrhunderts v. Chr." oder „3. Viertel des 5. Jahrhunderts v. Chr." hat sich eine Kurzschreibweise mit großen (für Jahrhunderthälften) und kleinen römischen Ziffern (für Jahrhundertquartale) gleichfalls sehr bewährt, z.B.:
   I/6. Jh. v. Chr.
   iii/5. Jh. v. Chr.

3.5 Darstellungsformen

3.5.1 Der mündliche Vortrag: das Referat

Grundsätzlich ist bei jeder Art von mündlichem Vortrag zweierlei vorgegeben: ein **Thema** und eine bestimmte **Redezeit**. Danach sollen die Zuhörer über das Thema informiert sein, ohne dass die Redezeit überschritten wurde. Leider wird Letzteres immer wieder zum Problem: Die Unsitte, dass ein gegebener Zeitrahmen gesprengt wird, ist wohl niemals abzustellen – mitsamt ihren unerquicklichen Begleiterscheinungen und Konsequenzen wie Ungeduld im Publikum oder, bei Lehrveranstaltungen, Verschiebungen im Terminplan bis hin zu Sondersitzungen. Dabei ist es nur ganz selten so, dass eine Verlängerung der Redezeit die Verständlichkeit des Vorgetragenen verbessert, im Gegenteil!

An der Universität wird darauf – eher unbeholfen – bisweilen so reagiert, dass man nur noch von Kurzreferaten redet, eine Sprachregelung, die freilich längst schon zum akademischen Ritual erstarrt ist: Manches Kurzreferat soll von vornherein eine ganze 90-minütige Sitzung füllen, und gerade Studienanfänger sollten sich daher, wenn sie in einer Lehrveranstaltung ein Referat übernommen haben, genau nach der ihnen zur Verfügung stehenden Redezeit erkundigen. Um diese Zeit dann tatsächlich auch einzuhalten, empfiehlt es sich, den Vortrag vor der betreffenden Sitzung schon einmal alleine oder im kleinen Kreis mit der Uhr in der Hand zu halten. Diese abgestoppte Zeit sollte allerdings höchstens zwei Drittel, vielleicht besser nur die Hälfte der vorgegebenen Redezeit betragen, denn vor allem Unerfahrene tendieren dazu, bei solchen Generalproben viel zu schnell zu sprechen. Zudem ist es zumindest bei Referaten im Studium nur sehr selten der Fall, dass man die ganze Zeit ohne Unterbrechung reden kann. Hilfreich bei der genauen Zeitkalkulation kann eine schriftliche Ausarbeitung des Vortrags sein (→ **S. 173**).

Wie soll ein Referat nun vorbereitet und gehalten werden? Es gibt hier natürlich individuell verschiedene Herangehensweisen, und es kommt hinzu, dass eigentlich auch jedes Thema sich auf eine ganz eigene Weise erschließt. Patentrezepte sind hier also fehl am Platz.

Trotzdem lassen sich einige allgemeine Punkte festhalten: Nach der Aufarbeitung des Materials sollte man zuerst versuchen, den Themenstoff anhand folgender Leitfragen zu durchdenken:

- Worum geht es bei dem Thema überhaupt, was ist die Kernaussage?
- In welche einzelnen Schritte/Aussagen/Komplexe lässt sich das Thema einteilen?
- Wie hängen diese Teile logisch miteinander zusammen, und in welche Reihenfolge kann man sie daher bringen?

Für die Beantwortung dieser Fragen darf man sich ruhig etwas Zeit nehmen, denn das Ergebnis ist im Grunde genommen der Dreh- und Angelpunkt eines jeden Referates: eine vernünftige und **überzeugende Gliederung** in Aussagen, die im Vortrag vermittelt werden sollen. Wer diese Hürde gemeistert hat, der hat die Hälfte der intellektuellen Arbeit bereits erledigt. Eine solche Gliederung wird später auch das Gerüst für ein Thesenpapier abgeben (s. u.) und letztlich den Aufbau einer schriftlichen Ausarbeitung strukturieren. Man wird also immer wieder auf die Gliederung zurückkommen, und deswegen lohnt es sich, hier sorgfältig und genau vorzugehen. Danach ist es sehr wichtig, einen Einstieg und Überleitungen zwischen den einzelnen Punkten zu finden. In der Einleitung sollte man das Thema nennen und die Einzelpunkte, in die sich das Referat aufgliedert. Ferner sind eventuelle Fragestellungen oder Ziele/Absichten des Referates anzusprechen. Es kann auch empfehlenswert sein, an den Anfang eine These, ein treffendes Zitat o. ä. zu stellen.

Die **Darstellung** orientiert sich natürlich an der Gliederung. Immer wieder während des Vortrags sollte das Vorgehen, sollten die einzelnen Schritte ausdrücklich angegeben werden, etwa als Hinweis, ‚wo man zur Zeit ist', d. h., was bisher behandelt wurde und insbesondere, welches der nächste Schritt ist. Ein mündlicher Vortrag muss sehr viel klarer und ausführlicher strukturiert werden als eine schriftliche Vorlage. Definitionen oder komplexe Aussagen sollten deshalb gegebenenfalls wiederholt und unter Umständen an **Beispielen** erläutert werden.

Um das Referat anschaulicher zu gestalten, sollte das Gesagte zudem durch zusätzliches Material unterstützt werden. Die Möglichkeiten, die die computergestützten **Präsentationstechniken** bieten („PowerPoint" etc.), verführen manchmal leider dazu, bei einem Vortrag oder Referat die Verpackung für wichtiger zu halten als den Inhalt. Dies ist ein Irrtum! Der Einsatz von Medien sollte stets einen Sinn haben und nicht zum Selbstzweck werden; im Übermaß kann er die Zuhörer ablenken oder gar überfordern, und man sollte sich daher auf das beschränken, was nötig erscheint. Kompliziertere Sachverhalte, unbekannte Begriffe und Namen oder auch Datenübersichten sollten zum Beispiel zusätzlich vorgelegt werden, desgleichen Quellentexte, Bilder oder Karten, auf die man im Vortrag eingeht. Unabdingbar ist wenigstens die Grobgliederung samt Überschrift. Welche Medien jeweils benutzt werden sollen und können, hängt natürlich davon ab, was zur Verfügung steht und zugleich sinnvoll erscheint: Auch das für die Zuhörenden mit Kreide „live" erstellte und so nachvollziehbar erwachsene Tafelbild hat noch seine Berechtigung. Möglichst nicht verzichten sollte man auf schriftliche Unterlagen (so genannte **Handouts** – zu deren Gestaltung s.u.), denn sie erlauben den Zuhörern eigene Notizen für eventuelle spätere Nachfragen. Da sich die Aufmerksamkeit der Zuhörerschaft erfahrungsgemäß zunächst stärker auf Zusatzmaterial richtet, insbesondere wenn dieses während des Vortrags ausgegeben oder vorgelegt wird, sollte der Referierende in einem solchen Fall eine Pause lassen oder kurze Hinweise geben, worauf es im Einzelnen ankommt. Grundsätzlich gilt natürlich, dass schriftliche Unterlagen möglichst übersichtlich gestaltet sein sollen. Dies schließt auch das Schriftbild mit ein.

Am Schluss eines Referates sollte immer klar das **Ergebnis** im Blick auf die eingangs erwähnte Fragestellung und das Ziel des Vortrags zusammengefasst werden. Es empfiehlt sich, offen gebliebene Fragen hervorzuheben und gegebenenfalls für eine anschließende Diskussion Thesen und Probleme zu formulieren. Ein persönlicher Standpunkt sollte spätestens am Ende des Vortrags deutlich gemacht werden.

Mündliche Vorträge sollen **frei gehalten** werden, denn nur so sind sie lebendig und verständlich. Wer einen vorformulierten Text abliest, spricht – nicht zuletzt aus Nervosität – oft viel zu schnell, zu leise und auch zu monoton. Darüber hinaus neigt man beim Schreiben dazu, die Sätze so zu verschachteln, dass die Zuhörer häufig Mühe haben zu folgen, wenn der Text genauso abgelesen wird, wie er verfasst wurde. Nur wenige wirklich erfahrene Redner beherrschen die hohe Kunst, einen Vortrag so zu schreiben und dann auch abzulesen, dass er für das Publikum klingt wie frei gehalten.

Es ist also besser, sich nur **Stichpunkte** zu notieren – manche verwenden dafür unterschiedliche Farben und kleine Merkkärtchen – und dann anhand dieser Unterlagen aus dem Stegreif zu formulieren. Um dabei ‚den Faden nicht zu verlieren', ist es außerdem nützlich, sich Formulierungen für die **Überleitungen** einzuprägen. Damit der Vortrag lebendig bleibt, sollte stets auf die Sprechweise geachtet werden, die nicht zu eintönig klingen darf. Ein guter rhetorischer Trick in diesem Zusammenhang sind Betonungen, Wiederholungen, (rhetorische) Fragen und Pausen und vor allen Dingen immer wieder Blickkontakt zur Zuhörerschaft.

Dass das Talent, vor Publikum frei zu sprechen, nicht jedem in die Wiege gelegt ist, ist allseits bekannt, und natürlich ist das unweigerlich auftretende Lampenfieber kein schönes Gefühl. Man sollte daraus aber nicht die Konsequenz ziehen, den freien mündlichen Vortrag aus Angst zu vermeiden. Früher oder später wird man gerade im Studium – aber auch in vielen der denkbaren Berufsfelder (→ **Kap. 5.2**) – dieser Situation nicht mehr aus dem Weg gehen können. Dann ist es gut, wenn man zuvor möglichst viele Erfahrungen mit dem freien Vortrag gesammelt hat. Die meisten Menschen können sich durch **Übung** in ihrem Vortragsstil nämlich erheblich verbessern. Die viel zitierte Nervosität hingegen wird fast niemand völlig ablegen können; selbst ‚alte Hasen' stehen vor einem Vortrag unter einer gewissen Spannung, es kommt eben nur darauf an, wie man damit umgeht.

Trotz allem kann es aber sinnvoll sein, einen mündlichen Vortrag bei der Vorbereitung probeweise auszuformulieren. Eine solche Ausformulierung hat, wie bereits erwähnt, zum Beispiel den Vorteil, dass der Zeitaufwand viel klarer zu kalkulieren ist und das Referat – wenn nötig – rechtzeitig gekürzt werden kann. Außerdem erleichtern es die Erstellung einer Schriftfassung und insbesondere schriftliche Überleitungen erheblich, die logische Folgerichtigkeit der eigenen Gliederung zu überprüfen. Dass bei Vorträgen in einer Fremdsprache – etwa im Rahmen eines Auslandssemesters – lieber abgelesen werden sollte, versteht sich von selbst.

Zur mündlichen Präsentation empfiehlt sich, wie erwähnt, die Anfertigung und Vorlage schriftlicher Unterlagen (so genannte Seminarpapiere). In vielen Universitätsveranstaltungen ist dies sogar Pflicht. Im Allgemeinen werden dabei zwei Arten unterschieden, ein **Quellenpapier**, das möglichst vor der Sitzung, in der das Referat gehalten wird, vorliegen sollte, und ein **Referats- oder Thesenpapier**, das dann in der Sitzung vor oder während des Referates ausgegeben wird.

Auf solchen Papieren sollte, damit sie besser archiviert werden können, oben ein ‚Kopf' stehen, auf dem Folgendes anzugeben ist: der Name des Dozenten, das Thema des Seminars und das Datum des Referates (Semester und Tagesdatum). Darunter dann Name(n) des/der Vortragenden, Thema des Referates und Art des Papiers (Quellen- oder Thesenpapier).

Das Quellenpapier hat in der Regel einen Umfang von ein bis zwei Seiten. Es sollte alle wichtigen Quellen zum Referat enthalten, zumeist muss dabei eine Auswahl getroffen werden. Um Tipp- und Abschreibfehler zu vermeiden, empfiehlt es sich, die Quellen zu kopieren und auf das Papier aufzukleben (oder einzuscannen). Lateinische Quellen kommen auf jeden Fall im Original (gegebenenfalls mit moderner Übersetzung), griechische umgekehrt in moderner Übersetzung und gegebenenfalls mit Originaltext auf das Blatt. Darüber hinaus muss bei jeder Quelle ein eindeutiger Beleg erscheinen, erstellt nach den oben (→ **Kap. 3.2.4**) beschriebenen Regeln und anhand der dort erwähnten Verzeichnisse. Am besten nummeriert man die abgezogenen Texte.

Übung Blum: Romanisierung im Westen des römischen Reiches

WS 2020/2021

Quellenpapier zum Thema ‚Romanisierung'

1.) Strab. 3,2,15 (Beschreibung Südspaniens)

15. Τῇ δὲ τῆς χώρας εὐδαιμονίᾳ καὶ τὸ ἥμερον καὶ τὸ πολιτικὸν συνηκολούθησε τοῖς Τουρδητανοῖς· καὶ τοῖς Κελτικοῖς δὲ διὰ τὴν γειτνίασιν, ὡς εἴρηκε Πολύβιος, ἢ[3] διὰ τὴν συγγένειαν, ἀλλ' ἐκείνοις μὲν ἧττον· τὰ πολλὰ γὰρ κωμηδὸν ζῶσιν. οἱ μέντοι Τουρδητανοί, καὶ μάλιστα οἱ περὶ τὸν Βαῖτιν, τελέως εἰς τὸν Ῥωμαίων μεταβέβληνται τρόπον, οὐδὲ τῆς διαλέκτου τῆς σφετέρας ἔτι μεμνημένοι. Λατῖνοί τε οἱ πλεῖστοι γεγόνασι, καὶ ἐποίκους εἰλήφασι Ῥωμαίους, ὥστε μικρὸν ἀπέχουσι τοῦ πάντες εἶναι Ῥωμαῖοι. αἵ τε νῦν συνῳκισμέναι πόλεις, ἥ τε ἐν τοῖς Κελτικοῖς Παξαυγοῦστα καὶ ἡ ἐν τοῖς Τουρδούλοις Αὐγοῦστα Ἠμερίτα καὶ ἡ περὶ τοὺς Κελτίβηρας Καισαραυγοῦστα καὶ ἄλλαι ἔνιαι κατοικίαι τὴν μεταβολὴν τῶν λεχθεισῶν πολιτειῶν ἐμφανίζουσι. καὶ δὴ τῶν Ἰβήρων ὅσοι ταύτης εἰσὶ τῆς ἰδέας τογᾶτοι[1] λέγονται· ἐν δὲ τούτοις εἰσὶ καὶ οἱ Κελτίβηρες οἱ πάντων νομισθέντες ποτὲ θηριωδέστατοι. ταῦτα μὲν περὶ τούτων.

15. Along with the happy lot of their country, the qualities of both gentleness and civility have come to the Turditanians; and to the Celtic peoples, too, on account of their being neighbours to the Turdetanians, as Polybius has said, or else on account of their kinship; but less so the Celtic peoples, because for the most part they live in mere villages. The Turdetanians, however, and particularly those that live about the Baetis, have completely changed over to the Roman mode of life, not even remembering their own language any more. And most of them have become Latins,[4] and they have received Romans as colonists, so that they are not far from being all Romans. And the present jointly-settled cities, Pax Augusta in the Celtic country, Augusta Emerita in the country of the Turdulians, Caesar-Augusta near Celtiberia, and some other settlements, manifest the change to the aforesaid civil modes of life. Moreover, all those Iberians who belong to this class are called "Togati."[1] And among these are the Celtiberians, who were once regarded the most brutish of all. So much for the Turditanians.

2.) Tac. Agr. 21 (Ereignisse im 2. Jahr der Statthalterschaft des Cn. Iulius Agricola in Britannien, 78 n.Chr.)

21 Sequens hiems saluberrimis consiliis absumpta. namque ut homines dispersi ac rudes eoque in bella faciles quieti et otio per voluptates adsuescerent, hortari privatim, adiuvare publice, ut templa fora domos extruerent, laudando promptos et castigando segnes: ita honoris aemulatio pro necessitate erat. iam vero principum filios liberalibus artibus erudire, et ingenia Britannorum studiis Gallorum anteferre, ut qui modo linguam Romanam abnuebant, eloquentiam concupiscerent. inde etiam habitus nostri honor et frequens toga. paulatimque descensum ad delenimenta vitiorum, porticus et balinea et conviviorum elegantiam. idque apud imperitos humanitas vocabatur, cum pars servitutis esset.

Abb. 38 Quellenpapier

Dazu kann eventuell kommen:

- ein vollständiges Literaturverzeichnis der verwendeten Quellenausgaben und Übersetzungen.
- inhaltliche Überschriften oder Erläuterungen zu den jeweiligen Quellen.
- Fragen am Ende jeder Quelle, die das Verständnis des Textes erleichtern und die Kernaussagen erkennen lassen.

Eberhard- Karls- Universität Tübingen
Fakultät für Philosophie und Geschichte
Historisches Seminar
Abteilung für Alte Geschichte
PS: Germanienpolitik im frühen Prinzipat
Dozent: Dr. Hartmut Blum
Referentin: Erika Musterfrau
SoSe 2020
24.06.20

Referat 6: Tiberius und die römische Reaktion auf die Varuskatastrophe

1. Ausgangslage nach der Varusschlacht

1.1 Römer

- die Schlacht im Teutoburger Wald endete mit einer verheerenden Niederlage für das römische Heer
- 3 Legionen vernichtet (Legion = 6000 Mann), nicht wieder aufgestellt
- Römer zogen sich auf Ausgangspunkt der Offensive 12 v. Chr. zurück

1.2 Germanen

- Arminius konnte Koalition aus mehreren Germanenstämmen bilden
- Polarisierung pro- /antirömische Germanenstämme

2. Maßnahmen des Tiberius zur Konsolidierung der Lage

2.1 Das Jahr 10 n. Chr.

- Eintreffen des Tiberius in Germanien
- Sicherung der Grenze
- Erhöhung der Legionen von 6 auf 8
- offensichtlich noch kein Feldzug

2.2 Das Jahr 11 n. Chr.

- erster Offensiv-Vorstoß (laut Cassius Dio mit Germanicus als proconsul = "Nachschulung" unter T.):
- brechen feindlichen Widerstand, verheeren Land
- Flottenoperationen (laut Velleius Paterculus)
- Festigung oder Ausbau von Stützpunkten a.d. Lippe

2.3 Das Jahr 12 n. Chr.

- erfolgreicher Feldzug gegen die Brukterer
- Ende Herbst: Tiberius übergibt Kommando an Germanicus

3. Fazit

Abb. 39 Thesenpapier

Das Referats- oder Thesenpapier sollte in kurzer Form (zwei bis vier Seiten) den Inhalt des Referates wiedergeben, etwa in der Art von Überschriften und Ergebnissen; mindestens anzugeben sind die einzelnen Gliederungspunkte! Ein solches Papier kann daher auch dem Referenten selbst als Leitfaden für seinen Vortrag dienen. Darunter muss eine vollständige Liste der verwendeten Sekundärliteratur erscheinen. Nicht immer klar ist, ob in einem

Handout Aussagen durch Fußnoten belegt werden sollten. Als Faustregel gilt: Je ausführlicher das Papier ist, das heißt, je näher es einer schriftlichen Ausarbeitung kommt, desto eher ist es auch erforderlich, Einzelaussagen zu belegen. Hier muss man sich unter Umständen vorher genau erkundigen.

3.5.2 Protokolle und Rezensionen

Weder Protokolle noch Rezensionen sind im eigentlichen Sinne Darstellungsformen der eigenen wissenschaftlichen Arbeit. Wenn beides gleichwohl an dieser Stelle kurz angesprochen wird, so deswegen, weil beide Formen der schriftlichen Arbeit in Universitätsveranstaltungen als Leistungsnachweis gefordert sein können (→ **Kap. 5.1.3**).

Protokolle sollten stets einen ‚Kopf' umfassen, der – ähnlich wie bei den Seminarpapieren – die betreffende Veranstaltung, ein Datum und den Namen des Protokollierenden angibt. Bei manchen Protokollen ist ferner eine Anwesenheitsliste erforderlich.

Inhaltlich unterscheidet man drei Arten von Protokollen:

- das **Verlaufsprotokoll**: In einem Verlaufsprotokoll wird der gesamte Diskussionsprozess in chronologischer Reihenfolge aufgezeichnet. Dabei werden alle wichtigen Beiträge wiedergegeben, falls erforderlich wörtlich.
- das **Ergebnisprotokoll**: In einem Ergebnisprotokoll werden systematisch die entscheidenden konträren bzw. differierenden Positionen und der Schlussstand einer Diskussion festgehalten. Manchmal wird dies gegliedert anhand einer Tagesordnung.
- das **Beschlussprotokoll**: In einem Beschlussprotokoll werden nur die Beschlüsse (z. B. einer Arbeitsgruppe) aufgezeichnet.

Für Lehrveranstaltungen empfehlen sich Ergebnisprotokolle: Verlauf, Inhalt und Diskussion sollen nachvollziehbar sein, möglichst auch für abwesende Teilnehmer. Eine minutiöse Wiedergabe aller Beiträge ist dagegen im Regelfall nicht notwendig, eine bis zur Aussagelosigkeit kurze Wiedergabe der Ergebnisse wäre zu wenig.

Eine **Rezension** ist keine bloße Inhaltsangabe eines Buches, sie soll vielmehr darüber hinaus dem Leser eine Einschätzung des besprochenen Werkes liefern. Voraussetzungen dafür sind die intensive und vollständige Lektüre des Textes und gegebenenfalls das Heranziehen anderer Rezensionen (→ **Kap. 3.3.6**). Rezensionen sollten so kurz wie möglich sein; der

Umfang ist jedoch zumeist genau vorgegeben, er beträgt im Allgemeinen zwischen zwei und fünf Seiten.

Am Beginn der Besprechung steht grundsätzlich eine Reihe technischer Angaben zu der vorgestellten Publikation (Autor, Titel, bibliographische Angabe [→ **vgl. Kap. 3.5.4**], z.T. Verlag, ISBN und Preis).

Es folgt eine knappe Inhaltsangabe, die maximal die Hälfte, besser noch nur ein Drittel des Rezensionstextes umfasst. In ihr werden das Thema des Buches und (am besten in Anlehnung an das Inhaltsverzeichnis) die Kernaussagen und wichtigsten Ergebnisse der einzelnen Kapitel dargestellt.

Die Besprechung schließt mit einer Einschätzung der Publikation. Hier kann (i. d. R. muss!) selektiv vorgegangen werden, indem sich die Rezension auf eine oder mehrere Aussagen des Buches beschränkt. Leitfragen dazu sind:

- Was macht der Autor/die Autorin besonders gut/schlecht (z. B. im Unterschied zu anderer Sekundärliteratur zum selben Thema)? Warum?
- Gibt es innere Widersprüche? Wie sehen diese aus?
- Ist das Vorgehen des Buches logisch nachvollziehbar? Werden Quellen oder andere Literatur richtig und in ausreichendem Maße interpretiert?
- Ist das Buch gut lesbar, oder werden die entscheidenden Thesen erst nach mehrmaliger Lektüre klar?
- Wie ist das Buch in die Forschungsgeschichte einzuordnen (neues Standardwerk, längst überfällige Untersuchung, oder aber kein entscheidender Beitrag zum Thema)?
- Wie ist die äußere Form zu beurteilen (Schriftbild, Druckfehler, Qualität)? Wird die Benutzung des Buches durch Register, Anhang und ein übersichtliches Inhaltsverzeichnis erleichtert?

Derartige Bewertungen sollten deutlich sein, aber zugleich fair bleiben. Nicht immer beweist man durch Besserwisserei die eigene Klugheit!

3.5.3 Die schriftliche Darstellung: die wissenschaftliche Arbeit

Wie oben (→ **Kap. 3.1.6**) dargelegt, sind die **Überprüfbarkeit** übernommener Aussagen durch die Leser sowie die Verständlichkeit und **Nachvollziehbarkeit** der eigenen Gedankengänge von zentraler Bedeutung für die wissenschaftliche Kommunikation. Um dies zu gewährleisten, sind bei der Abfassung einer wissenschaftlichen schriftlichen Darstellung – wie etwa einer Seminararbeit – eine ganze Reihe formaler Konventionen unbedingt zu beachten. Da es insbesondere bei den Zitierweisen und der Gestaltung der Belege unterschiedliche, zum Teil von Fach zu Fach differierende Regelungen gibt, sind manche der im folgenden aufgeführten Richtlinien freilich eher als eine von mehreren Varianten zu verstehen. Grundsätzlich sollte aber innerhalb ein und derselben Arbeit streng einheitlich nach nur einem Schema verfahren werden, und keinesfalls darf es in diesem Zusammenhang zu eigenen ‚Erfindungen' kommen, da derartiges die Kommunikation natürlich eher behindert als erleichtert!

Eine Seminararbeit besteht aus

1. Titelblatt,
2. Inhaltsverzeichnis,
3. Darstellung,
4. Quellen- und Literaturverzeichnis.

Die Seminararbeit erstellt man am PC auf einseitig bedrucktem DIN A4 Papier, der Zeilenabstand soll 1,5 betragen (ca. 30 bis 40 Zeilen pro Seite, Fußnoten kann man einzeilig setzen), und es muss einen ausreichenden Korrekturrand (ca. 2,5 cm rechts und links oder ca. 5 cm links) geben. Für den Text sollte man die Schriftgröße 12 und für die Fußnoten die Schriftgröße 10 wählen. Der sich daraus ergebende Umfang des Darstellungsteils sollte bei einer Proseminararbeit zehn bis fünfzehn Seiten nicht überschreiten, die Hauptseminararbeit sollte etwa zwanzig bis dreißig Seiten umfassen. Genaueres erfährt man in der jeweiligen Lehrveranstaltung. Wer den erwarteten Umfang wesentlich über- oder unterschreitet, riskiert nicht selten, den Text nochmals überarbeiten zu müssen.

Das **Titelblatt** verzeichnet die Art und das Thema der Lehrveranstaltung (mit Semesterangabe), den Namen des Dozenten, das Thema der Hausarbeit, das Datum der Abgabe, sowie natürlich den Namen, Studiengang und Studienfächer, die Semesterzahl und Adresse des Verfassers mit Tel.-Nr. und E-Mail-Adresse für Rückfragen.

Es folgt das **Inhaltsverzeichni**s (Gliederung) mit Angabe der jeweiligen Seitenzahlen am rechten Rand. Es besteht aus den Überschriften, die auch im Text erscheinen. Die Gliederung eines Themas in Sinnabschnitte und gegebenenfalls Neben- und Unterkapitel dient im Übrigen nicht nur dazu, den Text für die Leser verständlicher zu machen, sie unterstützt auch den Verfasser bei der gedanklich-logischen Durchdringung der Materie. Zur Untergliederung kann man Großbuchstaben, römische oder arabische

Ziffern, Kleinbuchstaben, griechische Kleinbuchstaben oder nur arabische, durch Punkte getrennte Ziffern verwenden. Die einmal gewählte Systematik muss in der Arbeit durchgehend verwendet werden.

Eberhard-Karls-Universität Tübingen - Philosophische Fakultät
Fachbereich Geschichtswissenschaft
Seminar für Alte Geschichte
Proseminar: Die Krise der römischen Herrschaft im 2. Jh. v.Chr.
Leitung: Dr. Hartmut Blum
Wintersemester 2019/20

Antiochos III. – seine Politik und seine Ziele bis 200 v.Chr.

Vorgelegt von:
Erika Musterfrau
Hauptstraße 7
72766 Musterhausen
Tel.: 0170 – 1 23 45 67
Email: musterfrau@gmx.de

Matrikelnummer: 1234567
BA Geschichtswissenschaft (HF), Philosophie (NF)

Abgabedatum: 14. April 2020

Abb. 40 Titelblatt einer Hausarbeit

Jede Darstellung besteht aus einer **Einleitung**, einem **Hauptteil** und einem **Schluss**. In der Einleitung wird das Thema vorgestellt (historischer Einstieg/Frage- bzw. Problemstellung der Arbeit; worum geht es?), im Schluss wird Bilanz gezogen und unter Umständen ein Ausblick gegeben. Einleitung und Schluss sollen bei der Proseminararbeit jeweils 1/2 bis 1 Seite umfassen, bei der Hauptseminararbeit verdoppelt sich ihr Umfang entsprechend.

Inhaltsverzeichnis

Abb. 41 Inhaltsverzeichnis einer Hausarbeit

Der Hauptteil behandelt die in der Einleitung skizzierte Fragestellung, und zwar logisch gegliedert anhand der im Inhaltsverzeichnis entworfenen Überschriften. Jede Arbeit ist grundsätzlich so zu verfassen, als ob die Leser keine speziellen Informationen besäßen. Verständlichkeit, logische Folgerichtigkeit und sprachliche Klarheit sind die obersten Gebote für eine wissenschaftliche Arbeit! Die 1. Pers. Sing. und die 1. Pers. Pl. vermeidet man besser, ansonsten gelten natürlich die allgemeinen orthographischen und grammatikalischen Regeln (z.B. Präteritum als Erzähltempus, Präsens bei der Diskussion etc.). Eigene Stellungnahmen und das Referieren der Meinung anderer sollten jeweils als solche sprachlich kenntlich gemacht werden, bei letzterem etwa durch die Verwendung der indirekten Rede.

Gerade im Bereich der Alten Geschichte, die ohnehin nicht mit einem Übermaß an Quellen gesegnet ist, kann und soll die Bearbeitung eines Themas auch schon im Grundstudium so weit wie möglich auf eigener **Quellenlektüre** basieren.

Das **Literaturverzeichnis** gliedert sich in die Angaben der benutzten Quelleneditionen und die Angaben zur verwendeten Sekundärliteratur. Im Literaturverzeichnis sollen genau die Werke aufgeführt werden, die benutzt wurden, und zwar immer mit vollständiger bibliographischer Angabe (→ **Kap. 3.5.4**).

Alles, was von anderen wörtlich oder sinngemäß übernommen wird, muss belegt werden. Der **Beleg** muss darüber Aufschluss geben, von wem die betreffende Aussage stammt und wo man sie nachschlagen kann. Belege haben also zunächst die Form einer bibliographischen Angabe, die meist abgekürzt ist (→ **S. 187 ff.**). Darüber hinaus eignen sich Belege auch für weiterführende Literatur und/oder Gedanken, die für die Argumentation im Text nicht zentral sind. Man sollte hingegen nicht den Fehler begehen, wichtige Diskussionen und Gedankengänge in die Fußnoten zu verlagern und diese dadurch übermäßig aufzublähen. Der Text muss aus sich selbst heraus schlüssig und verständlich bleiben.

Belege stehen grundsätzlich in nummerierten Anmerkungen. Im Text erscheint dann an der betreffenden Stelle eine Anmerkungsziffer (rechts vom Wort hochgestellte arabische Zahl), die sich entweder auf eine korrespondierende Fußnote unten auf der entsprechenden Seite bezieht (wenn möglich kleinerer Schrifttyp und einzeilig), oder auf eine Endnote in einem Anhang zwischen Text und Literaturverzeichnis. Umfangreichere Werke nummerieren die Anmerkungen in der Regel kapitelweise, manchmal sogar seitenweise, doch empfiehlt es sich bei kleineren Arbeiten, komplett durchzuzählen. Jede Anmerkung beginnt mit einem Großbuchstaben und endet mit einem Punkt (ein Abkürzungspunkt gilt als Schlusspunkt, z.B. bei „f." bzw. „ff.").

Belege sollten so genau wie möglich sein. Das heißt, dass üblicherweise die exakten Seiten- oder Spaltenzahlen (bei Quellen die Kapitel- und Unterkapitelparagraphen, gegebenenfalls die Zeilennummer) genannt werden müssen. Wenn zwei aufeinander folgende Seiten (Spalten/Kapitel/Paragraphen etc.) zitiert werden, kann ein „f." hinter die Anfangsseitenzahl gesetzt werden (= folgende Seite/Spalte usw.), handelt es sich um mehrere aufeinander folgende Seiten, so setzt man „ff." (= folgende Seiten). Nach Möglichkeit sollte man letzteres („ff.") aber vermeiden, ebenso die höchst ungenaue Angabe „passim" (= allenthalben).

Natürlich bestehen gerade die ersten wissenschaftlichen Arbeiten, die am Beginn des Studiums verfasst werden, fast nur aus übernommenem Material. Um hier nicht hinter jedem Satz oder gar Halbsatz eine Anmerkung setzen zu müssen, sollte man den eigenen Text in Sinnabschnitte aufteilen (Absätze), die mit so genannten Sammelfußnoten versehen werden können (diese lauten dann etwa: „Vergleiche dazu und zum Folgenden" oder „Zum Vorherigen vergleiche" – es folgen die jeweils erforderlichen Quellen- und Literaturverweise).

Sinngemäße Übernahmen bezeichnet man auch als PARAPHRASEN. Davon zu unterscheiden sind die wörtlichen Zitate, die unbedingt als solche durch Anführungszeichen („") gekennzeichnet werden müssen! Direkt am Ende des Zitates muss eine Anmerkung kommen, die einen eindeutigen Beleg gibt.

Auslassungen am Anfang, Ende oder in der Mitte des Zitates müssen durch Punkte gekennzeichnet werden. Eigene **Zusätze** macht man durch runde, innerhalb runder durch eckige Klammern kenntlich und versieht sie mit dem eigenen Namen oder wenigstens den Initialen. Wörtliche Zitate, auch fremdsprachliche, müssen grammatikalisch korrekt in den eigenen Text eingepasst werden; einzelne fremdsprachige Begriffe dagegen bleiben im jeweiligen Nominativ (gegebenenfalls im Plural). Lateinische Quellen sind lateinisch (gegebenenfalls im Text übersetzt und in der Fußnote im Original), griechische auf Griechisch oder in moderner Übersetzung zu zitieren. Bei Zitaten in modernen Fremdsprachen sind Übersetzungen unüblich.

Die doppelten Anführungszeichen für wörtliche Zitate („") sind zu unterscheiden von den einfachen Anführungszeichen, den so genannten **gnomischen Zeichen** (‚'), die eine inhaltliche Einschränkung des Gesagten signalisieren sollen.

Eine schriftliche Arbeit soll eigentlich das zum Ausdruck bringen, was ihr Verfasser zum Thema zu sagen hat. Es wirkt nicht immer elegant und auch nicht souverän, wenn man zu oft andere für sich sprechen lässt. Es ist daher besser, umfangreiche wörtliche Zitate soweit wie möglich zu vermeiden und fremden Wortlaut nur dann in den eigenen Text einzufügen, wenn dies einer besonders intensiven Auseinandersetzung mit dem Zitierten dient.

Wer nicht sauber belegt und zitiert, setzt sich streng genommen dem Vorwurf aus, einen **Diebstahl geistigen Eigentums** begangen zu haben. So weit sollte man es nicht kommen lassen.

Umgekehrt sollten grundsätzlich nur selbst gelesene Werke in den Anmerkungen auftauchen. Besonders wörtliche Zitate sollte man nur in Ausnahmefällen ‚aus zweiter Hand' anführen. Derartige Sekundärbelege sind als solche kenntlich zu machen, etwa durch die Wendung „zitiert nach ...".

3.5.4 Bibliographische Angaben und Zitierweisen

Die wissenschaftliche Literatur zerfällt, grob gesprochen, in zwei große Gruppen, und je nachdem, zu welcher Gruppe ein Literaturtitel gehört, unterscheiden sich die entsprechenden bibliographischen Angaben.

Auf der einen Seite stehen Einzelschriften in Buchform, so genannte **Monographien**. Derartige Werke werden in der Regel von einem einzigen Autor zu einem Thema verfasst – daher der Name. Es gibt natürlich auch Co-Autorenschaft, und bisweilen sind Monographien mehrbändig. Im Prinzip gilt jedoch: Eine Monographie ist ein kompaktes, in sich abgeschlossenes Buch. Davon zu unterscheiden sind **Einzelbeiträge** zu Sammelpublikationen, also namentlich gekennzeichnete Artikel in Zeitschriften, Lexika oder anderen Sammelwerken wie Festschriften, Kongressberichten oder Handbüchern nach Art der „Cambridge Ancient History" (CAH).

Info

Nicht namentlich gekennzeichnete Einzelbeiträge, also zum Beispiel Artikel in allgemeinen Lexika wie dem „Brockhaus", sind eigentlich nicht ‚zitierfähig', das heißt, sie sollten nur in Ausnahmefällen als Sekundärliteratur dienen. Ein ähnliches Problem stellt die Online-Enzyklopädie Wikipedia dar (→ **S. 163 f.**)

Vollständige bibliographische Angaben sollen zweierlei ermöglichen: Zum einen sollen sie es erlauben, eine Publikation in einer Bibliothek oder im Buchhandel aufzufinden, und zum anderen soll der betreffende Titel eindeutig identifiziert und einem Autor zugeordnet werden können.

Bei **Einzelschriften** sind dafür folgende Informationen notwendig:

- Name des Autors/Herausgebers (= Hg./Hgg. oder Hrsg./Hrsgg.), evtl. des Übersetzers, mit ausgeschriebenem oder zumindest eindeutig abgekürztem Vornamen.
- ungekürzter Titel, evtl. mit Angabe der Reihe (ggf. abgekürzt), und des Bandes.
- Erscheinungsort; -jahr; Auflage.

Zitierbeispiele:

- H. Bengtson, Einführung in die Alte Geschichte, 8. Aufl., München 1979.
  (Monographie).
- H.-J. Gehrke, Geschichte des Hellenismus, OGG 1a, 4. Aufl., München 2008.
  (Monographie in der Reihe „Oldenbourg Grundriß der Geschichte“ [= OGG]).
- Th. Mommsen, Römisches Staatsrecht I, 3. Aufl., Leipzig 1887, ND Tübingen o.J.
  (Band eines mehrbändigen Einzelwerkes, mit Neuauflage und deren Nachdruck).
- Ed. Meyer, Geschichte des Altertums, 5 Bde., 8. Aufl., Darmstadt 1978 (= ND der 3. Aufl., Stuttgart u. a. 1910).
  (mehrbändiges Einzelwerk).

Es ist nicht nötig, den Verlag zu nennen. Nachdrucke müssen als solche kenntlich gemacht werden (ND; ggf. Ort; Jahr), desgleichen Übersetzungen (dt. Ort; Jahr), wenn möglich mit Nennung der Originalangaben. Die Auflagenzählung ist anzugeben, etwa als Hochzahl, bei einbändigen Werken rechts über der Jahreszahl, bei mehrbändigen Werken rechts über der Bandzahl. Dissertationen werden durch das Kürzel „Diss.“ gekennzeichnet. Sind Ort und/oder Jahr nicht zu ermitteln, so muss dies vermerkt werden (o. O. = ohne Ort; o. J. = ohne Jahr).

Die bibliographischen Angaben für Einzelbeiträge zu **Sammelpublikationen** werden grundsätzlich mit dem Namen des Autors des Beitrags und – außer bei Nachschlagewerken – dem Titel des Beitrags eingeleitet, obwohl diese Informationen in Bibliothekskatalogen nicht verzeichnet sind. Es geht hier darum, Urheberschaft und Thema als wichtigste Informationen den

Suchangaben voranzustellen. Danach folgen die zur Auffindung des Titels erforderlichen Einträge:

- bei Zeitschriften: Autor, Aufsatztitel, Name der Zeitschrift (abgekürzt), Band (arabische Ziffer), Jahrgang, Seiten von ... bis ...
- bei Lexika: Autor, Name des Lexikons (abgekürzt, ggf. mit Auflage), Band (i. d. R. römische Ziffer), Jahr, Seiten/Spalten von bis , Stichwort (eingeleitet durch „s.v."; dies steht für *sub voce* [= „unter dem Stichwort"]).
- bei Handbuchreihen oder anderen Standardwerken: Autor, Titel des Beitrags oder Kapitels, Name der Publikationsreihe (abgekürzt, ggf. mit Auflage), Band (i. d. R. römische Ziffer), Jahr, Seiten von ... bis ...
- Bei einzelnen Sammelbänden wie etwa Festschriften oder Kongressberichten benötigt man noch den Namen des Herausgebers und die Buchangaben: Autor, Titel des Beitrags, in: Herausgeber, Titel der Sammelschrift, Ort, Jahr (ggf. mit Auflage und ND), Seiten von bis

Zitierbeispiele:

- H. Strasburger, Herodot und das perikleische Athen, Historia 4, 1955, 1–25 (Zeitschriftenaufsatz).
- L. Wickert, RE XXII 2, 1954, 1998–2296, s.v. Princeps (Lexikonartikel).
- H.H. Scullard, The Carthaginians in Spain, CAH VIII, 2. Aufl., 1989, 17–43 (Beitrag zu Standardwerk).
- W. Kunkel, Über das Wesen des augusteischen Prinzipats, in: W. Schmitthenner (Hg.), Augustus, WdF 128, Darmstadt 1969, 311–335 (Beitrag zu einer einzelnen Sammelschrift im Rahmen der Reihe „Wege der Forschung" [= WdF]).

Zeitschriften werden nach dem Verzeichnis der „Année philologique" abgekürzt. Sollte eine Zeitschrift dort nicht genannt sein, muss ihr Titel ausgeschrieben werden. Lexika und Reihen werden abgekürzt nach den Verzeichnissen im „Kleinen Pauly" Bd. 1, im „Neuen Pauly" Bde. 1 und 3 (jeweils im Vorspann) und im Lexikon der Alten Welt im Anhang (→ **S. 149**). Zeitschriften, Lexika und Reihen findet man in Bibliothekskatalogen unter ihrem Titel, einzelne Sammelschriften unter dem Nachnamen des Herausgebers und dem Titel der Sammelschrift.

Die einzelnen Teile einer vollständigen bibliographischen Angabe werden i. d. R. durch Kommata getrennt (Ausnahme: Ort Jahr).

Internetpublikationen sollten den Autor und den Titel eines Beitrags nennen, die Internetadresse (URL), sowie das Datum des letzten Aufrufs.

Zitierbeispiel:

- J. Rich, Structuring Roman History: The Consular Year and the Roman Historical Tradition, in: Histos. The Online-Journal of Ancient Historiography Bd. 1, 1997 <https://histos.org/documents/2011.01RichStructuringRomanHistory143.pdf> [Stand 2021-04-06]

Antike Autoren und deren Werke werden üblicherweise wie Einzelschriften behandelt: (antiker) Autor, Titel, Herausgeber/Übersetzer, Ort, Jahr, ggf. Auflage und Nachdruck. Nur in Ausnahmefällen werden ein Autor und sein Werk wie ein Beitrag zu einer Sammelschrift oder einer Reihe zitiert. Bei anderen Quellen wie Inschriften, Papyri oder Münzen werden ausschließlich die modernen bibliographischen Angaben genannt: Herausgeber, Titel der Publikation, restliche Angaben zu Einzel- oder Sammelschrift. Handelt es sich um Quellen, die im Rahmen einer Reihe erschienen sind (z. B. der IG, BGU oder des BMC), so wird zunächst der Name der Reihe genannt, danach die Bandnummer, es folgen der Herausgeber sowie Ort und Jahr. Ähnlich verfährt man bei den spätantiken Gesetzessammlungen.

Zitierbeispiele:

- C. Suetonius Tranquillus, De vita Caesarum, rec. (= recognovit) M. Ihm, 2. Aufl., Leipzig 1908, ND Stuttgart 1978.
- Thukydides, Der Peloponnesische Krieg, gr./dt. von M. Weißenberger, Berlin/Boston 2017.
- Corpus Iuris Civilis, ed. P. Krüger/Th. Mommsen/R.Schoell/W. Kroll, 3 Bde., Berlin 1884–1912.
- Codex Theodosianus, ed. P. Krüger/P. Meyer/Th. Mommsen, 3 Bde., Berlin 1904/5.
- C. Pharr, The Theodosian Code, Princeton 1952.
- Sancti Ambrosi Opera X: Epistulae et Acta, I. Epistularum Libri I – VI, rec. O. Faller, CSEL LXXXII/I, Wien 1968.
- Inscriptiones Graecae, Vol. IV, Inscriptiones Argolidis, ed. M. Fraenkel, Berlin 1902.
- Ägyptische Urkunden aus den königlichen (staatlichen) Museen zu Berlin. Griechische Urkunden, VI. Band, Papyri und Ostraka der Ptolemäerzeit, bearb. v. W. Schubarth u. E. Kühn, Berlin 1922.

- A Catalogue of the Greek Coins in the British Museum, Vol. 10: Peloponnesus (excluding Corinth), bes. v. P. Gardner, hg. v. R.S. Poole, London 1887, ND Bologna 1963.

Abkürzungen werden in den Anmerkungen verwendet, nicht jedoch im Text einer Arbeit und auch nicht im Literaturverzeichnis (ausgenommen die dort abgekürzten Titel von Zeitschriften, Standardreihen und Lexika). Grundsätzlich kann und soll in den Anmerkungen so viel wie möglich abgekürzt werden, um Platz zu sparen. Außerdem sind Anmerkungen, in denen mit Abkürzungen gearbeitet wird, übersichtlicher und deswegen leichter und angenehmer zu lesen. Dabei darf sich die Verwendung von Abkürzungen allerdings keinesfalls zu einer ‚Geheimsprache' entwickeln.

Allgemeine Abkürzungen wie vgl., usw., etc., u. a. müssen nicht aufgelöst werden. Für alles andere gilt: Wenn die entsprechenden Abkürzungen in den bereits mehrfach genannten einschlägigen Verzeichnissen aufgeführt werden (also in der Année, dem LAW, KlP und DNP), so kann man sie auch in der eigenen Arbeit verwenden und muss sie nicht eigens erklären. Sollte dies nicht der Fall sein, dann empfiehlt es sich, auf die jeweiligen Abkürzungen ganz zu verzichten. Nur größere Monographien arbeiten mit eigenen Abkürzungsverzeichnissen.

Quellenbelege werden in den Anmerkungen bereits ab der ersten Nennung nach den oben (→ **Kap. 3.2.4**) beschriebenen Regeln abgekürzt.

Zitierbeispiele:

- Suet., Cal. 30,2 (es handelt sich um Sueton, Biographie des Caligula, Kapitel 30, § 2).
- Thuk. II 65,2 (Thukydides, Buch II, Kapitel 65, § 2).
- Nov. Iust. 123,1 (die Novellen Justinians sind der letzte Teil des Corpus Iuris Civilis [= C.I.C.]. Hier: 123. Novelle, § 1).
- CTh XII 4,3 (Codex Theodosianus, Titel XII, Kapitel 4, § 3).
- Ambr. epist. VII (37) 5 (CSEL LXXXII, 45) (Kap. 5 eines Briefes an Simplicianus, nach alter Zählung Brief 37, nach Faller Brief Nr. VII des Ambrosius, im CSEL Bd. 82 S. 45).
- IG IV 679 (Inscriptiones Graecae Band IV, Inschrift Nr. 679).
- BGU VI 1213 (Berliner Griechische Urkunden, 6. Band, Papyrus Nr. 1213).
- BMC Achaia 17 (Catalogue of Greek Coins in the British Museum, Vol. 10: Peloponnesus, Landschaft Achaia, Münze Nr. 17).

Sekundärliteratur kann in den Fußnoten auf zwei verschiedene Arten abgekürzt werden:

1. Variante: Autor (ohne Vornamen), Kurztitel/Zeitschriftenabkürzung mit Bd. u. Jahr/Lexikon- oder Reihenabkürzung mit Bd. u. Jahr, Seitenzahl. In diesem Fall sollte bei einem erstmaligen Zitat in der betreffenden Fußnote die vollständige bibliographische Angabe erscheinen. Manche Verfasser verwenden nach einer solchen vollständigen Angabe in weiteren Fußnoten stattdessen die Abkürzung Autor; a.O./a.a.O.; Seitenzahl. Dies steht für „am angegebenen Ort". Ein derartiges Verfahren ist zwar für den Verfasser bequem, aber für die Leser höchst unerfreulich: Wer nämlich herausfinden will, um welches Werk es sich nun eigentlich handelt, muss (gerade bei Zeitschriftenaufsätzen, die i. d. R. nicht über ein Literaturverzeichnis verfügen) lange in den Fußnoten blättern, bis man auf die vollständige Angabe stößt. Zudem ergibt sich hierbei das Problem, dass mehrere Titel eines Autors unter Umständen nicht mehr klar zu unterscheiden sind. Man sollte diese Zitierweise also vermeiden!

2. Variante: Autor (ohne Vornamen) Erscheinungsjahr (nicht durch Komma vom Autorennamen abgetrennt; bei mehreren Publikationen eines Autors im gleichen Jahr ggf. durch an die Jahreszahl angehängte Kleinbuchstaben unterscheiden), Seitenzahl. Diese Abkürzungsweise kann von der ersten Fußnote an verwendet werden, doch müssen die Abkürzungen im Literaturverzeichnis entsprechend vor der vollständigen Angabe aufgeführt sein.

Wird unmittelbar nach einer Literaturangabe auf dasselbe Werk verwiesen, können Autor und Titel durch „ebenda" (= ebd.) ersetzt werden; folgt ein anderes Werk desselben Autors, so wird dessen Name durch „derselbe/dieselbe(n)" (= ders./dies.) ersetzt.

Zitierbeispiele:

- Bengtson, Einführung, 12; oder: Bengtson 1979, 12 (dann aber im Literaturverzeichnis: Bengtson 1979 = H. Bengtson, Einführung in die Alte Geschichte, 8. Aufl., München 1979).
- Gehrke, Hellenismus, 40; oder: Gehrke 2008, 40.
- Mommsen, Staatsrecht I 3, 22; oder: Mommsen 1887, 22.
- Ed. Meyer, Gesch. d. Alt. II, 433; oder: Ed. Meyer 1910, Bd. II, S. 433.
- Strasburger, Historia 4, 1955, 21; oder: Strasburger 1955, 21.
- Wickert, RE XXII 2, 2200; oder: Wickert 1954, 2200.
- Scullard, CAH VIII 2, 26; oder: Scullard 1989, 26.

- Kunkel, Wesen d. Prinz., 315; oder: Kunkel, in: Schmitthenner (Hg.) 1969, 315.
- Rich, Histos 1997; oder: Rich 1997.

Werden in einer Anmerkung mehrere Belege gegeben, so gehen in der Regel Quellenzitate den Zitaten aus der Sekundärliteratur voraus. Beide wiederum werden in eine chronologische Folge gebracht, soweit nicht sachliche Erfordernisse der Argumentation eine andere Reihung günstiger erscheinen lassen.

Literatur

Geschichtstheorien und Modelle:

J.H. Arnold, **Geschichte. Eine kurze Einführung**, Stuttgart 2001.

E.H. Carr, **Was ist Geschichte?** 4. Aufl., Stuttgart u.a. 1974.

J. Eibach/G. Lottes (Hgg.), **Kompass der Geschichtswissenschaft**, Göttingen 2002.

M.I. Finley, **Quellen und Modelle in der Alten Geschichte**, Frankfurt a.M. 1987.

H.-J. Goertz, **Umgang mit Geschichte. Eine Einführung in die Geschichtstheorie**, Reinbek 1995.

S. Jordan (Hg.), **Theorien und Methoden der Geschichtswissenschaft**, 4. Aufl., Paderborn u.a. 2018.

J. LeGoff, **Geschichte und Gedächtnis**, Frankfurt/New York 1992.

Einführungen in Arbeitstechniken allgemein:

Ch. Beinke, **Die Seminararbeit. Schreiben für den Leser**, Konstanz 2008.

F.X. Eder, **Geschichte Online. Einführung in das wissenschaftliche Arbeiten**, Stuttgart u.a. 2006.

G. Eckert/Th. Beigel, **Historisch Arbeiten**, Göttingen 2018.

N. Freytag/W. Piereth, **Kursbuch Geschichte**, 4. Aufl., Paderborn u.a. 2009.

K. Girgensohn/N. Sennewald, **Schreiben lehren, schreiben lernen**, Darmstadt 2012.

R. Günther, **Einführung in das Studium der Alten Geschichte**, 3. Aufl., Stuttgart 2009.

M. Howell/W. Prevenier, **Werkstatt des Historikers**, Köln 2004.

G. Koch, **Speed Reading fürs Studium**, Paderborn u.a. 2015.

S. Jordan, **Einführung in das Geschichtsstudium**, Stuttgart 2005.

M. Karmasin/R. Ribing, **Die Gestaltung wissenschaftlicher Arbeiten**, Wien 2006.

A. Kuhle/M. Lindner, **Alte Geschichte. Quellen – Methoden – Studium**, Göttingen 2020.

F. Neumann, **Schreiben im Geschichsstudium**, Opladen/Toronto 2018.

S. Panzram, **Basiswissen Proseminar Alte Geschichte**, Hamburg 2006 (CD-ROM).

W. Schmale (Hg.), **Schreib-Guide Geschichte. Schritt für Schritt wissenschaftliches Schreiben lernen**, 2. Aufl., Wien u. a. 2006.

Speziell zur Quelleninterpretation

K. Meister, **Einführung in die Interpretation historischer Quellen. Schwerpunkt: Antike**, 2 Bde., Paderborn u. a. 1997/99.

A. Möller, **Quellen der Antike. Historische Quellen interpretieren**, Paderborn u.a. 2020.

EDV-Recherche und e-Publikationen:

M. Schröter, **Erfolgreich recherchieren – Altertumswissenschaften und Archäologie**, Berlin 2017.

Weitere Orientierung in dem sich sehr schnell verändernden Bereich der altertumswissenschaftlichen Online-Angebote bieten zum Beispiel **Internet-Seiten althistorischer Institute und Seminare** (etwa dem der Humboldt-Universität in Berlin: https://www.geschichte.hu-berlin.de/de/bereiche-und-lehrstuehle/alte-geschichte/links) oder **Online-Tutorien** wie das „Tutorium Augustanum" des altertumswissenschaftlichen Fachinformationsdienstes „Propylaeum" der Universitätsbibliothek Heidelberg und der Bayerischen Staatsbibliothek München (https://www.propylaeum.de/e-learning/tutorium-augustanum).

4 Spezielle Zugangsweisen

Überblick

Für jedes historische Arbeiten ist die Orientierung in Zeit und Raum unverzichtbar. Mit Chronologie und historischer Geographie haben sich dafür eigene Teilbereiche der Forschung entwickelt. Hinsichtlich ihrer ‚dienenden' Funktion und der Bereitstellung spezifischer Forschungsergebnisse sind sie den Grund- und Hilfswissenschaften eng verwandt. Doch definieren sie sich nicht über die Beschäftigung mit einer bestimmten Material- oder Quellengruppe, sondern über die von ihnen verfolgte Fragestellung. Zu deren Lösung wird dann auf ein breit gefächertes methodisches Repertoire, einschließlich der Hilfswissenschaften, zurückgegriffen.

Ähnlich verhält es sich mit der Prosopographie, die versucht, aus der Analyse von Personen und Personengruppen spezifische historische Erkenntnisse zu erzielen. Sie ist ein vergleichsweise junger Arbeitsbereich innerhalb der Alten Geschichte, kann jedoch als Frageansatz und Methode auf bedeutende Erträge verweisen. Nochmals jünger ist die Historische Anthropologie. Sie hat in den letzten Jahren besonders viel Aufmerksamkeit gefunden und ist in Konkurrenz zu den traditionellen Perspektiven historischer Untersuchungen getreten. Als ‚Zugangsweisen' sollen diese Frageansätze, ihr methodisches Vorgehen und ihr Potenzial eigens thematisiert werden.

4.1 Die Chronologie

Zeit ist eine physikalische Größe, die, zumindest auf die Dimensionen unseres Planeten bezogen, stets gleich bleibt. Der physikalischen Zeit gegenüber steht die Zeitwahrnehmung der einzelnen Menschen, die subjektiv und von stets wechselnden Faktoren abhängig ist. In hektischen Situationen scheint die Zeit ‚wie im Flug' zu vergehen, in Momenten des Wartens wird sie hingegen als sehr gedehnt wahrgenommen oder droht gar ‚stehenzubleiben'. Andere Zeiterfahrungen lassen Ältere und Jüngere im Allgemeinen uneinheitlich empfinden, was ‚lange her' ist, erst ‚vor kurzem' war oder ‚schon bald' sein wird: Allein auf der Ebene der Wahrnehmung ist Zeit zwischen verschiedenen Menschen schwer, auf keinen Fall jedoch präzise verhandelbar.

Die **Zeitmessung**, die Einteilung genau definierter Zeiteinheiten, ihre Ansprache und Zählung ist eine zentrale **Kulturleistung**. Sie ist Voraussetzung für entwickeltere Formen des gesellschaftlichen Zusammenlebens. Die Absprache von Terminen, das Setzen von Fristen, die Bestimmung des Alters – wesentliche Grundlagen für Rechtsprechung, Wirtschaft und Verwaltung – sind ohne eine intersubjektive Zeitmessung nicht möglich. Die zeitliche Anordnung vergangener Ereignisse gibt zugleich die Möglichkeit des zyklischen Erinnerns und hilft, das Gedächtnis einer Gesellschaft klar zu strukturieren.

Die zeitliche Verortung von Dingen und Geschehnissen ist zudem grundlegend für jedes historische Arbeiten. Erst auf dieser Basis können Ereignisse in ihrem Verlauf nachgezeichnet, Vorbilder und Nachahmungen unterschieden, Zeiträume zwischen verschiedenen Ereignissen vermessen und zur Anschauung gebracht, schließlich Kausalbeziehungen hergestellt werden. Mit Hilfe einer einheitlichen Zeitskala wird es schließlich möglich, Geschehnisse verschiedener Schauplätze miteinander in Beziehung zu setzen.

Als Lehre von der Zeitrechnung hat sich die CHRONOLOGIE zu einem eigenen und bedeutenden Teilbereich innerhalb der Geschichtswissenschaft entwickelt. Im allgemeinsten Sinne stellt die Chronologie das Instrumentarium zur Verfügung, das die Orientierung in der Zeit ermöglicht. Unterschieden wird eine **relative** und eine **absolute** Chronologie. Die relative Chronologie beschreibt das zeitliche Verhältnis verschiedener Ereignisse zueinander. Grundlegende Hilfsbegriffe sind der *terminus ante quem*, die Festsetzung eines Zeitpunkts, vor dem etwas geschah, sowie der *terminus post quem*, der Zeitpunkt, nach dem etwas geschah. Der relativen Chronologie kommt vor allem in der Archäologie große Bedeutung zu, wo die stratigraphische Methode, mit der Beobachtung über- und untereinander liegender Schichten, sowie die Verfolgung von Form und Stil zunächst immer nur einen zeitlichen Ablauf feststellen.

Die absolute Chronologie platziert hingegen alle Geschehnisse auf einer einheitlichen **Zeitskala**. Sie bedient sich dazu einer in der Gegenwart üblichen und verständlichen **Zeitrechnung**. Denn die Formen der Zeiteinteilung und -zählung sind nicht vorgegeben, sondern sie folgen unterschiedlichsten kulturellen Konventionen und unterliegen überdies dem historischen Wandel. Wesentliche methodische Aufgabe der absoluten Chronologie ist deshalb die Übertragung der verschiedenen Zeitmesssysteme und der erhaltenen datierenden Angaben auf eine heute geläufige Zählung. Darüber hinaus können auch moderne naturwissenschaftliche Verfahren mehr oder weniger präzise absolute Daten für Objekte und Grabungskomplexe bieten.

4.1.1 Jahreszählungen

Den wesentlichen und kulturübergreifend genutzten Orientierungsrahmen für jede Zeitbestimmung bieten die **astronomisch zu beobachtenden Rhythmen**: Grundlagen sind der Tag (astronomisch als Drehung der Erde um ihre eigene Achse mit dem Wechsel von Tag und Nacht), der Monat (als Zeitraum einer Umrundung des Mondes um die Erde, erkennbar an dem Wechsel von Vollmond und Neumond) sowie das Jahr (als Umlaufzeit der Erde um die Sonne). Im **Wechsel der Jahreszeiten** mit dem Rhythmus von Säen und Ernten, der Festsetzung von Zeiten, die für Reisen und Seefahrt oder auch für Kriegszüge geeignet sind, gibt das Jahr einen langfristigen, im Leben der einzelnen Menschen konkret erfahrbaren Zyklus vor. Messbar wird das Jahr durch Beobachtungen des Sternenhimmels, der Sonnenwende oder der Tag- und Nachtgleiche. Die überragende Bedeutung der Nilüberschwemmung ließ die Ägypter bereits um 3000 v. Chr. zu einer weitgehend genauen Bestimmung des Jahres mit der Zählung von 365 Tagen kommen, sowie zu der Feststellung, dass sich in dem regelmäßigen Wiedererscheinen des Sirius-Sterns die Zeit der Nilschwemme ankündigte.

Zur Ansprache der **Jahre** ist im westlichen Kulturkreis eine Zählung nach der christlichen Ära üblich, eine fortlaufende numerische Reihung der seit der **Geburt von Jesus Christus** vergangenen Jahre. Doch ist dies nicht die einzige Möglichkeit für eine Jahreszählung: Daneben gibt es die Rechnung nach der **jüdischen Ära**, deren Beginn als Schöpfung der Welt mit dem Jahr 3761 v. Chr. synchronisiert werden kann. Die **islamische Welt** zählt die Jahre beginnend mit der so genannten **Hedschra**, der Flucht Mohammeds von Mekka nach Medina. Nach christlicher Zeitrechung fiel diese in das Jahr 622 n. Chr.

Die Erfindung der christlichen Ära geht auf den Mönch Dionysius Exiguus zurück. 525 n. Chr. erhielt er vom kaiserlichen Hof den Auftrag zur Fortschreibung der **Ostertafeln**. Mit deren Hilfe konnte festgestellt werden, auf welchen genauen Kalendertag das bewegliche Osterfest fiel, das nach einem Beschluss des Konzils von Nicaea (325 n. Chr.) jeweils am 1. Sonntag nach dem ersten Frühlingsvollmond gefeiert werden sollte. Die bis dahin verwendeten Ostertafeln zählten zur Jahresbestimmung noch die Zeit ab dem Herrschaftsantritt Diokletians. Da Exiguus die Jahre nicht mehr nach dem „ruchlosen Christenverfolger“ benennen wollte, wählte er als neuen Ausgangspunkt die „Fleischwerdung des Herrn“: Das Jahr 248 der Diokletianischen Ära wurde von ihm als Jahr 532 *ab incarnatione Domini* gezählt. Die Nutzung der Ostertafeln in West und Ost sicherte der Zählung des Exiguus weite Verbreitung. Beda Venerabilis legte sie im 7. Jahrhundert seiner einflussreichen Kirchengeschichte zugrunde, Regino von Prüm wandte sie zu Beginn des 10. Jahrhunderts in seiner Weltchronik auf die gesamte Vergangenheit an. Kanonisch blieb auch das von Exiguus berechnete Geburtsjahr für Jesus, obwohl es faktisch nicht zutreffend ist. Nach biblischer Erzählung soll Jesus noch unter Herodes geboren sein: Der war zu dem von Exiguus angenommenen Zeitpunkt der Geburt jedoch bereits vier Jahre tot.

Die Zählung nach einer **Ära**, die von einem bestimmten Ereignis ausgeht und dann die Jahre ab diesem Zeitpunkt zählt, war – wie schon die oben angesprochene Diokletianische Ära andeutet – eine in der Antike weit verbreitete Form der Jahresbestimmung. Bekannt ist für die römische Geschichte die Zählung der Jahre „ab Gründung der Stadt“ (*ab urbe condita: a.u.c.*). Allerdings ist auch dieses Datum erst von späteren römischen Historikern berechnet worden, mit keineswegs einheitlichem Resultat. Heute wohl am bekanntesten ist die so genannte varronische Ära, eine Zählung, die dem römischen Antiquar Varro (116–27 v. Chr.) folgt und das Jahr 753 v. Chr. an den Beginn setzt. Sie wurde erst von den Historikern des 19. Jahrhunderts intensiv genutzt als eine dem Gegenstand adäquate Jahresbestimmung, und sie liegt etwa auch den einflussreichen Werken von Theodor Mommsen zugrunde. Im zeitgenössischen Alltag der Römer spielte die Datierung ***ab urbe condita*** allerdings so gut wie keine Rolle.

In der griechischen und hellenistischen Welt gab es eine Vielzahl von Ären: Die Zählungen nach Orten oder Personen folgten bestimmten Ereignissen und waren für eine mehr oder weniger lange Zeit verbindlich. Die nach den Seleukiden zählende und in der babylonischen Version (312 v. Chr.) früher als in der makedonischen Version (311 v. Chr.) einsetzende Ära wurde im östlichen Mittelmeerraum bis weit in die römische Kaiserzeit verwendet, in Syrien sogar bis ins Mittelalter. Charakteristisch für die Antike ist die parallele Existenz mehrerer Ären, auf regionaler oder lokaler Ebene. Es gab in Asien etwa eine Sullanische Ära, die ab dem Sieg Sullas über Mithridates VI. im Jahr 85 v. Chr. zählte, und weit verbreitet war die Actische Ära, welche den Sieg Octavians bei Actium zum Ausgangspunkt einer neuen Zeitrechnung nahm (31 v. Chr.). Innerhalb des römischen Reiches setzten zahlreiche Provinzialären das Jahr der jeweiligen Provinzwerdung an den Beginn einer neuen Zeitrechnung.

Eine Möglichkeit zur **Synchronisierung** der vielen verschiedenen Ären und Zeitrechnungssysteme bot schon in der Antike die Zählung nach **Olympiaden**. Durch die gemeinsame Teilnahme der griechischen Poleis an diesen bedeutendsten panhellenischen Spielen, die in regelmäßigem Abstand von vier Jahren stattfanden, ergab sich die Chance zum Abgleich der verschiedenen Zeitrechnungssysteme. In einer Geschichtsdarstellung erstmals genutzt wurde dieser Ansatz von Timaios von Tauromenion am Übergang vom 4. zum 3. Jahrhundert v. Chr. Timaios wertete dazu die fortlaufend geführten Siegerlisten aus. Die von ihm als erste gezählte Olympiade entspricht nach unserer Zeitrechnung dem Jahr 776 v. Chr. Auch wenn die Listen gerade für die Frühzeit spätere Rekonstruktionen sind und ihre Zuverlässigkeit kaum einzuschätzen ist, hat sich im Anschluss an Timaios die Zählung nach Olympiaden zu einem festen Bezugspunkt griechischer Historiographie entwickelt. Die Zählung der zwischen den Festspielen liegenden Jahre als 1., 2., 3. oder 4. Jahr der jeweiligen Olympiade erlaubte für alle eine jahrgenaue Ansprache.

Eine gänzlich andere Möglichkeit zur Identifizierung von Jahren war ihre Benennung nach amtierenden **Magistraten**. Zumal in den Städten war diese Form der Jahreszählung weit verbreitet. In der Regel waren es oberste Beamte oder Priester, die namensgebend (= ***eponym***) wurden. Beschlüsse und Urkunden hielten fest, in wessen Amtszeit diese fielen. Mit Hilfe von Beamtenlisten war es auch für länger zurückliegende Zeiträume möglich, die Reihenfolge der Amtsträger nachzulesen und die einzelnen Amtsjahre ggf. in ein absolutes Datierungssystem zu bringen.

Eponyme Beamte waren in Athen die Archonten, in Sparta die Ephoren und in Rom die Konsuln, um nur die wichtigsten zu nennen. Zu beachten ist, dass das Amtsjahr und das ‚bürgerliche' Jahr und ebenso der moderne, im westlichen Kulturkreis übliche Jahresanfang nicht parallel gehen müssen: So ergeben sich die in der Literatur stets anzutreffenden Doppelangaben für Daten der athenischen Geschichte (z. B. 411/410 v. Chr.) daraus, dass der *Archon eponymos* sein Amt jeweils im Sommer antrat.

Quelle: Thukydides

- Die Vielzahl der parallel nebeneinander existierenden antiken Datierungssysteme wird bei Thukydides erkennbar:
„Vierzehn Jahre hatte der Dreißigjährige Frieden gedauert, der nach der Eroberung von Euboia geschlossen worden war. Im fünfzehnten Jahr, in Argos war Chrysis im achtundvierzigsten Jahr Priesterin, in Sparta der Ainesias Aufseher (Ephoros), in Athen der Pythodoros noch für vier Monate Archon, zehn Monate nach der Schlacht bei Poteideia, da ergab es sich bei Frühlingsbeginn, dass Männer aus Theben ... mit Waffengewalt ins boiotische Plataiai eindrangen, einer Bundesstadt Athens“ (*Thuk. 2,2,1*).
Thukydides versucht durch die Angabe gleich mehrerer eponymer Personen in wichtigen Städten (Argos, Sparta, Athen) Genauigkeit zu erreichen. Mit dem Verweis auf den dreißigjährigen Frieden (446 v. Chr.) stellt er zudem einen überregionalen Bezugspunkt her, von dem aus der Einfall der Thebaner nach Plataiai auf 432 v. Chr. datiert werden kann.

Die Liste der gewesenen Magistrate waren in Rom die FASTI: Eine überarbeitete Liste aller Konsuln wurde in augusteischer Zeit am Osteingang des Forum Romanum auf vier an den Durchgängen des Partherbogens befestigten Tafeln angebracht. Die *Fasti consulares* (wegen ihres heutigen Aufbewahrungsortes auch oft *Fasti Capitolini* genannt) reichten zurück bis Romulus und setzen – anders als Varro – das Gründungsjahr Roms auf 752 v. Chr. (= capitolinische Ära). Fortgeführt wurden sie bis zum Jahr 13 n. Chr. Auch wenn es sicherlich eine ältere Fassung gab, auf die sich die augusteische Neuredaktion stützen konnte, so sind die *Fasti* für die frühe römische Geschichte kaum zuverlässig: Zahlreiche Angehörige erst später aufgestiegener Familien wurden hier als Amtsträger eingetragen, offenbar um den aktuellen Nachkommen über das höhere Alter ihrer Familie eine besondere Dignität zu verleihen.

Quelle: *Germania* des Tacitus

- *Tam diu Germania vincitur* – „So lange schon wird Germanien besiegt“

„Sechshundertvierzig Jahre bestand unsere Stadt, als man zum ersten Mal von den Waffentaten der Kimbern hörte, unter den Konsuln Caecilius Metellus und Papirius Carbo. Wenn man von da bis zum zweiten Konsulat des Kaisers Traian zählt, ergeben sich rund 210 Jahre: So lange schon wird Germanien besiegt" (*Tac. Germ. 37,2*).

In die Mitte des zweiten Teils seiner Beschreibung Germaniens setzt der römische Geschichtsschreiber Tacitus einen historischen Exkurs, mit dem er die außenpolitischen Ereignisse seiner eigenen Zeit in eine bis zu den Kimbern zurückreichende Kontinuität setzt. Durch die dreifache Zeitangabe (640 Jahre nach Gründung der Stadt [Tacitus folgt der sog. capitolinischen Ära ab 752 v. Chr.]; gemeinsames Konsulat des Cn. Papirius Carbo und C. Caecilius Metellus; 210 Jahre vor Traians zweitem Konsulat [98 n. Chr.]) gibt er der genauen zeitlichen Verortung des Ereignisses von 113 v. Chr. und damit auch dem seither verstrichenen Zeitraum besonders viel Gewicht. Die Passage erlaubt zugleich, die Abfassung der taciteischen *Germania* auf 98 n. Chr. zu datieren.

Die *Fasti* vermerkten neben den Beamtennamen auch die wichtigsten Ereignisse der jeweiligen Jahre: Sie boten so ein Grundgerüst für die Darstellung der Geschichte und bildeten den Ausgangspunkt für die annalistische Geschichtsschreibung (→ **Kap. 2.2.6**). Die öffentliche Anbringung von *Fasti* war keineswegs auf Rom begrenzt, sondern entsprechende Listen sind in vielen anderen Städten des römischen Reiches gefunden worden. Zu den bedeutendsten zählen die *Fasti Ostienses*, die für die Jahre von 49 v. Chr. bis in die zweite Hälfte des 2. Jahrhunderts n. Chr. die römischen Konsuln, die obersten Magistrate der Stadt Ostia sowie wichtige Kaiserdaten verzeichnen.

Oft noch genauer datieren kann man, wenn eine einzelne Person mehrere Ämter gleichzeitig bekleidete und gegebenenfalls ITERATIONEN gezählt wurden, so wie dieses bei den römischen Kaisern der Fall war. Ämterangaben und Iterationen wurden zu einem festen Bestandteil ihrer Titulatur. Das oberste Jahresamt, der Konsulat, wurde von vielen Herrschern nur zu besonderen Anlässen angenommen. Festes Element der herrscherlichen Stellung war jedoch die jährlich erneuerte tribunizische Gewalt. Traditionell wechselte sie am 10. Dezember. Doch konnten auch andere Termine, wie etwa der Antritt der Herrschaft, als Ausgangspunkt dieser fortlaufenden

Zählung genommen werden. Die *tribunicia potestas* ist für die Kaiserzeit ein sehr verlässliches Instrument zur jahresgenauen Datierung.

Weitere Bestandteile der Herrschertitulatur waren **imperatorische Akklamationen** und deren Zählung sowie die Annahme von Ehren- oder Siegerbeinamen. Da Konsulat (als *consul ordinarius* jeweils am 1. Januar) und tribunizische Gewalt an jeweils anderen Tagen im Jahr wechselten, imperatorische Akklamationen bzw. Siegerbeinamen abermals unabhängig davon (und eher im Sommer oder Herbst) angenommen wurden, wechselte die Titulatur oft mehrmals im Jahr. Dies erlaubt uns eine teils sehr genaue Datierung.

Eine in der Spätantike aufgekommene, bis weit ins Mittelalter und dort vor allem in der königlichen Kanzlei verbreitete Art der Jahresbestimmung war schließlich noch die Zählung nach Steuerzyklen, den so genannten **Indiktionsjahren**. Ausgangspunkt war ein von Diokletian 287 oder 297 n. Chr. eingeführter Steuerzyklus, der spätestens von Konstantin 312 n. Chr. im Rhythmus von 15 Jahren fortgesetzt wurde: Die Jahre innerhalb eines Zyklus wurden fortlaufend gezählt.

Quelle: Militärdiplom CIL XVI 36

- Die in den römischen Hilfstruppen dienenden Soldaten erhielten am Ende ihrer Militärzeit für sich, ihre Ehefrauen und ihre Nachkommen das römische Bürgerrecht. Dieses wurde in einer Urkunde verbrieft, von der sie eine Abschrift auf einer Bronzetafel erhielten, die so genannten Militärdiplome. Am Beginn der Urkunde stand der Name des Herrschers mit der aktuellen Titulatur, so wie in diesem Diplom, das unter Domitian ausgehändigt wurde:
„Imp(erator) Caesar divi Vespasiani f(ilius) Domitianus
Augustus Germanicus pontifex maximus
tribunic(ia) potestat(e) X, imp(erator) XXI, censor
perpetuus, co(n)s(ul) XV, pater patriae“.
Noch am Todestag seines Bruders Titus wurde Domitian von den Prätorianern zum ‚Imperator‘ ausgerufen (13. Sept. 81), am Tag danach erfolgte die Übertragung des Titels ‚Augustus‘ durch den Senat. Vor Ende des Jahres wurde er oberster Priester (*pontifex maximus*) und nahm den Titel ‚Vater des Vaterlandes‘ (*pater patriae*) an. Den im Krieg gegen die Chatten erworbenen Siegerbeinamen

‚Germanicus' erlangte er Ende 83 n. Chr. Im Herbst 85 n. Chr. wurde Domitian zum Zensor auf Dauer ernannt (*censor perpetuus*). Noch weiter helfen die Iterationen: Die schnell aufeinander folgenden imperatorischen Akklamationen hatten bereits im Jahre 89 n. Chr. die Zahl 21 erreicht, die 22. Akklamation folgte 92 n. Chr. Den Konsulat trat Domitian am 1.1.90 n. Chr. zum fünfzehnten Mal an, danach – zum sechzehnten Mal – erst wieder am 1.1.92 n. Chr. Entscheidend ist schließlich die Iteration der tribunizischen Gewalt. Sie erneuerte Domitian jeweils am Tag des Herrschaftsantritts. Die zehnte tribunizische Gewalt fällt damit in die Zeit vom 14.9.90–13.9.91 n. Chr. und datiert das Diplom am genauesten.
Literaturempfehlung: Vorzügliches und unverzichtbares Arbeitsinstrument für die Gewinnung absoluter Datierungen aus Kaisertitulaturen ist die von Dietmar Kienast begonnene „Römische Kaisertabelle".

4.1.2 Der Kalender

Das Sonnenjahr wird durch den Wechsel der Jahreszeiten strukturiert. Doch geben Frühling, Sommer, Herbst und Winter trotz ihrer zentralen Bedeutung für den Rhythmus des Lebens – zumal in agrarisch geprägten Gesellschaften – noch keine wirklich präzise Binnengliederung. Eine solche ist mit Hilfe der Mondphasen eher möglich, die häufiger sind und damit eine feinere Jahresunterteilung bieten. Die meisten Kulturen orientieren sich deshalb an beiden Größen.

Allerdings sind die grundlegenden astronomischen Gegebenheiten Tag und Monat nicht bruchlos mit dem **Sonnenjahr** zur Deckung zu bringen. Dieses hat rund 365 und 1/4 Tage, während ein sogenanntes Mondjahr von 12 Monaten auf ca. 354 und 1/3 Tage kommt. Beide wiederum, Jahr und Monat, bilden – wie man an den Brüchen sieht – auch mit dem Wechsel zwischen Tag und Nacht keine glatten Relationen.

Die Schwierigkeiten eines **lunisolaren Kalenders**, der sich am Sonnenjahr und gleichzeitig an den Mondumläufen orientiert, zeigen sich am Beispiel Roms: Um Sonnen- und das kürzere Mondjahr zu harmonisieren, wurde jedem zweiten Jahr ein 13. Monat von 22 bzw. 23 Tagen angefügt, der den Namen Mercedonius trug. Die Schaltung erfolgte nach dem Februar, denn der März war bis 153 v. Chr. der Beginn des Amtsjahres. Die Vorverlegung des Jahresanfangs auf den Januar erklärt sich vermutlich daraus, dass in dem erheblich gewachsenen Reich die Konsuln auf diese Weise mehr Zeit für die Vorbereitung der im Frühjahr beginnenden Feldzüge bekamen. Die Schaltung Ende Februar hingegen überdauert bis heute.

Mit der von den Priestern veranlassten Einschaltung eines 13. Monats konnte jedoch nur eine Annäherung zum Sonnenjahr erreicht werden. Um die Monatszählung weiterhin in einem ausgeglichenen Rhythmus zum Sonnenjahr zu halten, war die **empirische Schaltung** weiterer Einzeltage erforderlich. Dabei wurden die mit der Schaltung gegebenen Handlungsspielräume in der späteren Republik als Instrument der innenpolitischen Auseinandersetzung missbraucht. Ein Mittel, derartige Manipulationen des politischen Tagesbetriebs durch willkürlich eingefügte oder unterlassene Schalttage zu unterbinden, war die Einführung eines **zyklischen Regelsystems**. Dieses wurde von dem Diktator **Caesar** in einer großen Kalenderreform initiiert: Von nun an unterteilte man das Jahr in jetzt regelmäßig 12 Monate, und die einzelnen Monate zählten 30 oder 31 Tage. Ausnahme blieb der Februar, der 28 Tage behielt. Zur genaueren Anpassung an das Sonnenjahr sollte der Februar in Zukunft alle 4 Jahre jeweils um einen Tag verlängert werden.

Der neue Kalender trat – nach unserer Zeitrechnung – am 1.1.45 v. Chr. in Kraft. Zuvor mussten 90 Tage zwischengeschaltet werden, um die völlig desolate Monatszählung wieder mit den Jahreszeiten in Übereinstimmung zu bringen. Wohl aus politischem Widerstand wurden die Schaltungen in der ersten Zeit nach Caesar nicht völlig regelkonform durchgeführt, was einen abermaligen kalendarischen Eingriff unter Augustus erforderlich machte. Mit ihm kam der Kalender dann jedoch endgültig in einen regelmäßigen 4-jährigen **Schaltrhythmus**. Gaius Iulius Caesar und Augustus sind dann auch die einzigen, deren Namen aufgrund ihrer Verdienste für den Kalender noch heute in ihm Spuren hinterlassen haben: Der Juli (Iulius) seit 44 v. Chr. als Bezeichung für den vorher – nach altem Amtsjahr – als fünften Monat gezählten Quintilis, sowie der August ab 9 v. Chr. für den ehemaligen Sextilis. Andere Umbenennungen, wie etwa unter Domitian des siebten Monats September in *Domitianus* oder des achten Monats Oktober in den Siegernamen *Germanicus* , konnten sich nicht durchsetzen.

Die nach den zyklischen Schaltungen des iulianischen Kalenders immer noch verbleibende Differenz von etwas über 11 Minuten zwischen Sonnen- und Kalenderjahr wurde erst über einen längeren Zeitraum wieder merkbar. Als die Verschiebung zwischen Kalenderdaten und astronomischem Jahr auf etwa 10 Tage angewachsen war und Probleme für die Festlegung des Osterfestes bereitete, gab **Papst Gregor XIII.** den Auftrag zu einer abermaligen Reform. Aus ihr resultierte u. a. eine Verfeinerung der zyklischen Schaltungen: Zukünftig sollten die Schaltjahre alle 100 Jahre entfallen, wogegen alle 400 Jahre diese Schaltung doch wieder durchgeführt werden sollte: Nach den Grundlagen dieses Kalenders blieb es etwa im Februar 2000 bei der Schaltung eines Tages.

Zur Angleichung ließ Gregor XIII. im Jahr 1582 insgesamt 10 Tage überspringen und den 15. Oktober unmittelbar auf den 4. Oktober folgen. Vielerorts, etwa in den evangelischen oder orthodoxen Gebieten, wurde die Kalenderreform als ‚Diktat' des Papstes nicht akzeptiert und man führte den alten Kalender weiter. Das Nebeneinander von ‚katholischen' und ‚evangelischen' Daten oft auf engstem Raum wurde in Deutschland erst mehr als ein Jahrhundert später beendet, als die protestantischen Reichsstände im Jahre 1700 ihre Zeitrechnung auf den Gregorianischen Kalender umstellten. Die von der Orthodoxie geprägten Staaten schlossen sich der Reform überwiegend erst in den zwanziger Jahren des 20. Jahrhunderts an – weshalb etwa die im November ausgebrochene russische Revolution für die Beteiligten noch eine ‚Oktoberrevolution' war.

Das Nebeneinander von Daten, die in der Benennung identisch sind, doch aufgrund unterschiedlicher Kalendersysteme in ihrem absoluten Ansatz abweichen, beeinträchtigt nicht nur die Arbeiten der heutigen Historiker, sondern es stand eine Realität dahinter, die tief in den Alltag der damaligen Menschen eingriff: Sonn-, Feier- und Markttage standen unvermittelt nebeneinander. Privatleben, Wirtschaft und Recht konnten in eng benachbarten Regionen einen gänzlich anderen Rhythmus nehmen.

Info: „Zwischen den Jahren"

- Die heute noch oft für die Tage um Neujahr gebrauchte Redewendung „Zwischen den Jahren" geht zurück auf die Zeit, als sich noch ein katholischer und ein evangelischer Kalender gegenüberstanden. Durch den von vielen Ländern nicht nachvollzogenen Datumssprung als Teil der Reformen Gregors XIII. war der neue Kalender dem alten um 10 Tage voraus, ein Abstand, der mit den zu unterschiedlichen Zeitpunkten gefeierten Jahresanfängen regelmäßig ersichtlich wurde. Die Redewendung nimmt Bezug auf diese Tage, die – je nach Kalender – zu zwei verschiedenen Jahren zählten.

Die **Zählung der Tage** innerhalb eines Monats orientierte sich in Rom an den **Mondphasen**: Die ‚Kalenden' bezeichneten ursprünglich den Tag, an dem die aufgehende Mondsichel zum ersten Mal sichtbar wurde. Der Begriff kommt von *calare*, ausrufen, da das Erscheinen des Neulichts von einem Mitglied des Pontifikalkollegiums auf der höchsten Erhebung des Kapitols ausgerufen wurde. Die ‚Nonen' beschrieben das erste Viertel der Mondsichel. Definiert waren sie dadurch, dass man sie jeweils 9 Tage vor dem Vollmond ansetzte, den ‚Iden'. Die Ansprache der einzelnen Tage eines Monats erfolgte nicht durch fortlaufende Zählung ab Monatsbeginn, sondern man beschrieb die Tage jeweils in Bezug zu den Kalenden, Nonen und Iden. Kalendarisch setzte man in jenen Monaten, die in vorcaesarischer Zeit 31 Tage hatten – März, Mai, Juli und Oktober –, die Nonen jeweils auf den 7., die Iden auf den 15. Tag des Monats. Die Mehrzahl der Monate hatte hingegen nur 29 Tage: In ihnen fielen, ebenso wie im 28-tägigen Februar, die Nonen auf den 5. und die Iden auf den 13. Tag eines Monats.

Info: Die Fasti Maffeiani

- Die schriftliche Fixierung und öffentliche Aufstellung des Kalenders erfolgte in Rom erstmals im Jahr 304 v. Chr. und war, da er den *pontifices* die Spielräume zur Festsetzung von Versammlungs-, Fest- und Werktagen entzog, ein bedeutender politischer Vorgang hin zu einer Versachlichung der öffentlichen Ordnung. Ein derartiger vollständig erhaltener Steinkalender sind die *Fasti Maffeiani.* Sie wurden zu Beginn des 18. Jahrhunderts in Rom aufgefunden und kamen in den Besitz des Bischofs Gieronimo Maffei. Bis auf einige Reste ist der Kalender heute allerdings verschollen.
  Unterhalb des Titels sind in der ersten Zeile der listenförmigen Anordnung die Monatsnamen von Januar bis Dezember in abgekürzter Form zu lesen. Die einzelnen Monate haben, abgesehen vom Februar, 30 oder 31 Tage, der Kalender stammt also aus der Zeit nach Caesars Reform. In der ersten Spalte zu jedem Monat wiederholt sich regelmäßig die Buchstabenfolge von A bis H. Sie zeigt den 8-tägigen Wochenrhythmus an. Für den 5. oder 7. Tag eines Monats sind die Nonen, für den 13. oder 15. die Iden

eingetragen. Hinzu treten die namentlichen Feiertage: Im Januar etwa die *Ago(nalia)*, zweimal die *Car(mentalia)*, im Februar die *Luper(calia)*, *Quir(inalia)*, *Fera(lia)*, *Ter(minalia)*, das *Regif(ugium)* und die *Eq(uirria)*. Dahinter, bzw. bei den nicht namentlich benannten Tagen in der zweiten Spalte, werden die jeweiligen Tage charakterisiert: F für die Gerichtstage (*Fas*), C für Tage, an denen die Volksversammlung zusammentreten konnte (*Comitialis*), N (*Nefas*) oder NP für die Feiertage, EN (*Endotercisus*) schließlich für die halben Feiertage. An den Tagen, die seit Caesar den Monaten zusätzlich angehängt wurden, konnten regelmäßig die Gerichte oder die Volksversammlung zusammentreten, sie waren also Geschäftstage. Allein der 30. Januar macht eine Ausnahme: Er ist in Erinnerung an die Einweihung der *Ara Pacis* durch Augustus im Jahre 9 v. Chr. zum Feiertag (N) geworden.

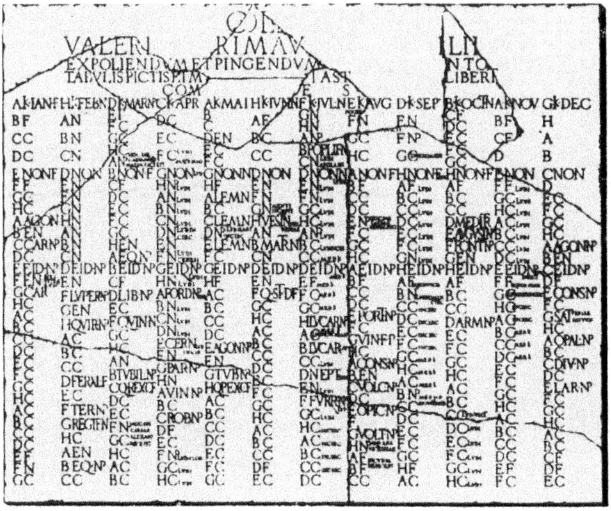

Abb. 42 Die Fasti Maffeiani

Die Grobeinteilung des Tages erfolgte in Rom in der noch heute üblichen Weise als Morgen, Mittag und Abend. Eine feinere Messung teilte den Tag, dem Lauf der Sonne folgend, in 12 Zeitabschnitte von gleicher Länge. Da die Zeit zwischen Sonnenaufgang und -untergang im Sommer länger, im Winter deutlich kürzer ist, waren auch die

> Stunden je nach Jahreszeit von unterschiedlicher Länge. Allein zur Zeit der Tag- und Nachgleiche entsprachen die Stunden des Tages jenen der Nacht, und alle waren, nach heutiger Messkonvention, 60 Minuten lang.

Auch die bei uns übliche Einteilung der **Woche** in 7 Tage ist kulturelle Konvention. Sie geht zurück auf ägyptische und jüdische Vorbilder, ist aber ein Erbe der Spätantike: 321 n. Chr. wurde sie von Konstantin offiziell eingeführt, der damit den bis dahin im römischen Reich verbreiteten 8-tägigen Geschäftsrhythmus ablöste. Am siebten Tag, dem *dies solis*, wurden jetzt die Geschäfte verboten. Einen Versuch, mit dieser Tradition zu brechen, unternahm die Französische Revolution. Die Durchsetzung der ‚Dekade' als rationalere Unterteilung des Monats scheiterte jedoch an den Gewohnheiten der Bevölkerung – nicht zuletzt wegen der arbeitsfreien Sonntage, die bei der traditionellen Einteilung in dichterem Rhythmus auftraten.

4.1.3 Synchronismen und Symbole, Rundzahlen und Berechnungsformen

Ein insbesondere in der antiken Historiographie oft genutztes Mittel zur Datierung eines Ereignisses bestand darin, es in Relation zu anderen Ereignissen zu setzen. Eine besondere Form war die Gleichzeitigkeit, der **Synchronismus**. Freilich ist Synchronismen mit Vorsicht zu begegnen: Nicht immer war ihr Zweck die Angabe einer möglichst exakten Datierung, sondern oft sollten damit vor allem innere Zusammenhänge kenntlich gemacht oder hergestellt werden: So sollen die Schlachten von Salamis und von Himera im Jahr 480 v. Chr. am gleichen Tag geschlagen worden sein: Der Sieg einer westgriechischen Koalition über die Karthager wird auf eine Stufe mit jenem der Griechen des Mutterlandes über die Perser gestellt und beides zu einer Schicksalsstunde aller Griechen in West und Ost erhoben.

Auf der anderen Seite nahm man aber auch bestimmte politische Handlungen, Opfer oder Weihungen ganz gezielt an bestimmten Tagen vor, wodurch sie in eine sinnfällige Beziehung gesetzt wurden. Insbesondere im politischen Wirken des Augustus findet sich eine Vielzahl derartiger Anspielungen. Ihre Identifizierung bzw. die von bewusst konstruierten Jubiläen bieten im Einzelfall wieder durchaus das Potential zur Erlangung sehr genauer Datierungen.

Schließlich ist an die Gefahr zu erinnern, dass auch **Ziffern** oft **symbolisch** eingesetzt wurden, und ebenso ‚Rundzahlen' existieren, die nicht immer zum Nennwert genommen werden dürfen. Vorsicht ist nicht nur bei Ziffern des Dezimalsystems wie 10 oder 100, sondern auch für die Symbolzahl 7 und ihre Mehrfachen, schließlich für die Zahlen des Duodezimalsystems geboten – insbesondere in der literarischen Überlieferung.

Bei der Zählung von Jahren ist zu berücksichtigen, dass diese in der Antike sowohl doppelt inklusiv – also unter Mitberücksichtigung des Ausgangs- und des Zieljahres –, als auch doppelt exklusiv, oder einfach inklusiv vorgenommen werden konnte, so wie es die Mathematik heute vorgibt. Ein Sonderproblem für moderne Berechnungen ist, dass es **ein Jahr 0 nicht gibt**: Das vermeintliche Geburtsjahr von Jesus Christus zählte Exiguus als Jahr 1. Die rücklaufende Zählung der Jahre vor dieser Ära, mit dem Jahr 1 v. Chr. unmittelbar vor 1 n. Chr., kam erstmals im 17. Jahrhundert auf und setzte sich im 18. Jahrhundert durch. Abweichend von dem sonst bei mathematischen Additionen Üblichen beträgt die zeitliche Differenz zwischen 2 v. Chr. und 1 n. Chr. also nur zwei Jahre, von 9 v. Chr. bis 9 n. Chr. sind entsprechend nicht 18, sondern nur 17 Jahre vergangen.

4.1.4 Naturwissenschaftliche Methoden

Verschiedene naturwissenschaftliche Verfahren bieten Möglichkeiten zu **absoluten chronologischen Bestimmungen**. In weitaus stärkerem Maße, als dieses bei uns heute üblich ist, sind in der Antike Himmelserscheinungen beobachtet worden, und als Vorzeichen wurden sie mit Geschehnissen oft direkt in Beziehung gesetzt. Mit Hilfe moderner astronomischer Kalender ist es möglich, derartige Erscheinungen in unser Chronologiesystem zu bringen und zu Fixdaten in Ereignisfolgen zu gelangen: So kann die verhinderte Abfahrt des Nikias von Sizilien, die schließlich zur totalen Aufreibung des athenischen Expeditionsheeres auf Sizilien führte, durch die überlieferte totale Mondfinsternis auf den 27. August 413 v. Chr. datiert werden, und damit weitaus genauer als bei Thukydides. Für die Schlacht von Gaugamela, 11 Tage nach einer Mondfinsternis, kommt man auf den 1. Oktober 331 v. Chr., da die Finsternis mit jener vom 20. September des Jahres identifiziert werden kann.

Gänzlich ohne literarische Überlieferung kommen naturwissenschaftliche Verfahren zur Altersbestimmung von Objekten aus. Sehr weit verbreitet ist die so genannte **^{14}C-Methode**, die für organische Materialien

Chancen der Datierung bietet. Freilich eignet sie sich vorzugsweise für große Zeiträume. Gemessen wird das von Organismen aus der Atmosphäre aufgenommene natürliche Kohlenstoffisotop ^{14}C. Mit dem Absterben eines Organismus endet die Aufnahme, und das Isotop zerfällt in einer bekannten Halbwertzeit von 5730 +/− 40 Jahren. Die genaueste Messung des Restwerts erlaubt aus den noch vorhandenen ^{14}C-Anteilen in einem ehemaligen Organismus eine absolute Altersbestimmung. Allerdings haben Weiterentwicklungen der Methode gezeigt, dass der ^{14}C-Anteil in der Atmosphäre im Laufe der Jahrhunderte keineswegs stets gleich blieb, sondern durchaus nennenswerten Schwankungen unterlag: Die massive Nutzung fossiler Brennstoffe seit der Industrialisierung oder etwa auch die Atomwaffenabwürfe bzw. Kernwaffenversuche erhöhten – um Beispiele aus neuerer Zeit zu nennen – die Anteile teils erheblich. Entsprechend sind die gemessenen Daten erst vor dem Hintergrund einer Verlaufskurve, die diese Schwankungen auch für die vergangenen Jahrtausende nachzeichnet, einzuordnen und zu interpretieren. Zur Verdeutlichung, dass man sich dieser differenzierteren Form der absolutchronologischen Einordnung verbliebener ^{14}C-Isotope bedient, spricht man in diesem Fall von ‚kalibrierten Daten'. Die **großen Messtoleranzen** dieser Methode begrenzen ihren Einsatz für den Bereich der Alten Geschichte weitgehend auf Fragestellungen, bei denen es eher nur um sehr allgemeine zeitliche Einordnungen geht.

Hilfen für die Bestimmung des über die Jahrhunderte schwankenden ^{14}C-Anteils in der Atmosphäre kamen von der DENDROCHRONOLOGIE. Sie untersucht die Jahresringe von Bäumen, in deren unterschiedlicher Breite sich das Wachstum der Bäume und somit das Klima Jahr für Jahr spiegeln. Eine längere Abfolge von Jahren breiterer und schmalerer Wachstumsringe ergibt so einen ganz bestimmten, sich nicht wiederholenden Abdruck. Es ist gelungen, in einer langen Kette von der Gegenwart ausgehend zu einer fortlaufenden Verknüpfung derartiger Profile zu kommen. In diese Profilleiste können aufgefundene Hölzer, soweit sie eine ausreichende Zahl erkennbarer Jahresringe besitzen, eingepasst und jahrgenau datiert werden. Freilich gibt es auch bei dieser äußerst erfolgreichen Methode Tücken: Um das exakte Fälldatum eines Baums zu ermitteln, bedarf es einer Probe mit erhaltenem äußersten Jahresring. Hinzu kommt, dass dieses Datum nicht zwingend mit der Weiterverarbeitung des Holzes identisch sein muss: Hölzer konnten sehr lange gelagert werden, und gutes Holz wurde teils noch nach Jahrhunderten sekundär genutzt. Schließlich hängt das Wachstum von der jeweiligen Klimaregion sowie der Baumart ab und macht für die Jahresringe verschiedene Skalen erforderlich. Eine weit zurückreichende geschlossene **Chronologiereihe**, die der Archäologie und Alten Geschichte viele jahrgenaue Datierungen erbracht hat, ist die Mitteleuropäische Eichenchronologie, oder, genauer: Die ‚linksrheinische westdeutsche Eichenchronologie'. Für den Mittelmeerraum hingegen konnte bislang keine durchlaufende dendrochronologische Sequenz erstellt werden, trotz entsprechender Bemühungen insbesondere für den Bereich des östlichen Mittelmeers.

Nicht mehr zum eigentlichen Gegenstand der Chronologie zählt die kulturelle Bedeutung der verschiedenen **Zeitmesssysteme**, die gleichwohl nicht aus den Augen verloren werden darf. Dort wo eine bestimmte Art der Zeitmessung vorliegt, bestimmt sie auch die Zeitwahrnehmung. Die Zeiteinteilung ist in ihren wesentlichen Elementen durch den Menschen geformt. Die so eingeteilte Zeit greift dann jedoch tief in den Rhythmus des Lebens, in Denkweisen und Mentalitäten ein: In kaum zu unterschätzender Weise formt sie den Menschen.

Literatur

Allgemeine Einführung:

B. Bäbler, **Archäologie und Chronologie. Eine Einführung**, 2. Aufl., Darmstadt 2012.

Chronologietabellen und Übersichten:

B. Bäbler, DNP 16 (2003), 507–573 s. v. **Unterlagen zur Chronologie und Zeitrechnung**.

E.J. Bickermann, **Chronology of the Ancient World**, 2. Aufl., New York 1980.

A.E. Samuel, **Greek and Roman Chronology**, HdA I 7, München 1972.

M. Deißmann (Hg.), **Daten zur antiken Chronologie und Geschichte**, Stuttgart 1990.

W. Eder/J. Renger (Hgg.), **Herrscherchronologien der antiken Welt. Namen, Daten, Dynastien** (= DNP Suppl. 1), Stuttgart 2004.

W. Leschhorn, **Antike Ären. Zeitrechnung, Politik und Geschichte im Schwarzmeerraum und in Kleinasien nördlich des Tauros**, Stuttgart 1993.

J.E. Morby, **Handbuch der Dynastien**, Düsseldorf 2002.

D. Kienast/W. Eck/M. Heil, **Römische Kaisertabelle. Grundzüge einer römischen Kaiserchronologie**, 6. Aufl., Darmstadt 2017.

Kalender

J. Rüpke, **Zeit und Fest. Eine Kulturgeschichte des Kalenders**, München 2006.

H.H. Scullard, **Römische Feste. Kalender und Kult**, Mainz 1985.

F. Graf, **Der Lauf des rollenden Jahres. Zeit und Kalender in Rom**, Stuttgart/Leipzig 1997.

A.K. Michels, **The Calendar of the Roman Republic**, Princeton (N.J.) 1967.

A. u. I. König, **Der römische Festkalender der Republik**, Stuttgart 1991.

Naturwissenschafliche Methoden:

B. Hrouda (Hg.), **Methoden der Archäologie. Eine Einführung in ihre naturwissenschaftlichen Techniken**, München 1978.

E. Hollstein, **Mitteleuropäische Eichenchronologie**, Trier 1980.

K. Randsborg (Hg.), **Absolute Chronology. Archaeological Europe 2500–500 B.C.**, Kopenhagen 1996.

G.A. Wagner (Hg.), **Einführung in die Archäometrie**, Berlin/Heidelberg 2007.

A.M. Pollard, **Measuring the Passage of Time: Achievements and Challanges in Archaeological Dating**, in: B. Cunliffe u.a. (Hgg.), The Oxford Handbook Archaeology, Oxford 2017, 145–168.

4.2 Die Historische Geographie

Neben der ‚Zeit' ist der ‚Raum' die zweite grundlegende Dimension jeder historischen Betrachtung. Für die Rekonstruktion und Bewertung von Ereignissen, für Verbindungslinien und die Herstellung von Kausalitäten ist die Orientierung im Raum genauso wichtig wie die Orientierung in der Zeit. Kenntnisse der allgemeinen Geographie, aber auch der Topographie, der Beschaffenheit von Landschaften und Plätzen, sind elementare und selbstverständliche Voraussetzungen jeder historischen Analyse. Historiker sollten bei ihren Arbeiten immer gutes Kartenmaterial bereithalten, nicht nur politische Karten, sondern auch physische.

4.2.1 Geographie und Historische Geographie

Die geographischen Verhältnisse sind nicht allein für außenpolitische Fragestellungen oder die Nachzeichnung von Wirtschaftsbeziehungen relevant, sondern die naturgeographischen Bedingungen haben auch einen prägenden Einfluss auf die Lebensformen der Menschen: So ist die Entwicklung von Staat, Wirtschaft und Gesellschaft im pharaonischen Ägypten in vielem der besonderen Abhängigkeit des Landes von den regelmäßigen Nilüberschwemmungen geschuldet. Deren Rhythmus findet sich weiterhin in den religiösen Vorstellungen der Ägypter wieder, und nicht weniger trieb diese Abhängigkeit die Entwicklung der astronomischen und mathematischen Wissenschaften voran. Ganz ähnlich entsprechen in Griechenland Erfolg und Verbreitung der spezifischen Form der Polis als politische und gesellschaftliche Organisationsform der Kleinteiligkeit der griechischen Landschaft – nicht als eine notwendige Bedingung, aber doch in der Art, dass die Landschaft unter ganz spezifischen historischen Konstellationen gerade dieser Lebensform entgegenkam.

Selbst wenn der Blick allein einem Kleinraum gilt, wie etwa einer einzigen Polis, so werden manche Entwicklungen auch hier vielerorts erst vor dem Hintergrund einer detaillierten Kenntnis der Landschaft wirklich verständlich: Fruchtbares Schwemmland oder kaum zu bewirtschaftendes Hochgebirge, wasserreiche oder wasserarme, durch natürliche Verkehrswege erschlossene oder aber kaum zugängliche Gebiete konnten auf engstem Raum benachbart sein und boten den Menschen geradezu gegensätzliche Entfaltungsbedingungen. Angesichts der **Größe des geographischen Raums**, mit dem sich die Alte Geschichte beschäftigt, ist das notwendig zu erwerbende geographische und topographische Hintergrundwissen von beachtlichem Umfang. Nicht für jede Region wird eine gleich intensive Kenntnis der landschaftlichen Bedingungen möglich sein. Doch eine ungefähre Orientierung über die verschiedenen Landschaftsbilder und Klimazonen in der antiken Welt ist unverzichtbar.

Erschwerend kommt hinzu, dass auch der so begriffene Raum keineswegs eine Konstante ist, sondern selbst ständigen Veränderungen unterliegt. **Klimaschwankungen** haben in langfristiger Perspektive erhebliche Auswirkungen auf Flora und Fauna, sie verändern Flussläufe und Küstenlinien und verschieben die für Siedlungen geeigneten bzw. für Ackerbau oder Viehzucht nutzbaren Flächen. Heftige Regenfälle können innerhalb kürzester Zeit die Erdkrume, wie sie im Mittelmeerraum oft nur dünn auf dem felsigen Untergrund liegt, fortspülen und Ödland zurücklassen. Bereits innerhalb weniger Tage können Erdbeben und Vulkanausbrüche, Überschwemmungen oder Flächenbrände ganze Landstriche radikal verändern.

Hinzu kommt der Mensch: In noch stärkerem Ausmaß wurde und wird die **Landschaft von den Menschen kontinuierlich verändert**. Nicht nur durch die Anlage von Gehöften und Siedlungen, die Errichtung von

Straßen, Kanälen und Häfen, durch Rodungen oder Aufforstungen, durch Abgrenzung von Feldern, Ackerbau und Terrassierungen, sondern ebenso durch die Kultivierung neuer Agrarprodukte, durch Jagd und Zucht. Oft noch stärker waren die Eingriffe durch Bergbau und Verhüttungen, Ausbeutung von Steinbrüchen oder Anlage von Lehm- und Tongruben. Die Bodenressourcen waren in der Antike die zentrale Existenzbasis: Dort wo Menschen in größerer Zahl lebten, summierten sich die Veränderungen der natürlichen Umwelt entsprechend.

Die heute zu sehende Landschaft hat mit den antiken Verhältnissen häufig nur noch wenig gemein. Ziel einer **Historischen Geographie** ist vor diesem Hintergrund die Wiedergewinnung der antiken Landschaft sowie der Formen ihrer Besiedlung und Nutzung. Aufgrund der kontinuierlichen Veränderungen ist dieses nur als ‚Geschichte' möglich. Als ‚historische', also auf den Menschen Bezug nehmende Wissenschaft, konzentriert sich die Historische Geographie dabei überdies auf das spezielle Wechselverhältnis zwischen Mensch und Umwelt: Einerseits werden die von den Menschen verursachten Veränderungen ihrer natürlichen Umgebung berücksichtigt, andererseits auch jene Veränderungen in der Natur, auf die der Mensch reagieren musste. Dabei beschränkt die Historische Geographie ihre Untersuchungen zumeist auf bestimmte Teilregionen der griechisch-römischen Antike, denn nur so kann sie zu einer ausreichend dichten Materialaufnahme gelangen. In diesen Räumen arbeitet sie dann **epochenübergreifend**, da viele Entwicklungen erst in einer langfristigen Perspektive zu erfassen sind. Nicht nur aus diesem Grund ist das Erfordernis interdisziplinären Arbeitens in der Historischen Geographie besonders hoch.

4.2.2 Die Geographie in der Antike

Ausgangspunkt zur Wiedergewinnung der von den Menschen genutzten Landschaft in der Antike ist zunächst die aus der Zeit selbst stammende **literarische Überlieferung**. Bereits in der Antike hatte sich die Geographie zu einer eigenständigen und wichtigen Literaturgattung entwickelt, mit bedeutenden Werken wie Strabons Beschreibung der gesamten bewohnten Erde in augusteischer Zeit, oder auch der detaillierten Beschreibung Griechenlands durch Pausanias im 2. Jahrhundert n. Chr.

Stützen konnten sich derartig groß angelegte Synthesen auf Beschreibungen von Küsten- und Überlandstrecken, die für den praktischen Gebrauch angefertigt wurden. Die Küstenbeschreibungen, die PERIPLOI (Sg. Periplus), waren der griechische Beitrag zur antiken Geographie: In ihnen hielten die Schiffsführer Distanzen und Richtungen fest, notierten Möglichkeiten der Anlandung, der Versorgung mit Lebensmitteln und Wasser, berichteten über Anwohner, über tierische und pflanzliche Besonderheiten sowie anderes Bemerkens- und Berichtenswertes, das nachfolgenden Seefahrern auf derselben Strecke helfen konnte. Die Grundform des Periplus ist bereits in der Struktur und der Art mancher Episoden der Odyssee wiederzufinden. Gezielte Expeditionen in den Nord- und Südatlantik, in das Rote Meer und den Indischen Ozean dienten schon vor der Mitte des 1. Jahrtausends v. Chr. – mit erneutem Aufschwung in der Periode Alexanders d. Gr. – der Vervollständigung und Überprüfung des geographischen Wissens, bei dem sich Empirie stets auch mit philosophischen Ordnungsvorstellungen verband. – Das ITINERAR war demgegenüber der spezifisch römische Beitrag zur geographischen Erschließung: Ein Verzeichnis von Landstrecken, das gleichfalls Distanzen, Richtungen und Plätze erfasste.

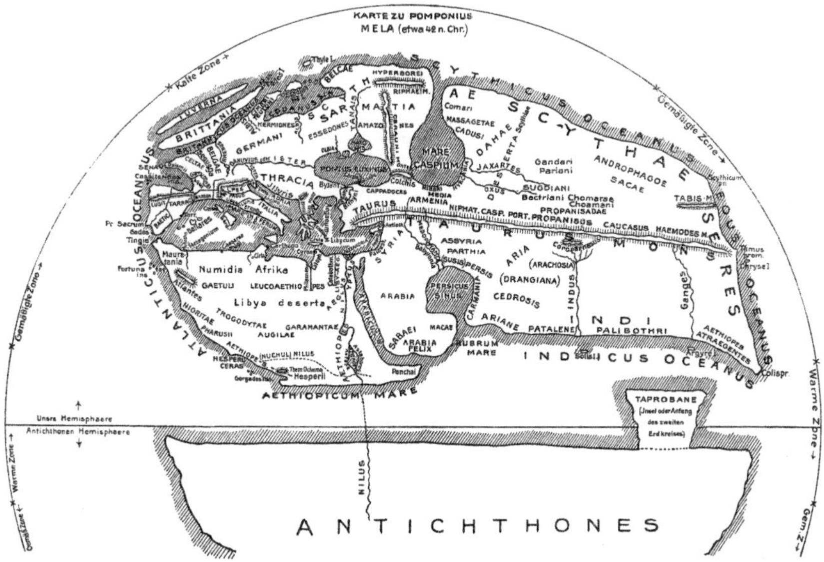

Abb. 43 Die Weltkarte des Pomponius Mela (Rekonstruktionsversuch)

Welche Rolle bereits Kartierungen in der antiken Geographie spielten, ist strittig. Sie dürften sich eher auf Skizzen beschränkt, vor allem nicht den Weg zu winkelgenauen maßstäblichen Darstellungen erreicht haben.

Dennoch erlaubten es astronomische Beobachtungen, die verschiedenen Streckenverzeichnisse miteinander zu vernetzen. Eine derartig große Synthese legte im 2. Jahrhundert n. Chr. der alexandrinische Universalgelehrte und Geograph Claudius Ptolemaios vor, bei der er für rund 8.100 markante geographische Punkte die Koordinaten angab: Bis zum Ausgang des Mittelalters blieb seine Bestandsaufnahme der nicht wieder erreichte Stand der wissenschaftlichen Geographie. Die zahlreichen **Weltkarten „nach Claudius Ptolemaios"** sind durchgehend später erstellte Rekonstruktionen auf der Grundlage der in Tabellenform zusammengestellten Längen- und Breitengrade.

Auch der Zusammenhang zwischen **Mensch und Umwelt** war schon früh ein Thema der antiken Geographie bzw. Ethnographie. Die beobachtete unterschiedliche Physis und die voneinander abweichenden Lebensweisen der Menschen wurden mit den Klimazonen der verschiedenen Länder in Verbindung gebracht, und die Einflüsse von Hitze und Feuchtigkeit betrachtete man in philosophischen Spekulationen als konstitutiv für die charakterlichen Entwicklungsmöglichkeiten der Menschen. Entsprechendes Gedankengut findet man etwa bei Herodot, Aristoteles oder dem griechischen Universalgelehrten Poseidonios; in einer Schrift des Pseudo-Hippokrates „Über die Umwelt" wurde es umfassend systematisiert. Oft boten derartige Theorien allerdings nur eine Begründungssystematik für die unterstellte kulturelle Minderwertigkeit und Unterlegenheit der Fremden, und heutige Interpreten müssen bei Fremdvölkerbeschreibungen stets damit rechnen, dass Einzelcharakterisierungen aus solch einer Theorie abgeleitet wurden, nicht jedoch das Ergebnis von Beobachtungen waren.

Info: Tabula Peutingeriana

- Die so genannte *Tabula Peutingeriana* (benannt nach dem Humanisten Konrad Peutinger [1465–1547], in dessen Besitz die Karte vorübergehend war) ist die spätmittelalterliche Kopie einer antiken Straßenkarte. Diese reicht bis ins 1. Jahrhundert n. Chr. oder gar noch weiter zurück, trägt aber Ergänzungen des 4. Jahrhunderts.

  Auf einer Länge von ca. 7 Metern, doch mit einer Höhe von nur 33 cm wurde die bekannte Welt von Spanien bis Indien in stark schematisierter Form dargestellt. Die Karte nennt Provinzen, Landschaften und Völker, die durch ein Netz von Straßenlinien miteinander verbunden sind. An den Straßen werden Städte, Stationen und Knotenpunkte durch Vignetten charakterisiert und namentlich benannt; Ziffern verweisen auf die Distanzen zwischen den einzelnen Orten. Für die Reiseplanung bot eine derartige Karte wertvolle Hilfen: Eine Anschauung vom Raum konnte durch sie jedoch nicht gewonnen werden.

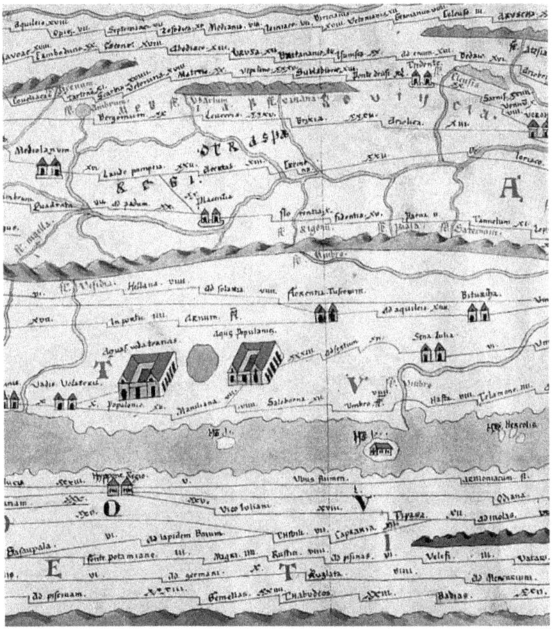

Abb. 44 Ausschnitt aus der Tabula Peutingeriana

Ganz konkret kamen Aspekte der Landschaft und der landwirtschaftlichen Nutzung schließlich in eigenen Handbüchern zur Sprache. In **Schriften zum Landbau** (→ **Kap. 2.2.9**) finden sich etwa Ausführungen zur Anlage eines Landwirtschaftsbetriebs, zum Anbau bestimmter Produkte, zur Weiterverarbeitung oder auch Berechnungen zum möglichen Ertrag. Technisch orientierte Handbücher, wie das des Vitruv über die Architektur, beschrieben, wie Häuser und Siedlungen in Landschaften einzubinden sind und welche morphologischen und klimatischen Gegebenheiten es dabei zu berücksichtigen gilt.

4.2.3 Arbeitsweise der Historischen Geographie

Neben der literarischen Überlieferung dienen der Historischen Geographie die in einem Raum gefundenen oder auf ihn Bezug nehmenden Inschriften als Quellen, die auf Verwaltungsgebiete und -grenzen, auf Formen der Bewirtschaftung, Verkehrswege oder auch die sakrale Topographie eines Raumes verweisen können. Münzfunde geben Aufschlüsse über Besiedlungsphasen und Besiedlungsdichte, gemeinsam mit der Beobachtung von Münzfüßen informieren sie über Kontakt- und Wirtschaftsräume. Münzbilder können politische Verbindungen oder etwa freundschaftliche Beziehungen verschiedener Städte aufzeigen. In den zahlreichen agrarischen Motiven, in Fluss- und Wassergottheiten drückt sich ein je spezifisches Verhältnis der Bewohner zu ihrer Landschaft aus.

Hoher Rang kommt aber auch den **nachantiken Quellen** zu, insbesondere Reiseberichten und bildlichen Darstellungen bis in die Neuzeit. In ihnen sind oft Verhältnisse festgehalten, die vor manchen tiefgreifenden Umgestaltungen in der Moderne liegen. Hinzu tritt die historisch-geographische **Namensforschung**: Orts- und Flurnamen oder Namen von Gewässern erweisen sich in der Regel als besonders stabil und bewahren – ebenso wie die Verbreitung von Dialekten – Verhältnisse, die in eine weit zurückliegende Vergangenheit verweisen.

Abb. 45 Römischer Meilenstein des Kaisers Septimius Severus; er stand ursprünglich an der Straße, die von Italien aus über Kempten nach Augsburg führte. Heute im Römischen Museum Augsburg.

Ganz wesentliche Aufschlüsse über eine Landschaft sind allerdings erst durch **Autopsie** zu gewinnen, und so stehen die Feldstudien im Mittelpunkt der modernen Historischen Geographie. Zentrale Vorgehensweise ist der SURVEY. Er widmet sich vor allem der Erfassung der obertägig sichtbaren Überreste menschlicher Aktivität. Surveys können sehr großflächig angelegt sein – etwa durch Befragung der Bevölkerung und Überprüfung bzw. Dokumentation der hier genannten Orte – oder aber sehr feingliedrig vorgehen und als ‚Scherben-Survey' ein Gelände in engstem Raster durchkämmen: Welcher Weg gewählt wird, hängt von den Fragestellungen und vom Forschungsstand, ganz wesentlich aber auch von den zur Verfügung stehenden Ressourcen ab. Hier hat sich überdies erwiesen, dass der unterschiedliche Bewuchs im Wechsel der Jahreszeiten in der Regel eine mehrfache Begehung zur Erfassung der anthropogenen Spuren erfordert. Idealerweise steht am Ende solcher Feldforschungen eine lückenlose Dokumentation, Datierung und Kartierung aller antiken Überreste eines bestimmten Gebietes, insbesondere natürlich der Siedlungsspuren. Durch keine andere Quellengruppe oder Methode zu ersetzender Gewinn derartiger Surveys ist, dass sie auch erstmals einen konkreten Einblick in die dörflichen und ländlichen Strukturen der Antike, in die damaligen Wirtschafts- und Besiedlungsweisen abseits der Städte ermöglichen.

Vielfältige Unterstützung können derartige Untersuchungen durch die **Naturwissenschaften** erfahren: Satellitenbilder dienen nicht nur der Vermessung, sondern geben auch besondere Anschaulichkeit vom Relief und der Nutzung der Landschaft. Geomagnetische Messungen geben Auskünfte über bauliche Strukturen unterhalb der sichtbaren Erdoberfläche. Flora und Fauna, Art und Intensität der Landnutzung oder Ernährungsweisen können auch für ältere Zeithorizonte durch Pollenanalysen und archäozoologische Untersuchungen erschlossen werden: Die Grenzen für derartige Analysen setzt zumeist erst der zur Verfügung stehende Finanzrahmen. Noch am Anfang steht die historische Klimaforschung, die in diesem Zusammenhang Potenzial für künftige Überraschungen zu bieten scheint. Im Moment scheinen die meisten paläoklimatischen Modelle allerdings noch nicht hinreichend abgesichert, um als belastbare Basis für darüber hinausreichende historische Interpretationen dienen zu können.

Die Berücksichtigung der **geographischen Grundlagen** war für die breit angelegte altertumswissenschaftliche Forschung des 19. Jahrhunderts (→ **Kap. 1.4.1**) noch ein selbstverständlicher und wesentlicher Teil ihres Arbeitens. Im späteren 19. und im 20. Jahrhundert drängten allerdings andere Fragestellungen diese Untersuchungen in den Hintergrund, selbst wenn Forscher wie Alfred Philippson (1864–1953) oder Ernst Kirsten (1911–1987) durch ihre Studien immer wieder auf die Bedeutung geographischer Faktoren für das Verständnis historischer Prozesse hinwiesen. Der in den letzten zwei bis drei Jahrzehnten feststellbare Aufschwung historisch-geographischer Untersuchungen scheint einerseits ein Ergebnis der zunehmenden Ausdifferenzierung der Forschung zu sein (→ **Kap. 1.4.3**), andererseits eine Frucht des Bemühens um Interdisziplinarität.

Hinsichtlich der Fragestellungen ist zu beobachten, wie heutzutage die Veränderung der natürlichen Umwelt durch den Menschen stärker ins Zentrum gerückt ist. In der älteren Forschung waren noch mögliche Prägungen des Menschen durch die vorgegebenen landschaftlichen Faktoren die beherrschende Perspektive. Gesteigerte Sensibilisierungen für das Ausmaß und die Folgen **anthropogener Faktoren** auf die Umwelt dürften zu dieser wechselnden Betrachtung beigetragen haben. Doch angesichts sich rapide wandelnder Landschaften durch verstärkte landwirtschaftliche Eingriffe, durch Städtewachstum, Zersiedelung und nicht zuletzt durch den Tourismus geht es bei den Feldstudien der Historischen Geographie auch ganz entschieden darum, die Landschaft als historische Quelle für künftige Generationen zu sichern.

Literatur

Einführungen und Überblickswerke:

K. Brodersen (Hg.), **Antike Stätten am Mittelmeer**, 2. Aufl., Stuttgart/Weimar 2006.

S. Lauffer (Hg.), **Griechenland: Lexikon der historischen Stätten**, München 1989.

E. Olshausen, **Einführung in die Historische Geographie der Alten Welt**, Darmstadt 1991.

H. Sonnabend (Hg.), **Mensch und Landschaft in der Antike. Lexikon der Historischen Geographie**, Stuttgart/Weimar 1999.

R. Stillwell u. a. (Hgg.), **The Princeton Encyclopedia of Classical Sites**, Princeton 1976.

Kartenwerke:

H. Bengtson/V. Miłojčič (Hgg.), **Großer Historischer Weltatlas des Bayerischen Schulbuchverlages, Bd. I: Vorgeschichte und Altertum**, 6. Aufl., München 1978.

H. Kopp/W. Röllig (Hgg.), **Tübinger Atlas des Vorderen Orients** (= TAVO), Tübingen 1977 ff.

R.J.A. Talbert (Hg.), **Barrington Atlas of the Greek and Roman World**, 3 Bde., Princeton 2000.
A.-M. Wittke/E. Olshausen/R. Szydlak, **Historischer Atlas der antiken Welt**, (= DNP Suppl. 3), Stuttgart u. a. 2007.

Antike Geographie und Ordnungsvorstellungen:
M. Cary, **The Geographical Background of Greek and Roman History**, Oxford 1949.
J.D. Hughes, **Pan's Travail: Environmental Problems of the Ancient Greeks and Romans**, Baltimore/London 1994.
K.E. Müller, **Geschichte der antiken Ethnographie und ethnologischen Theoriebildung**, 2 Bde., Frankfurt/Main 1972–80.
C. Nicolet, **L'inventaire du monde. Géographie et politique aux origines de l'Empire romain**, Paris 1988.
J.O. Thompson, **History of Ancient Geography**, Cambridge 1948.
Tabula Peutingeriana. Die einzige Weltkarte aus der Antike. Eingeleitet und kommentiert von M. Rathmann, Darmstadt 2016.

Landschaftsaufnahmen und Surveys:
M. Aston, **Interpreting the Landscape. Landscape Archaeology and Local History**, London 1997.
J. Bintliff, **Natural Environment and Human Settlement in Prehistoric Greece**, Oxford 1977.
F. Kolb, **Burg, Polis, Bischofssitz. Geschichte der Siedlungskammer von Kyaneai in der Südwesttürkei**, Mainz 2008.
F. Kolb (Hg.), **Lykische Studien**, Bd. 1–9, Bonn 1993 ff.
H. Lohmann, **Atene. Forschungen zur Siedlungs- und Wirtschaftsstruktur des klassischen Attika**, Köln 1993.
A. Philippson/E. Kirsten, **Die griechischen Landschaften I–IV**, Frankfurt 1950–1959.
Ch. Schuler, **Ländliche Siedlungen und Gemeinden im hellenistischen und kaiserzeitlichen Kleinasien**, München 1998.
G. Shipley/J. Salmon (Hgg.), **Human Landscapes in Classical Antiquity**, London 1996.

Landschaftsveränderungen:

E. Guidobono, **Catalogue of Ancient Earthquakes in the Mediterranean Area up to the 10th Century**, Rom 1994.

A. Raban (Hg.), **Archaeology of Coastal Changes**, Oxford 1988.

Umweltgeschichte und historische Katastrophenforschung:

B. Herrmann, **Umweltgeschichte. Eine Einführung in Grundbegriffe**, 2. Aufl., Berlin/Heidelberg 2016.

J. Borsch, **Erschütterte Welt. Soziale Bewältigung von Erdbeben im östlichen Mittelmeerraum der Antike**, Tübingen 2018.

K. Harper, **Fatum. Das Klima und der Untergang des Römischen Reiches**, München 2020.

4.3 Die Prosopographie

4.3.1 Die prosopographische Arbeitsweise

Ausgangspunkt der PROSOPOGRAPHIE als Wissenschaftszweig ist die systematische und auf Vollständigkeit angelegte Zusammenstellung sämtlicher Quellenbelege, die über eine bestimmte Person bzw. über eine Personengruppe existieren. Ihre Anfänge sind eng verbunden mit der Epigraphik, die in dem personenkundlichen Zugang eine geeignete Möglichkeit zur Aufbereitung des reichen inschriftlichen Materials sah. Ergänzt und vervollständigt wird dieses durch die aus literarischer, numismatischer oder auch papyrologischer Überlieferung erhaltenen Angaben zu einzelnen Personen. Eng verwandt, doch von der Prosopographie abzugrenzen, sind die Biographie (→ **Kap. 2.2.8**), die das Leben einzelner in literarischer Form nacherzählt, die DEMOGRAPHIE, die sich der Bevölkerung als Ganzes widmet (welche dabei anonym bleibt), sowie die ONOMASTIK, die sich der Struktur, Herkunft und Bedeutung der Namen widmet.

Aus dem von ihr zusammengetragenen und kritisch gesichteten Material rekonstruiert die Prosopographie die privaten und beruflichen Stationen des Lebens einer Person, einschließlich der familiären und ggf. freundschaftlichen Verbindungen. Unter ausführlicher Belegung der Quellenzeugnisse werden die so gewonnnen Daten weiteren Forschungen in geordneter Form zur Verfügung gestellt. Die Anordnung der Daten erfolgt in den allgemeinen Prosopographien auf die Person bezogen alphabetisch unter dem jeweiligen

Namen (bei Personen der römischen Geschichte unter dem Gentilnamen), gegebenenfalls sind chronologische Abschnitte zu berücksichtigen. Je nach Forschungsperspektive sind allerdings auch Anordnungen nach Personengruppen oder Amtsträgern verbreitet. Die Veröffentlichungen präsentieren sich in der Regel als nüchterne Nachschlagewerke von Handbuchcharakter: Insoweit ist die Prosopographie eine typische ‚Grund-' oder Hilfswissenschaft.

Darüber hinaus steht ‚Prosopographie' jedoch auch für einen ganz bestimmten **methodischen Zugang** bei der Rekonstruktion von Geschichte. Er wird in Perspektive und Reichweite durch das gesammelte personenkundliche Material vorstrukturiert. Zugrunde liegt ihm die Vermutung, dass **persönliche Beziehungen** auch der Schlüssel für viele politische und wirtschaftliche Prozesse sind, dass ferner Abkunft, Standeszugehörigkeit, wirtschaftliches Umfeld und Ausbildung auf das Denken und Handeln einzelner Personen Einflüsse haben. Aus der Analyse der jeweiligen Gruppenzugehörigkeit und der für die Gruppe typischen Entwicklungsmöglichkeiten oder des Verhaltenskanons wird versucht, sich diesen allgemeinen Schemata zu nähern. Derartige Forschungsansätze erheben sich deutlich über die Nachzeichnung der Biographie einer einzelnen Person. Die erzielbaren Ergebnisse haben das Potenzial, auf allgemeinere Strukturen und Entwicklungen zu verweisen, die sonst nicht sichtbar werden.

Bevorzugter methodischer Ansatz ist, die zu einer Person gewonnenen Daten mit denen anderer Personen und Personengruppen in Bezug zu setzen. Aus dem Vergleich mit Ämtern und Amtsbesetzungen, mit Karriereschemata und Familienbindungen sind die Aufdeckung des Verhältnisses von Gruppenzugehörigkeit und sozialem Verhalten, die Feststellung der Bedeutung von Abkunft, Bildung und Vermögen, der Möglichkeiten und Bedingungen der sozialen und regionalen Mobilität, von Familienpolitik und Freundschaftsbeziehungen oder auch Struktur von Parteiungen etablierte Forschungsansätze. Insoweit steht die Prosopographie der Sozialgeschichte ganz nahe und erscheint einigen geradezu als Unterdisziplin. Doch schon aufgrund der Art der Inschriftensetzungen in der Antike ist die Prosopographie auch grundlegend für die Verwaltungs- und teils auch Militärgeschichte. Weiterhin bietet die personenbezogene Analyse wesentliche Einblicke in Wirtschaft und Religion, und auch in Hinblick auf die Gender-Verhältnisse hat sich der Ansatz neuerdings bewährt.

Versucht man bei diesen Forschungen in der Regel aus der Analyse einer größeren Zahl von Einzelfällen zu qualifizierten allgemeinen Aussagen zu gelangen, so ist im Gegenzug der Bezug auf Parallelbiographien und allgemeine Karriereschemata ein bewährtes methodisches Mittel zur **Auffüllung von Überlieferungslücken** in der Biographie einer Einzelperson: Vergleiche und Analogien bieten Chancen zu einer verantwortbaren Interpolation. Für die Benutzer lauert hier allerdings eine Tücke: Sie müssen in einer derartig rekonstruierten Biographie die Interpolationen erkennen und sich bewusst sein, dass – so wie von statistischen Mittelwerten nie Rückschlüsse auf einen Einzelfall möglich sind – auch hier das ‚Typische' eine plausible Hypothese ist, diese jedoch den fehlenden Quellenbefund nicht ersetzen kann. Bei der Gewinnung wieder allgemeiner Aussagen aus individuellen Biographien besteht an dieser Stelle die Gefahr von Zirkelschlüssen.

4.3.2 Geschichte der Prosopographie

Die Anfänge der prosopographischen Forschung liegen in Deutschland und gehen auf die seit der Mitte des 19. Jahrhunderts unternommenen Bemühungen zur Erstellung eines **personenkundlichen Werks** für die ersten drei Jahrhunderte n. Chr. zurück, für jene Zeit also, aus der die Masse aller antiken Inschriften stammt. Wieder einmal war die konkrete Umsetzung Theodor Mommsen (→ **S. 34 f.**) zu verdanken: Auf seine Initiative und unter Leitung der Berliner Akademie der Wissenschaften wurde mit der *Prosopographia Imperii Romani* (= PIR) begonnen, die alle Senatoren und Ritter, ferner die im Dienste des Reiches stehenden sowie sonstige namentlich bekannte Personen umfasste. Bereits 1897/98 konnte das Werk in einer ersten Auflage in drei Bänden vorgelegt werden. Die „Prosopographie", wie sie meist nur kurz genannt wurde und wird, gab wesentliche Impulse für weitere prosopographische Arbeiten, auch über die Antike hinaus.

Schon bald machte der Zuwachs des inschriftlichen Materials eine erheblich erweiterte Neuauflage der „Prosopographie" erforderlich. Deren erster Band erschien 1933 (= PIR^2) und 2015 konnte die Neubearbeitung nach 82 Jahren abgeschlossen werden. Nachträge und ein Verzeichnis aller erfassten Personen sind über die Homepage der *Prosopographia Imperii Romani* bei der Berlin-Brandenburgischen Akademie der Wissenschaften abrufbar (http://pir.bbaw.de/ueberblick).

4.3.3 Prosopographische Werke

Ihren chronologischen Anschluss über das dritte Jahrhundert hinaus findet die PIR in der seit 1971 von britischen Wissenschaftlern herausgegebenen *Prosopography of the Later Roman Empire* (=PLRE) sowie in der von französischer Seite koordinierten *Prosopographie chrétienne du Bas-Empire*. Vergleichbare Bestandsaufnahmen liegen auch für die griechisch-hellenistische Zeit vor: Schon früh begonnen und immer noch grundlegend ist die *Prosopographia Attica* (=PA), hinzu kommen etwa noch die von Paul Poralla und Alfred S. Bradford bearbeitete *Prosopographie der Lakedaimonier*, Helmut Berves Studie über das Alexanderreich (mit dem zweiten Band als prosopographischem Katalog), oder die umfangreiche *Prosopographia Ptolemaica* (= PP).

Andere Prosopographien konzentrieren sich auf bestimmte **Amtsträger**. Sie bieten so unter anderem wertvolle Materialien zur Verwaltungsgeschichte. Unentbehrliche Hilfsmittel sind Robert Develins Studie über Athen sowie T.R.S. Broughtons Zusammenstellung der Magistrate der römischen Republik (MRR).

Insbesondere für die **Provinzen** des römischen Reiches hat sich die Zusammenstellung der Verwaltungsbeamten in chronologischer Folge als sogenannte FASTI (eine moderne Namensgebung für die rekonstruierten Beamtenlisten, in Anlehnung an die aus der Antike erhaltenen *Fasti* (→ **S. 196; 202 f.**) etabliert. Listen der Amtsträger in den römischen Provinzen liegen u. a. für Spanien und Britannien, die Gallia Narbonensis, beide Germanien, Moesia Inferior, Syrien und Nordafrika vor (zu erschließen etwa über die bibliographischen Angaben zu jeder Provinz bei T. Bechert, Die Provinzen des Römischen Reiches. Einführung und Überblick, Mainz 1999). Auch einzelne stadtrömische Ämter und Priesterschaften in der römischen Kaiserzeit sind Gegenstand prosopographischer Kataloge geworden.

Die **Auswertung** der personengebundenen Daten, die prosopographische Methode, kam insbesondere für die Zeit der römischen Republik zu fruchtbarer Entwicklung. Matthias Gelzers Studie über die Nobilität der römischen Republik, Friedrich Münzers Untersuchung über die römischen Adelsparteien, vor allem aber die dann auch mit beeindruckender erzählerischer Qualität und entschiedenem Urteil aufwartende *Roman Revolution* von Ronald Syme erhellten weitgehend neue Zusammenhänge. Ein ebenso bedeutender Ertrag der prosopographischen Arbeitsweise sind die teils vorzüglichen Artikel der *Realencyclopädie* (→ **S. 154 ff.**) zu Personen der römischen Republik, insbesondere wieder von Friedrich Münzer und Matthias Gelzer. Unübersehbar profitierten die prosopographischen Arbeiten zur römischen Republik allerdings auch von dem Umstand, dass für viele Personen dieses Zeitabschnitts zusätzlich eine reiche Überlieferung aus literarischen Quellen vorlag.

Die Prosopographie der Kaiserzeit verfügt zwar aufgrund der Masse der epigraphischen Quellen über unvergleichlich mehr Material, kann aber für die meisten Personen nicht in ähnlichem Umfang auf Kontexte aus historiographischer Überlieferung zurückgreifen. Die Menge der Zeugnisse schien allerdings geeignet, die Gesellschaft auf breiter Quellenbasis dicht nachzuzeichnen und so zu einer allgemeinen Sozialgeschichte für die römische Kaiserzeit zu kommen.

Der Schwerpunkt entsprechender Untersuchungen liegt beim **Senatoren- und Ritterstand**. Perspektiven sind einerseits der soziale Auf- und Abstieg, d.h. Umfang, Formen und Bedingungen, andererseits – und teils eng damit verbunden – die regionale Mobilität innerhalb des römischen Reiches. Von besonderem Interesse ist die Integration der Provinzialen in die römische Führungsschicht, bis hin zu ihrer Eingliederung in den Senat. Die sich aus dem Romanisierungsgrad der Provinz, aus lokalem Verwaltungshandeln, besonderem Engagement der Person oder aus der Familie ergebenden Voraussetzungen des Aufstiegs werden vergleichend gewichtet, und ebenso wird der Einfluss des Kaisers innerhalb dieses Prozesses untersucht. Aus der Fülle der Einzelfälle lassen sich Regionen und Phasen verstärkter und weniger starker Eingliederung gewinnen und quantifizieren. Weitere Fragen sind, inwieweit einem Wandel in der Zusammensetzung der Stände auch eine Veränderung in den Aufgaben bzw. hinsichtlich der Machtlagerung in den Institutionen folgte. Insbesondere der Senat war, wie wiederum prosopographische Untersuchungen zeigen konnten, in sich sehr stark differenziert, und wirklichen politischen Einfluss hatte nur eine sehr kleine Gruppe.

Zu den grundlegenden Untersuchungen zählen für den Ritterstand die Arbeiten von Hans-Georg Pflaum, für die Senatoren etwa die Arbeiten von Werner Eck, Géza Alföldy oder von Helmut Halfmann. Unter den prosopographischen Studien zu dem durch reiche Inschriftensetzung noch vergleichsweise gut zu fassenden römischen Militär wäre etwa die umfangreiche Arbeit von Hubert Devijver zu nennen. Die bisher vorliegenden Untersuchungen zeigen allerdings auch, dass angesichts der Menge des Materials und der dichten Dokumentation, wie sie Standard der prosopographischen Arbeitsweise geworden ist, immer wieder Portionierungen des Untersuchungsgegenstands erforderlich werden. Die genannten Fakten zwingen unausweichlich zu Verengungen der Perspektiven und der Vergleichsmöglichkeiten, etwa zu einer Beschränkung auf bestimmte chronologische und/oder geographische Abschnitte, auf einzelne Stände oder bestimmte Ämter.

4.3.4 Grenzen und Chancen der Prosopographie

Kritiker weisen häufig auf den **hohen Aufwand der prosopographischen Arbeitsweise** hin: Die Prosopographie erbringe eine Vielzahl sehr konkreter Belege, doch stehe der bis dahin erbrachte Aufwand nicht immer in Relation zum Erkenntnisgewinn. Anerkannt wird dabei gleichwohl, dass manche aus literarischen Quellen oder historischen Wahrscheinlichkeiten erschlossenen Aussagen durch prosopographische Fallstudien abgesichert bzw. als mehr oder eben weniger gängige Praxis quantifiziert werden können.

Ein anderer Einwand ist, dass die Prosopographie zwar in der Lage sei, biographische Einblicke unterhalb der Ebene der ganz Großen zu ermöglichen – wie etwa eines Perikles, Alexander d. Gr., Pompeius, Cicero, Caesar oder auch der römischen Kaiser mit ihren Familien –, dass sie sich quellenbedingt gleichwohl nur mehr oder weniger mit der Oberschicht befassen könne. Die Gültigkeit dieses Arguments spiegelt sich durchaus in den vorliegenden Untersuchungen mit ihren Schwerpunkten auf Senatoren und Rittern, Verwaltungsbeamten, Militärs und ggf. noch städtischen Magistraten außerhalb Roms. Freigelassene und selbst Sklaven sind zwar vereinzelt noch zu fassen, doch die wirtschaftlich Schwächeren und insbesondere die Bevölkerung des flachen Landes bleiben personenkundlich unbekannt und in ihrem Gruppenverhalten über diesen Ansatz nicht erschließbar. Auch im Hinblick auf die verschiedenen Regionen sowie die chronologische Streuung ihres Materials sind die von der Prosopographie erfassten Personen nicht repräsentativ, sondern quellenbedingt bleibt sie in starkem Maße vom EPIGRAPHIC HABIT, d.h. der Art und Weise, wie Inschriften gesetzt wurden, abhängig.

Doch selbst dort, so lautet die Kritik weiter, wo die Überlieferungslage zu bestimmten Personengruppen gut sei, könne die Prosopographie nur begrenzt Kontexte entwickeln. Politische Entscheidungsprozesse oder menschliche Verhaltensweisen seien aus den positivistisch anmutenden Listen nicht erklärbar. Es sei kein Zufall, dass sich die prosopographische

Arbeitsweise dort am ergiebigsten gezeigt habe, wo eine literarische Überlieferung vorliegt.

Abb. 46 Die Statue zeigt einen römischen Aristokraten, der auf seinen Händen die Büsten seiner Vorfahren trägt und diese dem Betrachter präsentiert. Es dürfte sich dabei um die wächsernen Ahnenbildnisse (= *imagines*) handeln, die in einem Schrein des Wohnhauses aufgestellt waren und bei Bestattungen eines Familienmitglieds in einem langen Leichenzug mitgeführt wurden. Der Mann trägt die sorgfältig gefaltete Toga und den für Senatoren üblichen Schuh (*calceus senatorius*), gehörte also dem Senatorenstand an. Die bewusst unterschiedlich hoch gehaltenen Büsten sollen offensichtlich die Generationenfolge andeuten: In seiner Linken hält der Togatus die Büste seines Vaters, in der Rechten jene des Großvaters. Vermutlich galt das Standbild bereits dem Gedächtnis der ganzfigurig dargestellten Person und wurde erst nach deren Tod errichtet. Als Auftraggeber der Statue kommt dann der Sohn des Dargestellten in Frage. Indirekt wird so eine Folge über vier Generationen fassbar: Der lebende Abkomme verweist auf seine Herkunft und sein als sittliche Verpflichtung empfundenes Gedenken (= *pietas*) bis in die Generation des Urgroßvaters. Auch ihm kommt freilich aufgrund der vornehmen Abkunft besondere Dignität zu.

Alles in allem scheint ein Teil des Problems darin zu liegen, dass man sich der durchaus existierenden **Grenzen der Prosopographie** bewusst bleiben muss: Eine wirkliche Sozialgeschichte lässt sich auch durch eine große Zahl rekonstruierter Einzelschicksale nicht gewinnen und nicht ersetzen. Unverkennbare Stärke des prosopographischen Ansatzes ist allerdings, dass er mit seiner personenbezogenen Orientierung den antiken Denk- und Verhaltensweisen in besonderer Weise entspricht, etwa dem Zusammenspiel von Heiraten, Adoptionen und Politik: Viele politische und auch wirtschaftliche Prozesse sind erst vor dem Hintergrund familiärer Verbindungen und freundschaftlicher Strukturen wirklich zu verstehen.

Literatur

Zur prosopographischen Methode:

A. Cameron (Hg.), **Fifty Years of Prosopography. The Later Roman Empire, Byzantium and Beyond**, Oxford 2003.

W. Den Boer, **Die prosopographische Methode in der modernen Historiographie der hohen Kaiserzeit**, Mnemosyne 22, 1969, 268–280.

W. Eck (Hg.), **Prosopographie und Sozialgeschichte. Studien zur Methodik und Erkenntnismöglichkeit der kaiserzeitlichen Prosopographie**, Köln/Wien/Weimar 1993.

W. Eck, **Prosopography**, in: A. Barchiesi, The Oxford Handbook of Roman Studies, Oxford 2010, 146 – 159.

A.J. Graham, **The Limitations of Prosopography in Roman Imperial History**, ANRW II 1, 1974, 136–157.

Prosopographische Hilfsmittel:

H. Berve, **Das Alexanderreich auf prosopographischer Grundlage**, 2 Bde., München 1926.

A.S. Bradford, **A Prosopography of Lacedaimonians (323 v. Chr.–396 n. Chr.)**, München 1977.

T.R.S. Broughton, **The Magistrates of the Roman Republic** (= MRR), Bd. I (509 B.C.–100 B.C.), New York 1951; II (99 B.C.–31 B.C.), New York 1952; Bd. III (Supplement), New York 1986.

J.K. Davies, **Athenian Propertied Families 600–300 B.C.**, Oxford 1971 (Die Nummerierung aus der PA wurde beibehalten).

R. Develin, **Athenian Officials 684–321 B.C.**, Cambridge 1989.

P. M. Fraser/E. Matthews (Hgg.), **A Lexicon of Greek Personal Names,** Oxford u. a. 1987 ff.

K. Geus, **Prosopographie der literarisch bezeugten Karthager**, Leuven 1994.

E. Groag/A. Stein u. a. (Hgg.), **Prosopographia Imperii Romani Saec. I–III** (= PIR^2), 2. Aufl., Berlin 1933 ff. (elektronische Erläuterungen, Lemmata und Nachträge unter: http://pir.bbaw.de/ueberblick).

A.H.M. Jones/J.R. Martindale/J. Morris (Hgg.), **The Prosopography of the Later Roman Empire** (= PLRE), Bd. 1: A.D. 260–395, Cambridge 1971; J.R. Martindale (Hg.), Bd. 2: A.D. 395–527, Cambridge 1980; Bd. 3: A.D. 527–641 (2 Teile), Cambridge 1992.

J. Kirchner, **Prosopographia Attica** (= PA), 2 Bde., Berlin 1901/03 (ND, mit Addenda von S. Lauffer, Berlin/New York 1966); dazu: J. Sundwall, **Supplement to J. Kirchner's Prosopographia Attica**, Helsinki 1910 (ND 1981) (erfasst alle Bürger der Polis Athen sowie die Inhaber des athenischen Bürgerrechts, vom 7. bis zum 1. Jh. v. Chr.).

A. Mandouze u. a. (Hgg.), **Prosopographie Chrétienne du Bas-Empire**, Paris 1982 ff.

W. Peremans/E. Van't Dack et alii (Hgg.), **Prosopographia Ptolemaica** (= PP), 9 Bde., Louvain 1950–1981.

H.-G. Pflaum, **Essai sur les procurateurs équestres sous le Haut-Empire romain**, Paris 1950.

H.-G. Pflaum, **Les carrières procuratoriennes équestres sous le Haute-Empire romain**, 5 Bde., Paris 1960–1982.

P. Poralla, **Prosopographie der Lakedaimonier (bis 323 v. Chr.)**, Breslau 1913 (ND, mit Addenda von A.S. Bradford, Chicago 1985).

J. S. Traill, **Persons of ancient Athens,** Toronto 1994 ff.

Prosopographische Untersuchungen:

G. Alföldy, **Konsulat und Senatorenstand unter den Antoninen**, Bonn 1977.

H. Devijver, **Prosopographia militiarum equestrium quae fuerunt ab Augusto ad Gallienum**, 6 Bde., Leuven 1976–2001.

W. Eck, **Senatoren von Vespasian bis Hadrian. Prosopographische Untersuchungen mit Einschluß der Jahres- und Provinzialfasten der Statthalter**, München 1970 (vgl. dazu ergänzend Chiron 12, 1982, 281–362; 13, 1983, 147–237).

M. Gelzer, **Die Nobilität der römischen Republik**, Leipzig 1912 (ND 1983).

H. Halfmann, **Die Senatoren aus dem östlichen Teil des Imperium Romanum bis zum Ende des 2. Jahrhunderts n. Chr.**, Göttingen 1979.

F. Münzer, **Römische Adelsparteien und Adelsfamilien**, Stuttgart 1920 (ND 1963).

F. Quaß, **Die Honoratiorenschicht in den Städten des griechischen Ostens**, Stuttgart 1993.

M.-Th. Raepsaet-Charlier, **Prosopographie des femmes de l'ordre senátoriale (Ier – IIe siècles)**, Leuven 1987 (dazu ergänzend: Klio 75, 1993, 257–271).

R. Syme, **The Augustan Aristocracy**, Oxford 1985.

R. Syme, **The Roman Revolution**, Oxford 1939 (erneuerte dt. Übers.: Stuttgart 2003).
T.P. Wiseman, **New men in the Roman senate 139 B.C.–A.D. 14**, Oxford 1971.

Bibliographie:
Eine umfassende, systematisch geordnete Bibliographie zu prosopographischen Nachschlagewerken findet sich unter: http://bcs.fltr.ucl.ac.be/Proso.html.

4.4 Die Historische Anthropologie

Die Historische ANTHROPOLOGIE hat in den letzten Jahrzehnten einen lebhaften Aufschwung genommen, und zunehmend erscheinen auch in der Alten Geschichte Studien, die sich diesem Ansatz verpflichtet fühlen. Allerdings ist ‚Historische Anthropologie' ein Name für sehr vielfältige Forschungsrichtungen geworden. Gemeinsam ist allen ein unmittelbarer Bezug der Themen und Frageansätze auf den Menschen, d. h. auf sein Handeln, Wollen und Fühlen. Über diesen spezifischen Zugang hinaus ist eine weitere Eingrenzung kaum möglich, vielmehr ist gerade ein Pluralismus von Inhalten und methodischen Vorgehensweisen charakteristisch.

4.4.1 Anthropologie vs. Strukturgeschichte

Das Aufkommen der Historischen Anthropologie ist Teil der in den letzten Jahrzehnten weit vorangetriebenen inhaltlichen **Ausdifferenzierung der Geschichtswissenschaften**. Unmittelbare Wurzel ist das Vordringen sozialgeschichtlicher Forschungen, die zumal in Deutschland in den 1960er- und 1970er-Jahren die Dominanz politikhistorischer Ansätze beendeten. Bald erschienen jedoch manchen Forschern die stark an Macht und Herrschaft, Institutionen und Wirtschaft gebundenen Themen der sozialgeschichtlichen Forschung ebenfalls zu eng. Auch machte sich Skepsis gegenüber den strukturgeschichtlichen Betrachtungen als vorherrschendem Erklärungsansatz breit: Hinter den Strukturen drohten die historischen Akteure zu verschwinden. Um auch die Motive ihres Handelns zu erschließen, war es notwendig, die soziale Welt quasi ‚von innen' anzugehen und sich dem Denken, Fühlen und Handeln der gestaltenden und der betroffenen Menschen zu nähern.

Konsequenz derartiger Überlegungen war eine deutliche Vermehrung der Themenfelder. Zunächst wurden in die historischen Betrachtungen vor allem jene Subjekte miteinbezogen, die bislang nicht als geschichtsmächtig galten: Unterschichten und Frauen, Fremde und Kranke, oder auch die in ihrer jeweiligen Gesellschaft als ‚Randgruppen' angesehenen. Dabei ging es nicht nur um ein Nachholen der Erzählung ihrer ‚äußeren' Geschichte, sondern um die Erschließung der je spezifischen Sozialisierungs-, Verhaltens- oder Denkweisen. Charakteristisch für diesen Prozess ist die Ausweitung von einer ‚Geschichte der Frauen' – in ihren verschiedenen privaten und öffentlichen Wirkungsbereichen, als ein bislang deutlich vernachlässigtes Thema – hin zur Untersuchung von **Gender-Beziehungen**, als die je spezifischen, aufeinander bezogenen und voneinander abhängigen weiblichen und männlichen Lebensweisen und Denkmuster.

Mit Familie, Kindheit, Jugend und Alter, mit Körper und Sexualität, Krankheit und Tod, religiösem Empfinden und Handeln oder auch der Erfahrung von Fremdheit und Alterität wurden völlig neue Themen der menschlichen Lebenspraxis und Selbstwahrnehmung zum Gegenstand historischer Untersuchung. Die **elementaren Bereiche der menschlichen Existenz** waren damit selbst einer Historisierung unterzogen.

Für die Differenzierung der verschiedenen Seins-, Wahrnehmungs- und Deutungsebenen der Menschen wurden die **Mentalitäten** zu einem wichtigen Begriff, als Bezeichnung für die langfristigen Einstellungen und Wahrnehmungsweisen spezifischer Gruppen, die durch gemeinsame politische, kulturelle, materielle oder soziale Bedingungen geprägt werden. Auch ‚Erfahrung' entwickelte sich zu einer historischen Kategorie. Sie ist in der Lage, die Brücke zu Veränderungen und Entwicklungen zu schlagen. Nicht weniger gerieten die Symbole und das symbolische Handeln der Menschen in den Blick, als Teil der Lebenswirklichkeit und somit der Geschichte.

Die Aufsplitterung der Themenfelder und Perspektiven sowie das verstärkte Interesse für das Einzelne gingen einher mit einer **Verkleinerung des Maßstabs der Beobachtung**. Favorisiert wurden in räumlicher Dimension regionale und lokale Perspektiven. Im Hinblick auf die Ereignisdichte, ihre Verortung oder das Verhältnis zu Veränderungen wurde dem Alltag stärkeres Gewicht als den politischen Herrschafts- und Ereigniszusammenhängen eingeräumt, die ‚normalen' Menschen rückten an Stelle der Eliten. Selbst die den historischen Betrachtungen eigene Privilegierung des Wandels trat in Konkurrenz zu detaillierten und statisch anmutenden Nahaufnahmen.

Die Themen der Historischen Anthropologie sind nicht nur für die behandelten spezifischen Inhalte von Interesse, sondern darüber hinaus auch für eine **allgemeine Kulturgeschichte**: Viele Überschneidungen gibt es mit der manchmal als Bindestrich-Geschichten geschmähten neueren kulturgeschichtlichen Themenvielfalt. Doch es ist sinnvoll, eine Grenze beizubehalten, zumal auch der Kulturbegriff alles andere als einheitlich ist und unter dem Namen der Kulturgeschichte selbst wiederum unterschiedlichste Forschungsansätze betrieben werden. Während größere Teile der Kulturgeschichte zu einem Verständnis von Kultur als einem alle Lebensbereiche durchziehenden **Konstrukt** tendieren, kommt der Untersuchung der ‚materiellen' Lebensbereiche der Menschen in der Historischen Anthropologie eine unverzichtbare Position zu.

Abb. 47 Alltagsgeschichte auf Vasen: Frau mit Spindel vor Wollkorb, attische Lekythos, ca. 460 – 450 v. Chr.

Die Vielfalt der Themen in Relation zu den zur Verfügung stehenden Quellen deutet bereits an, dass die intensiven Ausdifferenzierungen innerhalb der Historischen Anthropologie in der Regel nicht von der Alten Geschichte vorangetrieben wurden. Schrittmacher waren in Frankreich vor allem Mediävisten der École des Annales, dazu war es die Neuere Geschichte mit ihrem weitaus reichhaltigeren Quellenmaterial. Von diesen erweiterten Perspektiven ausgehend erfreuen sich **historisch-anthropologische Fragestellungen** und Ansätze auch in der Alten Geschichte zunehmender Beliebtheit. Die bekannten Lücken im Material der Althistoriker werden in diesem Zusammenhang gerne überbrückt durch Modelle und Vergleichsbeispiele aus der **Ethnologie**, die für die Historische Anthropologie insgesamt zur Leitwissenschaft avancierte und die Soziologie zurückdrängte. Ihre Methoden schienen zur Erfassung des Gegenstands am besten geeignet: In Anlehnung an das ethnologische Konzept der teilnehmenden Beobachtung wurde die **Dichte Beschreibung** zur Leitlinie der Mikrohistorie. Charakteristisch ist ferner das Misstrauen gegenüber einer großen Theorie. An ihre Stelle setzt die Historische Anthropologie die Beobachtung und Beschreibung des Kleinen.

4.4.2 Anthropologie vs. Geschichte

Innerhalb der Historischen Anthropologie ist allerdings noch eine andere Richtung festzustellen, die stärker einem Verständnis von Anthropologie als Begriff für die **Gleichheit der menschlichen Natur** verbunden ist. Diesbezüglich wird einerseits versucht, menschliche Grundphänomene als Erklärungsansatz für menschliches Handeln zu nutzen, andererseits werden im Rahmen einer ‚Historischen' Anthropologie die vermeintlichen biologischen oder sozialen Konstanten der Menschen konsequent historisiert, und es wird nach den Unterschieden der jeweiligen anthropologischen Ausprägungen in verschiedenen Epochen und Kulturen gesucht.

Methodische Vorgehensweise ist ein universal-historischer Zugriff auf **menschliche Grundphänomene**. Die in bestimmten Epochen oder Kulturen gewonnenen Verhaltens- oder Denkweisen werden für weitere Kontexte vergleichend herangezogen. Gerade die vielen kleinen Unterschiede, die eine historische Betrachtung solcher anthropologischer Grundbefindlichkeiten in verschiedenen Kulturen sichtbar macht, mahnen indes zur Vorsicht bei der Übertragung vermeintlicher Analogien. So ergiebig und anregend sich manche althistorische Studien auch präsentiert haben mögen dadurch, dass ethnographische Parallelen herangezogen oder griechische mit römischen Verhältnissen verglichen wurden–letztlich kann sich ein solcher Vergleich nur auf Bezüge verschiedener Faktoren und ihr Zusammenwirken stützen. Damit nähert er sich aber wieder einem strukturalistischen, statischen Ansatz und verrät so erneut das der historisch-anthropologischen Zugangsweise eigene Spannungsverhältnis zu einer strukturalen Anthropologie.

4.4.3 Ausblick

Gegenüber der Historischen Anthropologie wurde Kritik vorgebracht, die ihre verschiedenen Zweige unterschiedlich betrifft: Vorgeworfen wird ein **Relativismus**, der dem Ansatz eigen sei und es kaum mehr ermögliche, wichtige Faktoren und Entwicklungen von den weniger Wichtigen zu unterscheiden. Ebenso gehe die Einheit der Geschichte in der Darstellung bzw. das vergangene Geschehen als Gegenstand überhaupt verloren. Schließlich sei durch die Parzellierung und dadurch, dass die Ergebnisse nicht mehr aufeinander bezogen werden könnten, die innerwissenschaftliche Überprüfbarkeit der Untersuchungen aufgehoben.

Auf der Habenseite der Historischen Anthropologie steht dagegen eindeutig der **interkulturelle und komparative Ansatz**. Auch hat die – manchem als Wucherung erscheinende – Vervielfältigung der Themen insgesamt doch zu einer erheblichen, und eben auch qualitativ fassbaren Erweiterung des Blicks und ebenso des Instrumentariums der historischen Analyse beigetragen. Und nicht zuletzt besitzen die Themen der Historischen Anthropologie eine deutlich größere Nähe zu den Interessen und Bedürfnissen eines breiteren Publikums. Sie helfen, die Kluft zwischen professionellen Historikern und dem allgemeinen Geschichtsinteresse zumindest an einigen Punkten zu überbrücken.

Der Alten Geschichte kommen innerhalb einer Historischen Anthropologie besondere Chancen vor allem aufgrund ihrer Prädestination für kulturübergreifende Vergleiche zu (→ **Kap. 1.3.7**). Über die Modellhaftigkeit und Abgeschlossenheit hinaus ergeben sich diese bereits im Rahmen des von der Alten Geschichte behandelten zeitlichen und räumlichen Gegenstandsbereiches: Denn die gemeinsame Berücksichtigung der beiden großen Kulturen, der Griechen und der Römer, gehört – allen Spezialisierungen zum Trotz – zum Kompetenzbereich eines jeden Althistorikers.

Literatur

Einführungen:

S. Burghartz, **Historische Anthropologie/Mikrogeschichte**, in: J. Eibach/G. Lottes (Hgg.), Kompass der Geschichtswissenschaft, Göttingen 2002, 206–218.

U. Daniel, **Kompendium der Kulturgeschichte. Theorien, Praxis, Schlüsselwörter**, 5. Aufl., Frankfurt/Main 2006.

G. Dressel, **Historische Anthropologie. Eine Einführung**, Wien 1996.

J. Martin, **Der Wandel des Beständigen. Überlegungen zu einer Historischen Anthropologie**, Freiburger Universitätsblätter Heft 126, Jg. 33, 1994, 35–46.

H. Medick, **Historische Anthropologie**, in: S. Jordan (Hg.), Lexikon Geschichtswissenschaft, Stuttgart 2002, 157–161.

J. Tanner, **Historische Anthropologie zur Einführung**, Hamburg 2004.

O. Ulbricht, **Neue Kulturgeschichte, Historische Anthropologie**, in: R. van Dülmen (Hg.), Fischer Lexikon Geschichte, 2. Aufl., Frankfurt/Main 2003, 56–83.

R. van Dülmen, **Historische Anthropologie. Entwicklungen, Probleme, Aufgaben**, Köln 2000.

A. Winterling (Hg.), **Historische Anthropologie**, Stuttgart 2006.

Studien:

J. Martin, **Zwei Alte Geschichten. Vergleichende historisch-anthropologische Betrachtungen zu Griechenland und Rom**, Saeculum 48, 1997, 1–20 (wiederabgedruckt in: Ders., Bedingungen menschlichen Handelns in der Antike. Gesammelte Beiträge zur historischen Anthropologie, Stuttgart 2009).

Ch. Meier, **Die Griechen und die Anderen**, in: ders., Die Welt der Geschichte und die Provinz des Historikers. Drei Überlegungen, Berlin 1989, 34–69.

W. Schmitz, **Die geschorene Braut. Kommunitäre Lebensformen in Sparta?** HZ 274, 2002, 561–602.

W. Schmitz, **Nachbarschaft und Dorfgemeinschaft im archaischen und klassischen Griechenland**, Berlin 2004.

5 Studium und Beruf

Überblick
Die Universität ist mehr als nur eine Ansammlung von Räumen, in denen geforscht und gelehrt wird, sie ist eine eigene Welt für sich, und das viel zitierte ‚Studentenleben' gibt es – trotz schwindender Spielräume – auch heute noch. Wer in diese Welt eindringen und ihre mannigfaltigen Herausforderungen meistern will, hat es gerade am Anfang nicht immer leicht, und um ein Studium erfolgreich abzuschließen, muss man sich gut organisieren und den Blick fürs Wesentliche bewahren. Am Ende steht die schwierige Frage nach den beruflichen Möglichkeiten, die ein geisteswissenschaftlicher Studienabschluss eröffnet. Die folgenden Ausführungen wollen hierzu einige Hinweise und Hilfestellungen geben, um so das Dickicht des universitären Dschungels vielleicht ein wenig zu lichten.

5.1 Das Studium

Obwohl sich Schule und Universität in den letzten Jahren einander erkennbar angenähert haben, gibt es immer noch grundsätzliche Unterschiede zwischen beiden Institutionen. Das Universitätsstudium zielt nämlich nach wie vor auf eine **wissenschaftliche Ausbildung** ab, und dies bedeutet, dass nicht die Wissensvermittlung als solche im Mittelpunkt steht, sondern vielmehr, wie Wissen überhaupt ‚produziert' wird. Wissenschaft heißt, einen Blick hinter die Kulissen zu werfen und den Dingen auf den Grund zu gehen. Manche für unumstößlich gehaltene ‚Wahrheit' löst sich dadurch in nichts auf; im Gegenzug aber wird man fremde Behauptungen und Ansichten besser einschätzen können und idealerweise in der Lage sein, sich selbst eine solide Meinung zu Sachverhalten zu bilden. Dafür muss man natürlich gelernt haben, **selbstständig zu arbeiten**, und auch dies ist ein zentrales Studienziel!

Für **Studienanfänger** ist es dabei nicht immer ganz einfach. In einer Situation, die ohnehin für Verunsicherung sorgen kann (erstes eigenes

Zimmer, neuer Wohnort, Anonymität an großen Universitäten etc.), litt früher so mancher Erstsemester unter Orientierungsschwierigkeiten, weil an den Universitäten damals noch sehr wenig vorgeschrieben war. Heute überfordert eher das Gegenteil: Nicht wenige haben seit der umfassenden Studienreformen der vergangenen 20 Jahre, die eine starke Leistungsverdichtung erbracht haben, das Gefühl, vom ersten Tag an unter Druck zu stehen. Die Folge: Unlust kommt auf. Das führt zu ganz neuen Phänomenen; allseits bekannt war in der Vergangenheit der sogenannte Uni-Bluff, der Versuch, die eigene Unsicherheit durch ein betont abgeklärtes und überlegen wirkendes Auftreten zu überspielen (s. u. den Hinweis auf das Buch von Wagner). In der aktuellen Gemengelage macht sich hingegen verstärkt der sogenannte Pennäler unangenehm bemerkbar, der versucht, sich mit minimalem Aufwand durchzulavieren.

Wie soll man das Studium vor diesem Hintergrund richtig anpacken? Die Antwort lautet: Nerven bewahren und sich die Uni nicht verleiden lassen! Schließlich studiert man ein Fach wie Geschichte noch immer in erster Linie für sich selbst, aus Neigung (denn Karriere macht man eher mit anderen Fächern). Und wer sich in Ruhe kundig macht, der wird feststellen, dass auch heutzutage noch genügend Freiräume existieren – es kommt also darauf an, diese zu erkennen und zu nutzen. Diesbezügliche Informationen kann man sich im Internet verschaffen, auf den einschlägigen Webseiten der Fakultäten und Institute. Noch wichtiger aber ist es, am Studienort selbst mit anderen Studierenden und mit Lehrenden zu reden; es gibt an jeder Universität und in jedem Fachbereich entsprechende Beratungsangebote. Wer das beherzigt, wird seine Zeit an der Hochschule zweifellos gewinnbringend gestalten können. Mit anderen Worten: **Man muss lernen, sich selbst zu organisieren**. Insofern hat sich im Kern dann doch wenig gewandelt, denn um nichts anderes ging es auch früher.

Was es darüber hinaus noch zu bedenken gilt im Zusammenhang mit einem Studium der Alten Geschichte, soll nun kurz ausgeführt werden. Da die jeweiligen Bestimmungen und Regelungen von Studienort zu Studienort allerdings ganz unterschiedlich sein können, verstehen sich die folgenden Bemerkungen natürlich eher als Hinweise und Empfehlungen.

5.1.1 Sprachliche Voraussetzungen

Die Sprache ist das Handwerkszeug der Geisteswissenschaften, und deshalb steht auch in der Alten Geschichte bei den sprachlichen Voraussetzungen an allererster Stelle ein gutes Deutsch. Wer mit Erfolg und Freude Alte Geschichte studieren will, der muss gerne und leicht lesen und schreiben können und dabei in der Lage sein, die eigenen Gedanken klar und präzise zu Papier zu bringen.

Immer von Vorteil sind ferner natürlich gute **Fremdsprachenkenntnisse** sowie das Talent, Fremdsprachen schnell zu erlernen. Um die Quellen der Alten Geschichte zu verstehen, sind – wie oben (→ **Kap. 2.2 und Kap 3.4**) erläutert – solide **Kenntnisse in Latein und Altgriechisch** unerlässlich. Für die einschlägige internationale Forschungsliteratur muss man auf jeden Fall Englisch wenigstens passiv beherrschen, wichtig ist selbstverständlich auch Französisch. Die Liste weiterer Sprachen, deren Kenntnis hilfreich ist, reicht von Italienisch und Spanisch über Neugriechisch und Türkisch bis zu den slawischen und skandinavischen Sprachen, doch dies soll – realistischerweise – nur der Vollständigkeit halber erwähnt sein. An den meisten Universitäten ist es möglich, Sprachkurse zu besuchen. Von besonderem Interesse sind hierbei natürlich Latein- und Altgriechischkurse. Wer eine oder gar beide alten Sprachen erst an der Universität in Angriff nehmen kann, ist gut beraten, sich am **Beginn des Studiums** voll und ganz darauf zu konzentrieren; nicht umsonst bekommt man dafür fast überall eine Verlängerung der Regelstudienzeit. Im Übrigen sollten diese Sprachanforderungen nicht als Hürde oder Schikane verstanden werden, sondern als Herausforderung und Chance.

Eine gute Möglichkeit, sich eine moderne Fremdsprache umfassend anzueignen, ist ein mindestens einsemestriger Studienaufenthalt im Ausland, der freilich auch sonst eine unschätzbare Gelegenheit ist, den eigenen Horizont zu erweitern. Entsprechende **Austauschprogramme** gibt es zuhauf, und wer kann, sollte ein Auslandsstudium absolvieren.

5.1.2 Fächerkombinationen

Geisteswissenschaften werden im deutschsprachigen Raum selten als ‚Einfachstudiengang' angeboten, so wie dies etwa bei naturwissenschaftlichen oder technischen Fächern teilweise üblich ist. Wer **Geschichte** oder speziell Alte Geschichte studiert, wird in der Regel also **ein weiteres Studienfach** dazu wählen. Was sinnvoll und überhaupt machbar ist, hängt vom jeweils gewählten Studienabschluss ab, und dieser wiederum – wenigstens tendenziell – vom Berufsziel (→ **Kap. 5.2**).

Das Lehramtsstudium (Bachelor-/Master of Education = B.Ed/M.Ed) soll im Hinblick auf die spätere Unterrichtstätigkeit in der Schule möglichst breit sein. Im Fach Geschichte bedeutet das konkret, dass man sich im Regelfall nicht offiziell auf eine bestimmte Epoche spezialisieren kann. Trotzdem ist ein selbst gewählter Schwerpunkt auf der Alten Geschichte möglich, zum Beispiel im Rahmen der Wahlpflichtveranstaltungen (→ **vgl. S. 240**), beim Selbststudium (→ **vgl. Kap 5.1.5**), und natürlich auch dadurch, dass man die wissenschaftliche Abschlussarbeit über ein Thema aus diesem Bereich anfertigt (→ **vgl. S. 248**). Wichtig für die Wahl der Studienfächer ist nun, dass man mit dem Studienziel B.Ed/M.Ed nur Fächer studieren kann, die zugleich an der Schule unterrichtet werden. Wer sich für die Antike interessiert, wird hier als Ergänzung zur (Alten) Geschichte vor allem an Latein und Altgriechisch denken; Geschichte als Lehramtsstudiengang wird aber auch häufig mit einer modernen Sprache (Deutsch, Englisch) oder einer Sozialwissenschaft kombiniert. Nicht möglich ist dagegen eine Kombination ‚Lehramt Geschichte' mit dem Fach ‚Klassische Archäologie', das nur mit einem **Bachelor** oder **Master of Arts** (B.A./M.A.) abgeschlossen werden kann. Wer die Alte Geschichte mit der Klassischen Archäologie (oder einer anderen der unzähligen Disziplinen, die kein Schulfach sind) verknüpfen will, sollte daher von vorneherein an einen B.A./M.A.-Studiengang denken. Diese Studienabschlüsse haben zudem den Vorteil, dass sie im Fach Geschichte üblicherweise eine Epochenspezialisierung erlauben, man also – in der Regel allerdings erst im BA-Hauptstudium oder im Master – nur noch Alte Geschichte studiert.

Neben den alten Sprachen und der Archäologie als den ‚klassischen' Nachbarfächern gibt es noch viele weitere Studienfächer, die sich mit der Alten Geschichte berühren und die deshalb sinnvoll mit ihr kombiniert werden können. Zu denken ist etwa an die Philosophie, die Theologie und die Rechtsgeschichte, an andere altertumswissenschaftliche Disziplinen wie die Ur- und Frühgeschichte, die Ägyptologie und die Altorientalistik, oder an moderne Sozial- und Kulturwissenschaften wie Soziologie, Politik und Ethnologie. Letztlich müssen die eigenen Vorlieben und Interessen den Ausschlag geben, doch wer sich strategisch verhalten will, sollte jedenfalls bedenken, dass ein zu enger Zuschnitt der Fächerkombination die Gefahr der Eindimensionalität birgt. Manchmal nämlich kommen die besten Ideen und Anregungen dadurch zustande, dass sich völlig verschiedene Denkweisen und einander fernstehende Fächertraditionen begegnen, und dies wird natürlich durch unorthodoxe Kombinationen wesentlich befördert.

5.1.3 Struktur des Studiums und Veranstaltungsformen

Bis vor etwa zwei Jahrzehnten war das Studium klar unterteilt in eine Phase, in der man Lehrveranstaltungen besuchte, und eine anschließende Examensphase, in der man eine Abschlussarbeit verfasste und (schriftliche und mündliche) Prüfungen absolvierte. Heute sind diese Prüfungen meist ‚studienbegleitend' organisiert, d.h., sie werden schon während des Studiums im Zusammenhang mit Lehrveranstaltungen abgelegt, zählen aber bereits für das Abschlusszeugnis. Die schriftliche Examensarbeit (Bachelor- oder Masterarbeit) steht dagegen in aller Regel immer noch am Ende eines Studienabschnitts.

Daneben muss man selbstverständlich auch die einzelnen Lehrveranstaltungen erfolgreich abschließen, wofür es gesonderte Nachweise gibt, die heute in der Regel elektronisch auf Studiengangsorganisationsplattformen verbucht werden.

Welche Veranstaltungen man in seinen Studienfächern erfolgreich besuchen muss, und in welcher Reihenfolge dies empfohlen oder gar vorgeschrieben wird, erfährt man aus den jeweiligen **Prüfungsordnungen** und **Modulhandbüchern**, die das Studienpensum in der Regel in Form von tabellarischen Übersichten veranschaulichen. Als Gliederungsprinzip dienen dabei die (Lehrveranstaltungs-)MODULE. Darunter versteht man Kombinationen von zumeist zwei bis vier zusammengehörigen Veranstaltungen (in Geschichte z.B. Kurse zu einer bestimmten Epoche), die in der Regel gleichzeitig oder zumindest in engem zeitlichem Zusammenhang – etwa in aufeinanderfolgenden Semestern – belegt werden müssen, und für die es mancherorts auch nur einen einzigen Gesamtleistungsnachweis gibt (‚Modulnote'). Damit verknüpft sind die sogenannten **Leistungspunkte** (auch: *credit points* oder ECTS-Punkte – [= European Credit Transfer System]), die für einzelne Veranstaltungen oder für ein Modul vergeben werden. Bei diesen handelt es sich freilich nicht, wie oft irrtümlich angenommen wird, um eine Art Notengebung. Noten gibt es außerdem noch, sie reichen an der Universität von 1 (= sehr gut) bis 5 (= nicht bestanden). Die Leistungspunkte spiegeln vielmehr den **Zeitaufwand** wider, den man für eine Veranstaltung einplanen soll (*work load*), und sie sind daher in gewisser Weise ein Maßstab für die Relevanz einer Veranstaltung oder eines Moduls (zur genauen Zeitkalkulation → **Kap. 5.1.4**). Wenn man eine Veranstaltung besteht, erhält man also immer die volle Zahl an Leistungspunkten, egal, welche Note man erreicht hat, und natürlich auch bei unbenoteten Veranstaltungen.

Die Studienpläne und Modultabellen unterscheiden im Bachelor zwischen einem viersemestrigen **Grundstudium**, das in die Grundlagen des Faches einführt, und einem anschließenden zweisemestrigen **Hauptstudium**, das Gelegenheit zur Vertiefung bieten soll. Getrennt sind diese beiden Studienabschnitte häufig durch eine sogenannte Zwischenprüfung, was von Studienort zu Studienort Unterschiedliches bedeutet (→ **Kap. 5.1.7**). Nach dem Bachelor kann man sich dann für ein viersemestriges Master-Studium bewerben. Im M.A. muss man sich spätestens hier nun auf ein einziges Studienfach spezialisieren.

Die ‚Bausteine', aus denen die Module zumeist bestehen, sind die drei ‚klassischen' geisteswissenschaftlichen Veranstaltungstypen **Vorlesung**, **Seminar** und **Übung**, die nun der Reihe nach vorgestellt werden sollen.

a) Die Vorlesung

Die Vorlesung ist nach wie vor die ‚Königin' der universitären Lehrveranstaltungen. Sie besteht im Normalfall aus einem 90minütigen Vortrag pro Sitzung, diskutiert wird in der Regel nicht. Für eine Diskussion wären die meisten Auditorien wohl auch einfach zu groß, denn nicht selten finden Vorlesungen vor hundert oder mehr Zuhörern statt.

Vorlesungen werden gerne zu **Überblicksthemen** angeboten, und die Lehrenden bemühen sich zumeist, eine Synthese der einschlägigen Quellen und Forschungsliteratur (auf aktuellem Stand) mit ihrer eigenen diesbezüglichen Einschätzung zu verbinden. Mit anderen Worten: Die Studierenden bekommen in Vorlesungen im Idealfall die neuesten Forschungen ihrer Professoren und Professorinnen ‚frei Haus geliefert', womöglich noch vor einer eventuellen Publikation. Genau das ist es, was Vorlesungen so wertvoll machen kann. Dabei empfiehlt es sich freilich, mehr zu tun als einfach nur zuzuhören und so viel wie möglich mitzuschreiben. Selbst bei Vorlesungen gilt nämlich: Je mehr Arbeit man investiert, desto mehr wird man hinterher aus der betreffenden Veranstaltung mitnehmen können. Man sollte Vorlesungsstunden also vor- und nachbereiten, d. h. Literaturhinweise lesen und die eigenen Mitschriften überprüfen.

Vorlesungen sind fast ausnahmslos „für alle Semester", und das bedeutet umgekehrt, dass die Lehrenden sich meistens nicht an einem bestimmten Wissensstand orientieren; es kann also gut sein, dass man gerade als Anfänger nicht alles versteht, was in der Vorlesung besprochen wird. Dies wird sich im Verlauf des Studiums bessern. Vor allem im Bachelor-Hauptstudium und im Master werden Vorlesungen mit mündlichen oder schriftlichen

Prüfungen abgeschlossen; dies sind häufig die oben erwähnten „studienbegleitenden Abschlussprüfungen".

b) Das Seminar

Das SEMINAR ist demgegenüber der Veranstaltungstyp, der dem Schulunterricht wohl am nächsten kommen dürfte. Hier wird in einer festen und überschaubaren Gruppe – zwanzig Teilnehmer sind eine Idealgröße – über ein Spezialthema vertieft diskutiert. Dabei herrscht in den meisten Seminaren insofern ein gewisser Druck, als es sich bei ihnen fast überall um die zwingend vorgeschriebenen Pflichtveranstaltungen handelt. Deswegen sind Seminare auch stärker formal reglementiert und inhaltlich strukturiert als zum Beispiel Übungen. Die Pflichtthemen und Pflichtleistungen eines Studiengangs werden in der Regel im Rahmen von Seminaren absolviert: Im Grundstudium wird in den so genannten **Proseminaren** in das wissenschaftliche Arbeiten eingeführt, im Fach Geschichte kommt vielerorts hinzu, dass die Studierenden durch ihre Proseminare alle drei großen Epochen abdecken müssen. Eine Schwerpunktbildung ist üblicherweise erst im Hauptstudium in den so genannten **Hauptseminaren** möglich, in denen die Lehrenden freilich weit größere Erwartungen an Pensum und Qualität der Arbeit der Teilnehmenden stellen, als dies im Grundstudium der Fall zu sein pflegt. Die Leistungsanforderungen im Seminar reichen von der Klausur über eines oder mehrere Referate bis zur wissenschaftlichen Hausarbeit, hinzu kommen kann die eine oder andere kleinere schriftliche Aufgabe (Protokoll, Rezension; → **Kap. 3.5.2**). Nicht selten müssen für einen Seminarschein alle diese Leistungen zusammen erbracht werden. Die Seminare sind also sehr aufwändige und zeitintensive Veranstaltungen, und man kann sie durchaus als den ‚Kern' der universitären Lehre betrachten. Für die eigene Studienplanung empfiehlt es sich daher, nach erfolgreichem Abschluss der eventuell erforderlichen Sprachkurse (die immer Vorrang haben sollten) die jeweiligen Pflichtseminare in den Mittelpunkt zu stellen und alles andere diesen unterzuordnen.

Weil Seminare so wichtig sind, werden sie – hauptsächlich im Grundstudium – bisweilen von so genannten TUTORIEN begleitet. Dabei handelt es sich um teils freiwillige, teils verpflichtende zusätzliche Sitzungen, die von Studierenden aus höherem Semester geleitet werden und in denen die Seminarteilnehmer den behandelten Stoff noch einmal wiederholen und einüben oder auch über unklare Punkte oder Probleme sprechen können. Im ersten oder zweiten Semester lohnt sich der Besuch eines Tutoriums auf jeden Fall, nicht zuletzt, weil man dadurch seine Mitstudierenden, die so genannten KOMMILITONINNEN und KOMMILITONEN, besser kennen lernt.

c) Die Übung

Auch in Übungen wird ein Spezialthema im Rahmen einer kleineren Gruppe intensiv erarbeitet. Übungen unterscheiden sich von Seminaren allerdings dadurch, dass in ihnen meistens geringere Leistungsanforderungen gelten und formal wie inhaltlich für alle Beteiligten größere Freiräume bestehen. Für einen Leistungsnachweis reichen oft ein Kurzreferat und eine kurze schriftliche Arbeit wie etwa ein Referatspapier oder Essay aus, längere wissenschaftliche Hausarbeiten sind in Übungen eine absolute Ausnahme. Im Modulhandbuch gehören Übungen häufig zum so genannten **Wahlpflichtbereich**. Damit wird gemeinhin ein größeres Angebot an Lehrveranstaltungen bezeichnet, aus dem dann nur eine bestimmte Anzahl im Laufe des Studiums erfolgreich besucht werden muss, ohne dass ansonsten etwas vorgeschrieben wäre. Übungen erlauben es also, selbst gewählte Studienschwerpunkte zu setzen. Durch diese freieren Rahmenbedingungen lassen die Übungen natürlich auch den Lehrenden mehr Spielräume. Neue Ideen und unübliche Themen werden daher eher in Form einer Übung in die Lehre hineingetragen, und deswegen kann es sich lohnen, mehr Übungen zu besuchen, als im Studiengang vorgesehen ist.

d) Kolloquien, Exkursionen, Repetitorien

Neben Vorlesungen, Pro- und Hauptseminaren sowie Übungen gibt es an den meisten Universitäten noch andere Lehrveranstaltungstypen und zum Teil auch besondere Bezeichnungen für Veranstaltungen, die andernorts der klassischen Trias ‚Vorlesung / Seminar / Übung' zugerechnet würden. Im Folgenden seien die wichtigsten dieser Sonderformen stichwortartig erläutert:

- **Blockveranstaltung**: siehe Kompaktkurs.
- **EXKURSION**: Studienreise, deren Dauer zwischen einem halben Tag und mehreren Wochen liegt. Exkursionen sind meist mit vorbereitenden Veranstaltungen verbunden, gerne mit Kompaktkursen. Die Exkursionsteilnehmer müssen in der Regel einen finanziellen Eigenbeitrag zu den Reisekosten leisten, und es ist üblich, dass am

Zielort Referate zu den besichtigten Stätten oder Exponaten gehalten werden.

- **Interpretationskurs**: siehe Lektürekurs/Quellenlektüre.
- **KOLLOQUIUM**: Lehrveranstaltung für Examenskandidaten und Doktoranden, in der die Teilnehmer ihre Forschungsprojekte, Examensarbeiten oder Prüfungsgebiete vorstellen. Kolloquien stehen in der Regel nicht unter einem Rahmenthema.
- **Kompaktkurs**: Veranstaltung, die am Stück oder in mehreren längeren Zeitblöcken abgehalten wird, zum Beispiel an Wochenenden oder in der ersten Woche der vorlesungsfreien Zeit. Kompaktkurse finden manchmal auswärts in Tagungs- und Bildungszentren statt.
- **Lektürekurs**: Übung (seltener Seminar), in der eines oder mehrere Bücher ganz durchgelesen und diskutiert werden. Dabei kann es sich sowohl um Quellen, als auch um Sekundärliteratur handeln.
- **Oberseminar**: Lehrveranstaltung für Examenskandidaten und Doktoranden, im Unterschied zum Kolloquium in der Regel unter einem gemeinsamen Rahmenthema.
- **Quellenlektüre**: Übung (seltener Seminar), in der ausschließlich Quellen gelesen und gemeinsam besprochen werden.
- **REPETITORIUM/Repetitionskurs**: Übung mit Überblickscharakter, die gerne auch speziell zur Prüfungsvorbereitung angeboten wird.
- **Ringvorlesung**: Vorlesung, die zwar unter einem Rahmenthema steht, die aber von verschiedenen Lehrenden bestritten wird.

5.1.4 Der Stundenplan

Wer sich für seine Studienfächer die betreffenden **Prüfungsordnungen** und **Modulhandbücher** besorgt hat, kann leicht ausrechnen, wie viele Lehrveranstaltungen pro Semester erfolgreich zu absolvieren sind. Als Faustregel gilt, dass pro Semester insgesamt 30 Leistungspunkte erworben werden sollen.

An dieser Stelle überfällt die meisten Studienanfänger ein großes Erstaunen: Sie stellen nämlich fest, dass man auf diese Weise einen Stundenplan von vielleicht vierzehn bis achtzehn Wochenstunden erhält, teilweise jedoch auch weniger. Das ist für jemanden, der als Schüler bis vor kurzem dreißig und mehr Wochenstunden auf dem Plan hatte, nur sehr schwer verständlich, und manch einer begeht daraufhin den Fehler, viel zu viele Lehrveranstaltungen anzuvisieren, in der irrigen Annahme, dass jeweils nur die eigentliche Sitzungszeit aufzuwenden wäre. Es ist aber oben bereits angedeutet worden, dass Lehrveranstaltungen in geisteswissenschaftlichen Studienfächern immer und ohne Ausnahme einen zusätzlichen **Zeitaufwand zur Vor- und Nachbereitung** der Sitzungen erfordern. Wer eine zweistündige Vorlesung hört, kann hierfür mindestens noch einmal zwei Stunden in der Woche einplanen, bei einer Übung kann man zur Berechnung der zusätzlichen Arbeitszeit die Sitzungsdauer verdoppeln, bei einem Seminar leicht vervierfachen. Darüber hinaus kosten auch die Sprachkurse an der Universität viel Zeit und sind mit dem Fremdsprachenunterricht in der Schule nur bedingt zu vergleichen, da das Lernpensum zumeist ungleich größer ist. Es hat also durchaus seine Richtigkeit damit, dass man ein Studium zügig bewältigt, wenn man fünf bis sechs Seminare pro Semester belegt. Nach dem ersten Semester wissen es alle: mehr geht auch kaum. Dabei sollte man sich gerade am Beginn des Studiums vielleicht etwas weniger zumuten, denn die meisten benötigen in dieser Phase noch Zeit, um sich einzugewöhnen, am Studienort, aber auch im Studium selbst. Vor allem muss man herausfinden, wie das **eigene Arbeitstempo** und das sich daraus ergebende Pensum in etwa beschaffen sind; dies kann individuell sehr verschieden sein, und es ist in diesem Zusammenhang allemal besser, aus dem ersten Semester den Eindruck mitzunehmen, dass man sich noch steigern kann, als schon am Anfang dem Druck nicht standgehalten zu haben.

Für die Erstellung des tatsächlichen Stundenplans benötigt man freilich keine Modulhandbücher, sondern nur ein **Vorlesungsverzeichnis**, wenn möglich eine Version mit Erläuterungen zu den einzelnen Veranstaltungen, damit man einen ersten Eindruck davon gewinnt, worum es in den Seminaren, Übungen und Vorlesungen jeweils geht. Solche kommentierten Verzeichnisse findet man in der Regel im Internet, gerne übersichtlich nach Modulen arrangiert, und häufig verknüpft mit einem speziellen Anmeldesystem, mit dessen Hilfe man sich dann für den gewünschten Kurs eintragen kann. Dabei wird sich nicht immer alles realisieren lassen, was man geplant hat, denn manche Seminare sind allzu schnell überfüllt, und anderes muss natürlich zeitlich aufeinander abgestimmt werden. Hier muss man flexibel sein, und vor allem ist es entscheidend, dass man die richtigen Prioritäten setzt. Deshalb sei noch einmal betont, dass zunächst **Sprachkurse** und dann **Seminare** absoluten Vorrang im Stundenplan haben sollten! Alle anderen Veranstaltungen sollten um diese Kernelemente herumgebaut werden. Darüber hinaus ist es ratsam, auch nicht zu viele Lehrveranstaltungen direkt hintereinander bzw. an einem einzigen Tag einzuplanen. Erfahrungsgemäß lässt die Konzentrationsfähigkeit in solchen Situationen so stark nach, dass man sich die letzte oder gar die letzten Veranstaltungen eines überlangen Tages wahrscheinlich besser ganz gespart hätte. Eventuelle Lücken im Stundenplan lassen sich immer sinnvoll füllen, etwa durch Selbststudium oder die notwendige Arbeit in der Bibliothek (→ **Kap. 5.1.6**).

Tipp

Die Veranstaltungszeiten werden an den meisten Universitäten nicht exakt angegeben. Wenn der Beginn zu einer vollen Stunde vermerkt ist, bedeutet dies in der Regel, dass *cum tempore* (c.t. = mit Zeit) begonnen wird, also fünfzehn Minuten später. Nur der umgekehrte Fall, ein exakter Beginn zur vollen Stunde, wird eigens gekennzeichnet, und zwar durch das Kürzel ‚s.t.' (*sine tempore* = ohne Zeit). Die Veranstaltungsstunde dauert, wie an der Schule, nur 45 Minuten. Bei zweistündigen Sitzungen wird oft keine Pause gemacht, ein Seminar von 10 bis 12 Uhr dauert daher von 10.15 bis 11.45 Uhr.

5.1.5 Das Selbststudium

Ein Geschichtsstudium besteht bei weitem nicht nur darin, Lehrveranstaltungen zu besuchen, schriftliche Arbeiten zu verfassen und am Ende eine Prüfung abzulegen. In den meisten Lehrveranstaltungen werden nur sehr spezielle Themen behandelt, denn eine solche Detailarbeit erlaubt es am besten, die Methode des wissenschaftlichen Arbeitens exemplarisch vorzuführen und einzuüben. Andererseits ist es unbestritten, dass man viele historische Einzelheiten eigentlich erst dann angemessen verstehen kann, wenn man sie in einen breiteren Kontext einzubetten vermag. Man benötigt also auch breites **Hintergrundwissen**, doch dies wird selten in Lehrveranstaltungen vermittelt. Auszunehmen sind hier vielleicht die Repetitorien und manche Vorlesungen, aber zumeist setzen die Lehrenden das Faktenwissen einfach voraus, anstatt es zum Gegenstand ihrer Veranstaltung zu machen. Man erwartet von den Studierenden, dass sie sich die notwendigen Informationen durch eigenständige Lektüre aneignen. Dies ist das so genannte **Selbststudium**.

Es sei an dieser Stelle wirklich allen dringend empfohlen, dieses Selbststudium tatsächlich zu betreiben und über das eigentliche Seminar- oder

Referatsthema hinaus **flankierende Literatur zu lesen**. Nur auf diese Weise ist es möglich, sich nach und nach einen Überblick zu verschaffen, und nur so kann man die unvermeidbaren Wissenslücken verkleinern (ganz schließen können wird man sie nie), die zwischen dem klaffen, was man sich im Verlauf von Lehrveranstaltungen als so genannte ‚Wissensinseln' mühsam erarbeitet hat. Keine Überblicksveranstaltung wird dieselbe Stoffmenge behandeln können, die durch ein normales Lesepensum zu bewältigen ist. Repetitorien und Überblicksvorlesungen dienen also eher dazu, das Selbststudium zu begleiten und zu unterstützen, nicht zuletzt mit Vorschlägen, wo und wie man damit beginnen könnte.

Als ein solches **Einstiegsprogramm** verstehen sich auch die folgenden Empfehlungen mit der derzeit grundlegenden und zugleich relativ erschwinglichen deutschsprachigen Handbuchliteratur zur Alten Geschichte.

a) Die neuesten Darstellungen der gesamten Antike in einem Band:

- H.-J. Gehrke/H. Schneider (Hgg.), **Geschichte der Antike. Ein Studienbuch**, 5. Aufl., Stuttgart/Weimar 2019.
- J. Bartels/H. Blum/J. Fündling, **Die Antike**, Konstanz 2015.

b) Die kompakten Darstellungen der Reihe C.H. Beck Wissen:

- S. Deger-Jalkotzy, **Das mykenische Griechenland**, München 2018.
- D. Lotze, **Griechische Geschichte**, 9. Aufl., München 2017.
- K. Bringmann, **Römische Geschichte**, 11. Aufl., München 2019.

c) Die ausführlichen Darstellungen der Reihe „C.H. Beck Geschichte der Antike“:

- E. Stein-Hölkeskamp, **Das archaische Griechenland. Die Stadt und das Meer**, München 2015.
- S. Schmidt-Hofner, **Das klassische Griechenland. Der Krieg und die Freiheit**, München 2016.
- P. Scholz, **Der Hellenismus. Der Hof und die Welt**, München 2015.
- W. Blösel, **Die römische Republik. Forum und Expansion**, München 2015.
- A. Eich, **Die römische Kaiserzeit. Die Legionen und das Imperium**, München 2014.
- R. Pfeilschifter, **Die Spätantike. Der eine Gott und die vielen Herrscher**, 2. Aufl., München 2018.

Das Selbststudium sollte sich freilich nicht nur mit Handbüchern und Forschungsliteratur befassen, sondern sich auch auf **Quellentexte** erstrecken. Dabei sind die Werke der antiken Schriftsteller auch heute noch zweifellos ein Stück Weltliteratur. Sie zu lesen ist deshalb keineswegs nur eine ‚professionelle' Pflicht, die untrennbar zum Studium der Alten Geschichte gehört; die Lektüre klassischer Texte ist vielmehr meistens ausgesprochen amüsant und interessant, antike Werke sind nach wie vor Bildungsgut, und sie lesen sich – in Übersetzung – oft leichter und schneller als ‚trockene' Sekundärtitel. Im Folgenden wird daher die Lektüre je eines kleineren Werkes oder Werkabschnitts empfohlen:

a) Griechische Historiographen und Biographen

- Herodot (5. Jh. v. Chr.), **Historien**.
- Thukydides (5. Jh. v. Chr.), **Geschichte des Peloponnesischen Krieges**.
- Polybios (2. Jh. v. Chr.), **Historien**.
- Plutarch (1./2. Jh. n. Chr.), **Parallelbiographien großer Griechen und Römer**.
- Cassius Dio (3. Jh. n. Chr.), **Römische Geschichte**.

b) Lateinische Historiographen und Biographen

- Cicero (1. Jh. v. Chr.), **Der Staat**; **Rede über den Oberbefehl des Pompeius** u. a.
- Sallust (1. Jh. v. Chr.), **Die Verschwörung des Catilina**; **Der Krieg gegen Jugurtha**.
- Augustus, **Tatenbericht** (*Res Gestae*).
- Livius (1. Jh. v./1. Jh. n. Chr.), **Römische Geschichte**.
- Tacitus (1./2. Jh. n. Chr.), **Germania**; **Historien**; **Annalen**; **Agricola**.
- Sueton (1./2. Jh. n. Chr.), **Kaiserbiographien**.
- Ammianus Marcellinus (4. Jh. n. Chr.), **Römische Geschichte**.

5.1.6 Bibliotheken und ihre Benutzung

Wer die vorigen Kapitel aufmerksam studiert hat, dem dürfte klar geworden sein, dass ein wesentlicher Teil der Arbeit im Bereich der Alten Geschichte in und im Umkreis von wissenschaftlichen Bibliotheken stattfindet. Dabei unterscheidet man verschiedene Arten von Bibliotheken. An den meisten Universitäten gibt es auf der einen Seite eine große Zentralbibliothek für alle Fachbereiche, die **Universitätsbibliothek** (UB), und andererseits so genannte **Fach- oder Seminarbibliotheken**. Während man die meisten Bücher der UB ausleihen und mit nach Hause nehmen kann, sind Seminarbibliotheken fast immer **Präsenzbibliotheken**, das heißt, dass die Bücher nur dort benutzt und allenfalls für eine Kopierausleihe kurzfristig mitgenommen werden können. Umgekehrt aber sind die Bücher in Präsenzbibliotheken frei zugänglich, man kann also selbst ans Regal gehen und so die benötigten Werke bequem einsehen; demgegenüber besitzen viele Zentralbibliotheken zwar ebenfalls einen so genannten Freihandbestand und Lesesäle, doch ein Großteil ihrer Titel ist schon aus Platzgründen im Regelfall in Magazinen untergebracht und nur über ein mehr oder weniger aufwändiges Bestellverfahren verfügbar.

Je nachdem ob man es mit einer Freihand-, Präsenz- oder Magazinbibliothek zu tun hat, sieht das konkrete Vorgehen etwas anders aus. Grundsätzlich sind alle Titel einer Bibliothek in einem online zugänglichen Katalog erfasst (sog. OPAC). Will man also herausfinden, ob ein bei der Quellen- oder Literaturrecherche notierter Titel in der betreffenden Bibliothek vorhanden ist, muss man dies im jeweiligen OPAC überprüfen. Wenn es das Buch gibt, wird der entsprechende Eintrag im Katalog neben den bibliographischen Angaben eine so genannte SIGNATUR verzeichnen. Dabei handelt es sich um eine Kombination aus Buchstaben und Zahlen, die das Buch eindeutig identifiziert. Bei einer Bibliothek mit nicht zugänglichem Magazinbestand muss man die Signatur in ein Bestellformular eintragen und erhält auf diese Weise den gewünschten Titel, bei einer Bibliothek mit zugänglichem Bestand muss man das entsprechende Regal anhand eines Standortplans aufsuchen. Freihandbibliotheken sind oft so organisiert, dass die Signaturen nach Sachgebieten eingeteilt worden sind. Deswegen lohnt es immer dort, wo man ein gesuchtes Buch aufgefunden hat, sich im betreffenden Regal noch ein wenig umzuschauen; vielleicht findet man so sachverwandte Titel, auf die man beim Bibliographieren nicht gestoßen ist. Darüber hinaus gibt es in fast jeder wissenschaftlichen Bibliothek die Möglichkeit einer computerisierten Schlagwortrecherche, mit deren Hilfe man den Bestand systematisch durchsuchen kann.

Ist ein Buch an einem Universitätsstandort nicht vorhanden, so gibt es stets die Möglichkeit einer so genannten **Fernleihe**. Diese Dienstleistung wird normalerweise über die jeweilige UB abgewickelt und ist gebührenpflichtig. Da es bei Fernleihen in der Regel mehrere Wochen dauert, bis das gewünschte Buch eingetroffen ist, sollte man, wenn man unter Termindruck steht (Referat, Hausarbeit o. ä.), genau überlegen, ob sich der Aufwand überhaupt lohnt.

Eine gut sortierte Präsenz- oder Freihandbibliothek mit Lesesaal ist im Übrigen auch der geeignete Ort, um die **gefundene Literatur zu bearbeiten** und letztlich die eigenen Ergebnisse niederzuschreiben. Es ist ein unschätzbarer Vorteil einer wissenschaftlichen Bibliothek, dass man im Zweifelsfall kurzfristig auf einen sehr großen Bestand zugreifen kann, zum Beispiel auch auf fachspezifische Nachschlagewerke und umfangreiche Enzyklopädien. Wer gerne zuhause arbeitet, wird dagegen mit einer überschaubaren Anzahl entliehener Bücher und kopierter Auszüge hantieren, und es kann dabei immer wieder der Fall eintreten, dass man unversehens ein bestimmtes, dringend benötigtes Buch nicht zur Hand hat. Um hier Arbeitsunterbrechungen oder gar zeitaufwändiges Pendeln zu vermeiden, sollte man strategisch planen und – vor allem zu Beginn einer Arbeit – mehrere ‚Bibliothekstage' einkalkulieren, an denen man sich das einschlägige Material möglichst lückenlos beschafft (→ **Kap. 3.3**).

5.1.7 Prüfungen

An der Universität gibt es jede Menge Prüfungen, schriftliche und mündliche, Modul-, Orientierungs-, Zwischen- und Abschlussprüfungen, Hauptfach-, Nebenfach-, Ergänzungsprüfungen usw. Einigermaßen irritierend ist der Umstand, dass nicht alles, was als Prüfung bezeichnet wird, auch tatsächlich dem entspricht, was man sich darunter vorstellen würde. So manche Prüfung ist eigentlich lediglich ein administrativer Akt, das heißt, man meldet zum Beispiel vier Leistungsnachweise bei der zuständigen Stelle und erhält dafür eine fünfte Bescheinigung als Prüfungszeugnis. Vielerorts sind etwa die sogenannte **Orientierungsprüfung** nach dem ersten oder zweiten Semester oder auch die Zwischenprüfung nach dem Grundstudium derartige Verwaltungshandlungen, bei denen es im Grunde genommen nur darum geht, den ordnungsgemäßen Verlauf des Studiums und besonders die Einhaltung der Regelstudienzeit zu kontrollieren. Es gibt aber auch genügend ‚echte' Studienprüfungen, zu denen man sich anmelden muss, für die man dann auf der Grundlage der eingereichten Leistungsvoraussetzungen zugelassen wird und schließlich einen Termin erhält, an dem man über eines oder mehrere Themen schriftlich oder mündlich abgeprüft wird. An manchen Universitäten ist schon die Zwischenprüfung eine solche tatsächliche Prüfung, bei den Abschlussprüfungen handelt es sich natürlich überall um echte Examina.

Dabei bestehen die Bachelor- und Master-Abschlüsse aus zwei Teilen: einer wissenschaftlichen Abschlussarbeit und den eigentlichen Prüfungsleistungen, bei denen es sich zumeist um eine Reihe schriftlicher und mündlicher Prüfungen handelt. Im Unterschied zur Schule hat man bei diesen Prüfungen freilich erheblich größere Gestaltungsspielräume, die allerdings von Abschluss zu Abschluss verschieden sind. Grundsätzlich gilt aber (und dies nicht nur für Abschlussprüfungen), dass die Prüfungsthemen zwischen Prüfer und Kandidat individuell und recht genau im Voraus abgesprochen werden. Das bedeutet nun allerdings nicht, dass schon im Vorhinein bekannt ist, was tatsächlich gefragt wird. Die Themenabsprache läuft vielmehr dergestalt ab, dass man gemeinsam eine Literaturliste erstellt, welche die einschlägigen Titel zum Thema umfasst. Diese Literatur muss der Prüfling also parat haben, aber man sollte keinesfalls den Fehler begehen und sich darauf beschränken. Im Prinzip wird bei jeder Studienprüfung darüber hinaus erwartet, dass man das gewählte Prüfungsthema in den Gesamtkontext des Fachgebietes einbetten kann. Dies bedeutet, dass man zusätzlich die grundlegenden Handbücher kennen sollte, mit denen man auch in ein Selbststudium einsteigen würde (→ **Kap. 5.1.5**).

Die eigentliche Vorbereitung verläuft natürlich von Person zu Person verschieden, und doch ist sie stets gleich: Man muss den Prüfungsstoff durchlesen, ihn gedanklich durchdringen und für sich selbst strukturieren (herausfinden, worum es überhaupt geht usw.). Vor allen Dingen aber sollte man sich genügend Zeit lassen, den Stoff abrufbar zu machen. Das heißt, dass man nicht bis zur letzten Minute für die Prüfung lesen sollte, sondern vielmehr rechtzeitig vor dem Prüfungstermin die Lesephase abschließt. Danach sollte man die wichtigsten Punkte aufschreiben und sich diese Teilblöcke des Themas im Gedächtnis einprägen. Mit anderen Worten: Eine Prüfung wird ähnlich vorbereitet wie ein Referat (→ **Kap. 3.5.1**). Wichtig ist, dass man bei der Vorbereitung keinesfalls in Hektik oder gar Panik verfällt. Das eigene **Zeitmanagement** muss so beschaffen sein, dass man spätestens kurz vor der Prüfung einen klaren Überblick über das Thema gewonnen hat, und nicht etwa das Gefühl von Verwirrung und Überforderung aufkommt. Dazu sind Pausen zum richtigen Zeitpunkt unerlässlich.

Klausuren sind im Studium fast immer längere Erörterungen zu einer einzigen – und daher weit gefassten – Leitfrage. Nur in Ausnahmefällen ähneln sie einer Klassenarbeit, wie man sie aus dem Schulfach Geschichte kennt, eher schon einem Deutschaufsatz aus der gymnasialen Oberstufe. Abschlussklausuren dauern in der Regel vier Zeitstunden, Seminarklausuren meistens eine oder zwei. Eine solche Klausur kann schlechterdings nicht so verlaufen, dass man gar nichts zu schreiben weiß; wie beim Deutschaufsatz ist es allerdings möglich, am Thema ‚vorbeizuschreiben'. Das Geheimnis einer erfolgreichen Klausur besteht letztlich darin, die Themenblöcke, die man sich bei der Klausurvorbereitung angeeignet hat, so anzuordnen und zu verbinden, dass sie der gestellten Leitfrage entsprechen. Dazu sollte man sich zu Beginn der Klausur etwas Bedenkzeit nehmen und eine **Gliederung** erstellen, wenn möglich sogar mit Einleitung, Hauptteil und Schluss. Natürlich kann man nie ausschließen, etwas vergessen oder ausgelassen zu haben; wer sich jedoch angemessen und in Abstimmung mit dem Prüfer vorbereitet hat, wird gut abschneiden. Wichtig ist freilich, dass man alles zu Papier bringen kann, was man zum Thema zu sagen hat, und deshalb ist es kein Fehler, die eigene Formulier- und Schreibgeschwindigkeit schon einmal in der Vorbereitungsphase ermittelt zu haben (Test- oder Probeklausur). Zur Not muss man die Klausur stichwortartig beenden.

Eine **mündliche Prüfung** dagegen ist immer unwägbar, es kann stets der Fall eintreten, dass man auf eine Frage keine Antwort hat. Hier heißt es Nerven bewahren. Normalerweise sind auch die Prüfenden an einem guten Prüfungsverlauf interessiert. Deshalb gibt man den Prüflingen im mündlichen Examen meistens die Chance, mit einer längeren Einleitung zu beginnen, und auch sonst sind ausführliche Stellungnahmen erwünscht, denn dadurch zeigt der Prüfling, was er gelernt hat, er darf also nicht zu einsilbig werden. Man sollte andererseits aber niemals den Fehler begehen, den Prüfenden nicht mehr zu Wort kommen zu lassen. Die mündliche Prüfung ist als eine Art **Dialog** zu sehen, in dem der Prüfende ab und zu gezielte Nachfragen stellen möchte, um Einzelpunkte zu überprüfen. An solchen Stellen kann es durchaus vorkommen, dass man als Prüfling passen muss, doch ein wohlwollender Prüfender wird immer versuchen, die Situation zu retten. Nicht immer haben Wissenslücken eine negative Auswirkung auf das Ergebnis der Prüfung. Ein guter Trick, Krisensituationen zu meistern, sind Rückfragen, mit denen man eine Frage, die man vielleicht nicht ganz verstanden hat, in eine – ähnlich klingende – Frage umformuliert, auf die man antworten kann („Sie fragen mich jetzt also, ob ...").

Echte Prüfungen erfordern Nervenstärke, und auch das ist eine Fähigkeit, die man im Verlauf eines Studiums erlernen und unter Beweis stellen muss, auch wenn sie in keiner Prüfungsordnung als Studienziel auftaucht. Man muss es letztendlich schaffen, die Furcht vor dem Versagen niederzukämpfen und ihr ein Gefühl der Erfolgszuversicht entgegenzusetzen. Das gelingt leider nicht allen.

Dabei erlauben es die universitären Freiräume und auch die Anonymität an vielen großen Standorten bei aller Reglementierung noch immer, dass man eine Prüfung aus Nervosität und Unsicherheit immer weiter hinauszögert. Bei manchen Studierenden baut sich auf diese Weise eine Prüfungsangst auf, die nur noch durch therapeutische Maßnahmen behoben werden kann. So weit darf man es auf keinen Fall kommen lassen! Man sollte in diesem Zusammenhang die Bedeutung des Studiums auf das ihm zukommende Maß reduzieren: Es ist wichtig, aber es gibt Dinge, die wichtiger sind. Vor allem aber sollte man sich immer eines vor Augen halten: Wer sich zu einer Prüfung anmeldet, hat die erste Hürde schon übersprungen, denn der Mut überhaupt anzutreten, ist genauso ein Teil dessen, was getestet wird, wie der eigentliche Prüfungsinhalt.

5.2 Berufsperspektiven

In den letzten Jahren hat sich die Situation am Arbeitsmarkt für Geisteswissenschaftlerinnen und Geisteswissenschaftler beständig verbessert. Als Faustregel für die Berufschancen auch nach einem Geschichtsstudium gilt noch immer: bei guter Wirtschaftslage steigen die Einstellungschancen.

Unabhängig davon ist es grundsätzlich empfehlenswert, sich bereits im Studium einen Überblick über mögliche spätere Berufsfelder zu verschaffen und sich ggf. gezielt darauf vorzubereiten.

5.2.1 Die Wissenschaft

Die Wissenschaft ist der eigentliche Inhalt einer Universitätsausbildung in Alter Geschichte, und deshalb liegt es nahe, die Frage nach dem Berufsziel **Wissenschaftsbetrieb** aufzuwerfen. Die Rahmenbedingungen hierbei sind klar und werden sich auch nicht verändern: Nur wenigen wird es gelingen, die Wissenschaft zum Beruf zu machen. Die Voraussetzungen dafür sind herausragende Befähigung, aber auch, dass man Förderung erfährt und ein Quäntchen Glück hat. Wer sich auf diesen Weg begibt, muss wissen, dass ein jahrelanger Qualifikationsdruck und die verschiedensten Auslesemechanismen bevorstehen.

Das sollte freilich niemanden davon abhalten, den Versuch zu unternehmen; schließlich sind die Möglichkeiten für eine wissenschaftliche Karriere vielfältig: Für jede Qualifikationsstufe gibt es Stipendien und befristete Stellen an Universitäten, Forschungsinstitutionen oder bei Projekten, Graduiertenschulen oder Exzellenzinitiativen. Je weiter man vordringt auf der Leiter der Qualifikationsstufen, desto öfter bieten sich auch Dauerstellen.

Wer den Einstieg in die Wissenschaft plant, muss dem Masterabschluss eine Promotion folgen lassen; ein solcher Doktorabschluss ist im Übrigen auch für andere Berufe von Vorteil (→ **Kap. 5.2.3**). Das bedeutet, dass man eine DISSERTATION verfasst, die im Unterschied zu allen vorherigen wissenschaftlichen Arbeiten einen tatsächlichen wissenschaftlichen Fortschritt zu erbringen hat. Das nächste Stadium ist auf jeden Fall eine weitere wissenschaftliche Untersuchung. Diese wird momentan noch in vielen Fällen im Rahmen einer sogenannten HABILITATION vorgelegt, also eines Prüfungsverfahrens, das mit der *venia legendi* verbunden ist, der ‚Erlaubnis zu lesen'; nur wer die *venia legendi* besitzt, darf Vorlesungen halten, und deswegen war früher die Berufung auf eine Professorenstelle nur mit Habilitation möglich. Daneben etabliert sich mittlerweile ein zweiter Weg über eine sogenannte Juniorprofessur, die man bereits unmittelbar nach der Promotion erlangt, und die dann nach einer erfolgreichen Evaluation in eine Vollprofessur übergeleitet wird (*tenure track*). Dabei ist dieses Evaluationsverfahren in den Geistes- und Kulturwissenschaften natürlich auch mit einem ‚zweiten Buch' verknüpft, und an seinem Ende steht dann ebenfalls die Verleihung der *venia legendi.*

Selbstredend gibt es auch unterhalb der Professur Dauerstellen an der Universität (im sogenannten akademischen Mittelbau), doch deren Zahl ist seit Jahren konstant niedrig. Wie sich dies konkret entwickeln wird, und wie viele Festanstellungen in der Wissenschaft es in Zukunft für Forscherinnen und Forscher mit Promotion, Habilitation oder ‚zweitem Buch' geben wird, kann heute niemand sagen. Der Trend seit den 1990er und 2000er Jahren, den Universitäten immer mehr Mittel zu streichen, wurde im vergangenen Jahrzehnt zwar gestoppt, doch flossen die meisten der neuen Fördergelder in befristete Anstellungen und nicht in mehr Dauerstellen.

5.2.2 Das Lehramt

Nach der Wissenschaft selbst ist sicherlich das Lehramt derjenige Beruf, der noch am meisten Verbindungen zu den Inhalten eines Geschichtsstudiums aufweist. Wer das Lehramt als Berufsziel anstrebt, muss den Studienabschluss Bachelor oder Master of Education wählen. Es ist schon darauf hingewiesen worden, dass das Lehramtsstudium in Bezug auf die möglichen Fächerkombinationen, Pflichtveranstaltungen und Prüfungsthemen in der Regel stärker reglementiert ist als andere Studiengänge; zudem ist im Fach Geschichte üblicherweise keine Epochenspezialisierung möglich. Hinzugekommen ist in vielen Bundesländern die Anforderung, dass man bereits während des Studiums ein **Schulpraktikum** zu absolvieren hat. Dies ist zweifellos eine positive Neuerung, da den Studierenden dadurch frühzeitig ein Einblick in den Schul- und damit ihren künftigen Berufsalltag gewährt wird. So hat jeder noch rechtzeitig die Chance, eventuelle Korrekturen im Hinblick auf das Berufsziel **Lehramt** vorzunehmen.

Auf den Masterabschluss folgt der eineinhalb- oder zweijährige Vorbereitungsdienst, das sogenannte Referendariat, das sich mit der Theorie und Praxis des Unterrichtens, der DIDAKTIK, befasst und das mit dem Staatsexamen abgeschlossen wird. Danach kann man sich für das höhere Lehramt an Gymnasien bewerben, und wenn die Umstände günstig sind, wird man eine Stelle als Geschichtslehrer finden. Nachdem in den 1980er und 1990er Jahren fast gar keine Lehrerinnen und Lehrer neu eingestellt wurden, hat das Lehramt seit etwa fünfzehn Jahren wieder Konjunktur, und der Boom hält an, was viele Studierende dazu bringt, auf B.Ed/M.Ed zu studieren.

Wer Lehrer werden will, sollte allerdings Freude daran haben, andere zu unterrichten, und sollte dafür auch etwas Talent besitzen. Viele jedoch entscheiden sich zu Beginn ihres Studiums nur deswegen für einen Lehramtsstudiengang, weil ihnen die Schule noch aus eigener Erfahrung vertraut ist und sie sich unter möglichen anderen Berufsperspektiven nicht viel vorstellen können. Mangel an Phantasie darf aber auf keinen Fall der einzige Grund dafür sein, schließlich als Lehrer in die Schule zurückzukehren; es könnte sich herausstellen, dass man den Beruf verfehlt hat, und darunter leiden nicht nur die Schüler.

5.2.3 Andere Berufsfelder

Wer jenseits von Wissenschaft und Lehramt ein festes Berufsbild erwartet, das mit seinem Studium im Zusammenhang steht, darf nicht Geschichte studieren. Derartiges gibt es für Jura, Medizin oder die Ingenieursfächer, nicht jedoch für die meisten Geisteswissenschaften. Trotzdem studiert man Geschichte natürlich nicht ‚auf arbeitslos'. Es ist lediglich so, dass der Bezug zwischen Universität und späterem Beruf bei den meisten Bereichen, in denen Historiker und Historikerinnen nach ihrem Studium tätig sind, nicht so sehr durch die eigentlichen **Inhalte des Geschichtsstudiums** hergestellt wird. Die Verbindung existiert vielmehr durch eine Reihe informeller Fähigkeiten und Fertigkeiten, die man im Studium an historischen Themen ausbildet oder perfektioniert, und dann im Beruf auf ganz andere Sachverhalte übertragen und anwenden kann. Dies sind die viel zitierten **Schlüsselqualifikationen** (neudeutsch: *soft skills*):

- kritische Distanz gegenüber noch nicht überprüften fremden Aussagen;
- selbstständiges Arbeiten bei Recherche, Materialbewältigung und Darstellung;
- sprachliche Fähigkeiten im mündlichen und schriftlichen Ausdruck, sowohl in der deutschen als auch in anderen Sprachen;
- ‚Problemlösungskompetenz', das heißt, die Fähigkeit, kompliziertere Themen schnell zu erfassen und auf das Wesentliche zu reduzieren.

Es ist wichtig, dass man sich diese eigenen Stärken immer wieder klarmacht; am Ende eines Studiums oder unmittelbar danach kann sich manchmal das Gefühl einschleichen, ‚eigentlich überhaupt nichts gelernt zu haben'. Häufiger kommt es vor, dass man meint, für eine bestimmte Tätigkeit nicht qualifiziert zu sein, weil man keine inhaltlichen Verbindungen zum Studium sieht. Wer den Einstieg in einen Beruf (egal welchen) bewerkstelligen will, muss aber selbst davon überzeugt sein, dafür infrage zu kommen, denn er muss letztlich auch andere – zum Beispiel eine Personalabteilung – davon überzeugen. Eine Standardfrage in Vorstellungsgesprächen lautet: „Warum glauben Sie, der/die Richtige zu sein?" Wenn man mit einer solchen Frage konfrontiert wird, ist es gut, eine Antwort geben zu können, und es ist noch besser, wenn man an diese Antwort auch glaubt. Dabei geht es natürlich nicht darum, sich bloß ‚einzureden', etwas zu können; die oben genannten Schlüsselqualifikationen sind reale Pfunde, mit denen man wuchern kann, und es kommt eben darauf an, diese Fähigkeiten – und damit auch sich selbst–ins rechte Licht zu rücken.

Der Erwerb und Besitz der ‚soft skills' ist nicht an einen bestimmten Studienabschluss gebunden. In vielen Bereichen wird nicht danach gefragt, ob jemand einen Master of Arts oder Master of Education abgelegt hat (oder gar eine Promotion), entscheidend ist eher, dass man überhaupt ein Hochschulstudium erfolgreich abgeschlossen hat; man hat dadurch nämlich unter Beweis gestellt, dass man ‚sich durchkämpfen' kann. Ein erfolgreicher Berufseinstieg gleich nach dem Bachelor ist allerdings eher selten, und für manche Laufbahnen, wie etwa den höheren **Archiv- oder Bibliotheksdienst**, ist sogar die Promotion fast schon Pflicht; ein Doktortitel kann aber auch hinderlich sein, man gilt schnell als ‚zu alt' oder als ‚überqualifiziert'. Es gibt also keinen Königsweg in der Frage, welcher Studienabschluss die besten Berufschancen eröffnet. Erst wenn man klare Vorstellungen von seiner eigenen beruflichen Zukunft hat, kann man sich strategisch und passgenau darauf vorbereiten und den Abschluss wählen, der am ehesten geeignet erscheint. Wer noch nicht soweit ist, sollte sich lieber auf das Studium selbst konzentrieren. Im Übrigen sind an vielen Universitäten die verschiedenen Studiengänge so aufgebaut, dass man den Abschluss in den frühen Semestern ohne größere Probleme wechseln kann.

Von einigen Berufsfeldern, in denen Historiker und Historikerinnen nach dem Studium eine Beschäftigung gefunden haben, war bereits andeutungsweise die Rede: Der Archivdienst, eigentlich ein ‚Klassiker', kommt freilich eher für Mittelalter- und Neuzeithistoriker in Betracht, der Bibliotheksdienst hingegen steht allen Fächern offen. Dieser Umstand jedoch verschärft die Konkurrenz, und man verbessert als (Alt-)Historiker seine diesbezüglichen Chancen ganz wesentlich, wenn man mit einer besonderen Fächerkombination aufwarten kann, also beispielsweise die Alte Geschichte mit Sinologie oder Koreanistik studiert hat. Auf die Studienfächer kommt es auch bei der **Museumslaufbahn** an: Hier muss man eigentlich Kunstgeschichte oder Klassische Archäologie studiert haben; bei historischen Museen im engeren Sinne ist häufig ein Studium der Ur- und Frühgeschichte erforderlich.

Die vorgenannten **Berufsfelder** haben zweierlei gemeinsam: Erstens existiert bei ihnen noch ein gewisser inhaltlicher Bezug zwischen Tätigkeit und (Geschichts-)Studium, und zweitens sind die Stellen dort vergleichsweise dünn gesät. Die meisten ehemaligen Geschichtsstudierenden arbeiten heutzutage in vielen anderen Sparten, von denen im Folgenden einige

Bereiche vorgestellt werden sollen, ohne dass Anspruch auf Vollständigkeit erhoben würde:

Erwachsenenbildung: Man kann auch außerhalb der Schule im Bildungswesen tätig sein, zum Beispiel in Volkshochschulen, bei freien Bildungs- und Ausbildungsträgern, oder im Rahmen der Bildungseinrichtungen von Großbetrieben, Verbänden, Kirchen, Parteien usw. Dabei unterrichtet man meistens nicht selbst, sondern ist gerade bei Festanstellungen eher für Organisation und Programm von Bildungsmaßnahmen zuständig.

Verlag/Lektorat/Buchproduktion: In vielen Verlagen gibt es Mitarbeiter, die Publikationen aller Art betreuen, vom Sachbuch über den Roman bis zum wissenschaftlichen Lexikon. Dieses so genannte LEKTORAT kann ein Buch von der ersten vagen Idee bis zum fertigen Endprodukt begleiten. Es gibt auch freiberufliche Lektoren.

Medien/Öffentlichkeitsarbeit/Textbearbeitung: Ein Großteil der Journalisten in Funk, Fernsehen und bei der Presse kommt aus geisteswissenschaftlichen Studiengängen, desgleichen viele der zahlreichen Mitarbeiterinnen und Mitarbeiter in betrieblichen Pressestellen von Unternehmen und freien Werbe- und Textagenturen. Die Aufgabe dieser so genannten PR-Profis besteht oft darin, ihre Kollegen aus den Medien mit Informationen und Themen zu ‚füttern'. Texte verfassen und bearbeiten kann freilich auch bedeuten, Internetseiten für andere zu erstellen, verständliche EDV-Programmhandbücher zu schreiben, oder selbst Bücher vorzulegen (PUBLIZISTIK). An den Rand dieser Kategorie gehören Übersetzungstätigkeiten, die beileibe nicht nur von Fremdsprachenexperten ausgeübt werden, denn fast noch wichtiger als die Beherrschung der betreffenden Fremdsprache ist dabei gutes und sicheres Deutsch.

Kultur/Veranstaltungen/Reisen: Kulturarbeit im weitesten Sinne umfasst ein breites Spektrum hochinteressanter Berufe. In diese Rubrik gehört zum Beispiel eine Tätigkeit im Ausland für das Goethe-Institut oder vergleichbare Einrichtungen, aber natürlich auch die Kulturarbeit im Inland, etwa die Planung und Durchführung von Veranstaltungen oder eine Anstellung bei Kulturorganisationen, Stiftungen, Kommunen und Vereinen. Ein weiterer wichtiger Sektor ist die Reise-Touristik-Branche.

Selbstverständlich gibt es daneben ‚Exoten' wie den Historiker, der Bundeskanzler wurde, die Bankdirektorin mit Geschichtsstudium oder den Kommilitonen, der die Aufnahmeprüfung zum diplomatischen Dienst bestanden hat. Dies sind freilich eher Ausnahmen, und deshalb können sie hier vernachlässigt werden, ebenso wie die vollkommen studienfernen Berufe, die häufig aufgrund einer Umschulung, einer vor oder nach dem Studium abgeschlossenen Ausbildung oder eines Hobbys ausgeübt werden.

Die schwierigste Frage im Zusammenhang mit dem Thema ‚Arbeitsmarkt' lautet ohne Zweifel, wie man den **Berufseinstieg** am besten bewerkstelligt. Für einen erfolgreichen Einstieg ins Arbeitsleben gibt es indes zum gegenwärtigen Zeitpunkt keine Garantien und auch keine Patentrezepte. Manche haben auf Anhieb Glück, andere müssen frustrierende Phasen der Wartezeit und der Umorientierung durchleben. Nur ein schwacher Trost ist der Umstand, dass die diesbezüglichen Probleme definitiv nichts mit dem Studium der Geschichte zu tun haben, da ja Absolventen anderer Fächer ebenfalls von Arbeitslosigkeit betroffen sind, auch Juristen und Betriebswirte.

Wie also anfangen? Es hilft auf jeden Fall, sich rechtzeitig darüber klar zu werden, in **welche berufliche Richtung** man gehen möchte. Das bedeutet natürlich, sich zu informieren und sich beraten zu lassen, sowohl über die Berufsmöglichkeiten insgesamt, als auch gezielt über einzelne Bereiche und darüber, wo man Adressen findet, bei denen man sich bewerben kann. Berufsberatung speziell für Akademiker wird in jeder Universitätsstadt von der örtlichen Agentur für Arbeit angeboten, außerdem gibt es dort und in den zugehörigen Berufsinformationszentren (BIZ) oder im Internet jede Menge Informationsmaterial. Hinzu kommen natürlich Bücher, die in bestimmte Branchen einführen (z.B. in den Journalismus), und immer wieder finden in den Fachbereichen und Instituten entsprechende Informationsveranstaltungen statt. Tatsächlich bewerben sollte man sich nicht nur auf Positionen, die ausgeschrieben wurden; Kurzbewerbungen, in denen man unverbindlich anfragt, lohnen sich immer. Wie oben erwähnt, muss man dabei stets ‚für sich selbst Werbung machen', man muss glaubhaft darlegen, die geeignete Person zu sein. Dies ist erfahrungsgemäß dann am besten möglich, wenn man von der eigenen Bewerbung selbst überzeugt ist, und dazu gehört letztlich, dass man sich nur für Tätigkeiten bewirbt, die man auch ausüben will oder kann.

Ein großer Pluspunkt, der bei einer Bewerbung den Ausschlag geben kann, sind **praktische Erfahrungen**, Arbeitsproben oder andere Referenzen. Im Moment herrscht in vielen Bereichen die beinahe absurde Situation, dass man, um in einen Beruf überhaupt einsteigen zu können, eigentlich bereits eine entsprechende Berufserfahrung vorweisen können muss. Dies ist nur über vorgeschaltete Praktika möglich.

5.2.4 Das Praktikum

Ein Praktikum erlaubt einem im besten Falle fundierte Einblicke in ein bestimmtes Arbeitsfeld, um sich darüber klar zu werden, ob man in diesem Bereich selbst tätig werden möchte. Oft ist es allerdings nichts anderes als die kaum oder gar nicht bezahlte Tätigkeit in einem Unternehmen, das zu einer Branche gehört, in der man nach einer Anstellung sucht.

Anders als andere Fächer kennen die Geisteswissenschaften normalerweise kein **Pflichtpraktikum** (ausgenommen das Schulpraktikum, → **Kap. 5.2.2**), man muss sich daher in der Regel auf eigene Faust einen Platz suchen. Welche Einrichtungen und Betriebe Praktikumsplätze anbieten, ist im Einzelnen nicht immer leicht herauszufinden; die Vorgehensweise ähnelt hier derjenigen bei der Arbeitssuche: Anzeigen müssen durchforstet werden, man darf aber auch durchaus Blindbewerbungen abschicken. So mancher Praktikumsplatz ist erst dadurch entstanden, dass eine diesbezügliche Anfrage gestellt wurde. Besonders bei großen Firmen gibt es interne Regelungen, wen man überhaupt für Praktika einstellen darf – zum Beispiel nur Studierende bestimmter Fächer oder aus dem Grund-/Hauptstudium. Wenn man erst nach dem Studium ein Praktikum sucht, kann es daher manchmal schwierig werden, einen Platz zu finden. Deswegen empfiehlt es sich, bereits während des Studiums Praktika zu arrangieren. Dies ist besonders ratsam, wenn man sich noch nicht im Klaren über die spätere Berufstätigkeit ist.

Praktika bieten bei der Arbeitssuche und beim Berufseinstieg für Geisteswissenschaftler durchaus einen Wettbewerbsvorteil, vor allem deswegen, weil sie vielerorts nicht verpflichtend sind. Wie angedeutet, ermöglichen sie es, die fast überall geforderten Erfahrungen zu sammeln, Arbeitsproben anzufertigen und vielleicht die entscheidenden Kontakte zu knüpfen. Auf jeden Fall sollte man sich darum ein **Zeugnis** über die ausgeübte Tätigkeit ausstellen lassen. Durch all dies heben sich diejenigen, die Praktika absolviert haben, von vielen Mitbewerbern deutlich ab. Der Wettbewerbsvorteil ist freilich in dem Maße im Schwinden begriffen, in dem Praktika in den geisteswissenschaftlichen Fächern zur Regel werden. Es gibt bereits erste Anzeichen dafür, dass Praktika von potenziellen Arbeitgebern für selbstverständlich genommen werden, ohne dass sich noch ein Nutzen bei der Arbeitssuche daraus ergeben würde. Die weitere Entwicklung bleibt abzuwarten. Es sei jedoch an dieser Stelle ausdrücklich betont, dass sich ein berufsorientierendes Praktikum immer lohnt, denn es vermittelt wichtige

Einblicke und Erfahrungen und trägt – manchmal auf erfrischende Weise – dazu bei, den eigenen Horizont zu erweitern.

Literatur

A. Kuhle / M. Lindner, **Alte Geschichte. Quellen – Methoden - Studium**, Göttingen 2020.

G. Budde/D. Freist/H. Guenther-Arndt (Hgg.), **Geschichte. Studium – Wissenschaft – Beruf**, Berlin 2008.

H. Esselborn-Krumbiegel, **Leichter lernen. Strategien für Prüfung und Examen**, Paderborn u. a. 2006.

N. Freytag/W. Piereth, **Kursbuch Geschichte**, 4. Aufl., Paderborn u. a. 2009.

R. Günther, **Einführung in das Studium der Alten Geschichte**, 3. Aufl., Stuttgart 2009.

W. Wagner, **Uni-Angst und Uni-Bluff heute. Wie studieren und sich nicht verlieren**, 3. Aufl. der Neuausgabe, Berlin 2012.

Literaturverzeichnis

1.) Allgemeine und politische Geschichte

a) Gesamtdarstellungen

J. Bartels/H. Blum/J. Fündling, **Die Antike**, Konstanz 2015.

L. De Blois/R.J. van der Spek, **Einführung in die Alte Welt**, Stuttgart 2013.

K. Piepenbrink, **Das Altertum**, 2. Aufl., Stuttgart 2015.

H.-J. Gehrke/H. Schneider (Hgg.), **Geschichte der Antike. Ein Studienbuch**, 5. Aufl., Stuttgart/Weimar 2019.

b) Griechische Geschichte

H. Bengtson, **Griechische Geschichte**, HdA III 4, 5. Aufl., München 1977.

W. Schuller, **Griechische Geschichte**, OGG 1, 6. Aufl., München 2008.

L.-M. Günther, **Griechische Antike**, 2. Aufl., Tübingen 2011.

D. Lotze, **Griechische Geschichte**, 9. Aufl., München 2017.

S. Deger-Jalkotzy, **Das mykenische Griechenland**, München 2018.

Chr. Ulf/E. Kistler, **Die Entstehung Griechenlands**, OGG 46, Berlin/Boston 2020.

H.-J. Gehrke, **Geschichte des Hellenismus**, OGG 1a, 4. Aufl., München 2008.

A. Chaniotis, **Die Öffnung der Welt. Eine Globalgeschichte des Hellenismus**, Darmstadt 2019.

c) Römische Geschichte: Republik und Kaiserzeit

Gesamtdarstellungen zur römischen Geschichte

H. Bengtson, **Grundriß der römischen Geschichte mit Quellenkunde I: Republik und Kaiserzeit bis 284 n. Chr.**, HdA III 5.1, 3. Aufl., München 1982.

M. Sommer, **Römische Geschichte**, 2 Bde., Stuttgart 2009–2013.

U. Huttner, **Römische Antike**, 2. Aufl., Tübingen 2013.

A. Heuss, **Römische Geschichte**, neu hg. von H.-J. Gehrke, Paderborn 2016.

K. Bringmann, **Römische Geschichte**, 11. Aufl., München 2019.

Römische Republik

J. Bleicken, **Geschichte der römischen Republik**, OGG 2, 6. Aufl., München 2004.

K. Christ, **Krise und Untergang der römischen Republik**, 8. Aufl., Darmstadt 2013.

Römische Kaiserzeit

F. Jacques/J. Scheid, **Rom und das Reich in der Hohen Kaiserzeit 44 v.–260 n. Chr., I: Die Struktur des Reiches**, Stuttgart 1998.

C. Lepelley u. a., **Rom und das Reich in der Hohen Kaiserzeit 44 v.–260 n. Chr., II: Die Regionen des Reiches**, München 2001.

W. Dahlheim, **Geschichte der römischen Kaiserzeit**, OGG 3, 3. Aufl., München 2003.

K. Christ, **Geschichte der römischen Kaiserzeit von Augustus bis zu Konstantin**, 6. Aufl., München 2010.

d) Geschichte der Spätantike

J. Martin, **Spätantike und Völkerwanderung**, OGG 4, 4. Aufl., München 2001.

A. Demandt, **Die Spätantike. Römische Geschichte von Diocletian bis Justinian 284–565 n. Chr.**, HdA III 6, 2. Aufl., München 2007.

J.-U. Krause, **Geschichte der Spätantike**, Tübingen 2018.

M. Meier, **Geschichte der Völkerwanderung. Europa, Asien und Afrika vom 3. bis zum 8. Jahrhundert n. Chr.**, München 2020.

e) Geschichte des Alten Orients und der Rand- und Nachbarkulturen der Antiken Welt

Alter Orient und Altes Ägypten

H. Klengel, **Geschichte des hethitischen Reiches**, HdO I 34, Leiden/ Boston/Köln 1999.

J. Bär, **Frühe Hochkulturen an Euphrat und Tigris**, Stuttgart 2009.

H.A. Schlögel, **Das Alte Ägypten**, 2. Aufl., München 2005.

S. Kubisch, **Das alte Ägypten**, Stuttgart 2008.

E. Hornung, **Grundzüge der ägyptischen Geschichte**, 7. Aufl., Darmstadt 2011.

Phönizier, Karthager, Etrusker

B. Morstadt, **Die Phönizier**, Darmstadt 2015.

W. Huss, **Geschichte der Karthager**, HdA III 8, München 1985.

F. Prayon, **Die Etrusker: Geschichte, Religion**, Kunst, 4. Aufl., München 2004.

F. Bubenheimer-Erhart, **Die Etrusker**, Darmstadt 2014.

Perser, Parther und Sasaniden

J. Wiesehöfer, **Das antike Persien**, 2. Aufl., Düsseldorf/Zürich 1998.

U. Ellerbrock/S. Winkelmann, **Die Parther. Die vergessene Großmacht**, Darmstadt 2012.

K. Schippmann, **Grundzüge der Geschichte des sasanidischen Reiches**, Darmstadt 1990.

Kelten und Germanen

S. Rieckhoff/J. Biel, **Die Kelten in Deutschland**, Stuttgart 2001.

B. Maier, **Geschichte und Kultur der Kelten**, HdA III 10, München 2012.

W. Pohl, **Die Germanen**, 2. Aufl., München 2004.

B. Bleckmann, **Die Germanen. Von Ariovist bis zu den Wikingern**, München 2009.

2.) Wirtschafts- und Sozialgeschichte

a) Allgemein

M. Rostovtzeff, **Die Hellenistische Welt. Gesellschaft und Wirtschaft**, 3 Bde., Stuttgart 1954–1956 (ND Darmstadt 2013).

Ders., **Gesellschaft und Wirtschaft im römischen Kaiserreich**, 2 Bde., 2. Aufl., Leipzig 1953.

F. Vittinghoff (Hg.), **Europäische Wirtschafts- und Sozialgeschichte in der Römischen Kaiserzeit** (= Handbuch der Europäischen Wirtschafts- und Sozialgeschichte Bd. 1), Stuttgart 1990.

b) Wirtschaft

M.I. Finley, **Die antike Wirtschaft**, München 1977.

H.-J. Drexhage/H. Konen/K. Ruffing, **Die Wirtschaft des Römischen Reiches (1.–3. Jahrhundert). Eine Einführung**, Berlin 2002.

W. Scheidel u. a. (Hgg.), **The Cambridge Economic History of the Greco-Roman World**, Cambridge u. a. 2007.

K. Ruffing, **Wirtschaft in der griechisch-römischen Antike**, Darmstadt 2012.

S. von Reden, **Antike Wirtschaft**, Berlin 2015.

D. Flach, **Römische Agrargeschichte**, HdA III 9, München 1990.

D. Hollander u. a. (Hgg.), **A Companion to Ancient Agriculture**, Oxford u. a. 2020.

c) Gesellschaft

M. Stahl, **Gesellschaft und Staat bei den Griechen: Archaische Zeit**, Paderborn u. a. 2003.

Ders., **Gesellschaft und Staat bei den Griechen: Klassische Zeit**, Paderborn u. a. 2003.

F. Gschnitzer, **Griechische Sozialgeschichte**, 2. Aufl., Wiesbaden 2013.

W. Schmitz, **Die griechische Gesellschaft. Eine Sozialgeschichte der archaischen und klassischen Zeit**, Heidelberg 2014.

G. Alföldy, **Römische Sozialgeschichte**, 4. Aufl., Wiesbaden 2011.

J. Fischer, **Sklaverei in der Antike**, Darmstadt 2021.

d) Geschlechtergeschichte

T. Späth/B. Wagner-Hasel (Hgg.), **Frauenwelten in der Antike**, Stuttgart 2000.

J. Neils, **Die Frau in der Antike**, Darmstadt 2012.

T. Scheer, **Griechische Geschlechtergeschichte**, München 2011.

3.) Staat, Verfassung und Recht

a) Allgemein

Ernst Meyer, **Einführung in die antike Staatskunde**, 6. Aufl., Darmstadt 1992.

A. Demandt, **Antike Staatsformen. Eine vergleichende Verfassungsgeschichte der Alten Welt**, Berlin 1995.

Ders., **Der Idealstaat: Die politischen Theorien der Antike**, 2. Aufl., Köln 2018.

b) Griechenland

G. Busolt/H. Swoboda, **Griechische Staatskunde**, HdA IV 1, ND München 1960.

V. Ehrenberg, **Der Staat der Griechen**, 2. Aufl., Zürich 1965.

K.-W. Welwei, **Die griechische Polis**, 2. Aufl., Stuttgart 1998.

H. Beck (Hg.), **A Companion to the Ancient Greek Government**, Oxford 2013.

c) Rom

Ernst Meyer, **Römischer Staat und Staatsgedanke**, 4. Aufl., Zürich/Stuttgart 1975.

I. König, **Der römische Staat. Ein Handbuch**, Stuttgart 2007.

F. Wieacker, **Römische Rechtsgeschichte**, HdA X 3.3.1, München 1988.

D. Liebs, **Römisches Recht**, 5. Aufl., Göttingen 1999.

Th. Mommsen, **Römisches Staatsrecht**, Bde. I–III.2, ND Basel 1963.

J.M. Rainer, **Römisches Staatsrecht. Republik und Kaiserzeit**, Darmstadt 2006.

W. Kunkel/R. Wittmann, **Staatsordnung und Staatspraxis der römischen Republik**, HdA X 3.2.2, München 1995.

J. Bleicken, **Die Verfassung der römischen Republik**, 7. Aufl., Paderborn 1995.

Ders., **Verfassungs- und Sozialgeschichte der römischen Kaiserzeit**, 2 Bde., Paderborn I (4. Aufl.) 1995; II (3. Aufl.) 1994.

M. Kaser, **Das römische Privatrecht**, HdA X 3.3, 2 Bde., München I (2. Aufl.) 1971, II 1975.

P.J. Du Plessis/C. Ando/K. Tuori (Hgg.), **The Oxford Handbook of Roman Law and Society**, Oxford 2016.

4.) Religions- und Kirchengeschichte

a) Allgemein

W. Burkert, **Kulte des Altertums**, 2. Aufl., München 2009.

B. Linke, **Antike Religion**, München 2014.

b) Griechische Religion

M.P. Nilsson, **Geschichte der griechischen Religion**, 2 Bde., HdA V 2, München I (3. Aufl.) 1967, II (2. Aufl.) 1961.

E. Eidinow/J. Kindt (Hgg.), **The Oxford Handbook of Ancient Greek Religion**, Oxford 2015.

c) Römische Religion

G. Wissowa, **Religion und Kultus der Römer**, HdA V 4, 2. Aufl., München 1912, ND 1971.

K. Latte, **Römische Religionsgeschichte**, HdA V 4, 2. Aufl., München 1967.

J. Rüpke, **Die Religion der Römer. Eine Einführung**, 2. Aufl., München 2006.

d) Kirchengeschichte

C. u. L. Piétri (Hgg.), **Die Geschichte des Christentums**, Bde. 1–3, Freiburg 1996–2003.

K.S. Frank, **Lehrbuch der Geschichte der Alten Kirche**, 3. Aufl., Paderborn u. a. 2002.

H. Jedin (Hg.), **Handbuch der Kirchengeschichte**, Bde. I, II 1 u. II 2, Freiburg 1962–1979 (ND Darmstadt 2017).

5.) Philosophie und Wissenschaft

a) Philosophie

W. Ries, **Die Philosophie der Antike**, 3. Aufl., Darmstadt 2013.

M. Knoll, **Antike griechische Philosophie**, Berlin/Boston 2017.

G. Maurach, **Geschichte der römischen Philosophie**, 2. Aufl., Darmstadt 1997.

b) Naturwissenschaft

G.L. Irby (Hg.), **A Companion to Science, Technology and Medicine in Ancient Greece and Rome**, 2 Bde., Chichester 2016.

L. Taub (Hg.), **The Cambridge Companion to Ancient Greek and Roman Science**, Cambridge 2020.

c) Technik

D. White, **Greek and Roman Technology**, 2. Aufl., London 1986.

J.P. Oleson (Hg.), **The Oxford Handbook of Engineering and Technology in the Classical World**, Oxford 2008.

B. Cech, **Technik in der Antike**, 3. Aufl., Darmstadt 2012.

6.) Kultur und Alltag

P. Veyne (Hg.), **Geschichte des privaten Lebens** Bd. I, Frankfurt 1989.

H. Blanck, **Einführung in das Privatleben der Griechen und Römer**, 2. Aufl., Darmstadt 1996.

W. Hoepfner (Hg.), **Geschichte des Wohnens, Bd. 1: 5000 v. Chr.–500 n. Chr.**, Stuttgart 1999.

I. Weiler, **Der Sport bei den Völkern der alten Welt. Eine Einführung**, Darmstadt 1981.

J. Neubecker, **Altgriechische Musik**, 2. Aufl., Darmstadt 1994.

7.) Militär und Heerwesen

J. Krohmayer/G. Veith, **Heerwesen und Kriegführung der Griechen und Römer**, HdA IV 3, München 1928, ND 1963.

P. Sabin/H. van Wees/M. Whitby (Hgg.), **The Cambridge History of Greek and Roman Warfare**, 2 Bde., Cambridge u. a. 2007.

C. Mann, **Militär und Kriegführung in der Antike**, München 2013.

8.) Hilfsmittel

a) Nachschlagewerke

A. Pauly/G. Wissowa, **Realencyclopädie der klassischen Altertumswissenschaft (RE oder PW)**, 84 Bde., Stuttgart 1893–1978.

C. Andresen u. a. (Hgg.), **Lexikon der Alten Welt (LAW)**, Zürich 1965 mit ND.

K. Ziegler u. a. (Hgg.), **Der Kleine Pauly (KlP)**, 5 Bde., Stuttgart 1964–1975 mit ND.

H. Cancik/H. Schneider (Hgg.), **Der Neue Pauly (DNP)**, 16 Bde., Stuttgart/Weimar 1996–2007.

S. Hornblower u. a. (Hgg.), **The Oxford Classical Dictionary (OCD)**, 4. Aufl., Oxford 2012.

R.S. Bagnall (Hg.), **The Encyclopedia of Ancient History**, 13 Bde., Chichester 2013.

R. Stillwell u. a. (Hgg.), **The Princeton Encyclopaedia of Classical Sites**, Princeton 1976.

R. Nickel (Hg.), **Lexikon der antiken Literatur**, Düsseldorf/Zürich 1999.

O. Schütze (Hg.), **Metzler-Lexikon antiker Autoren**, Stuttgart u. a. 1997.

W.H. Roscher, **Ausführliches Lexikon der griechischen und römischen Mythologie**, 6 Bde., ND Hildesheim 1965.

Th. Klauser (Hg.), **Reallexikon für Antike und Christentum (RAC)**, Stuttgart 1950 ff.

H. Beck/D. Geuenich/H. Steuer (Hgg.), **Reallexikon der Germanischen Altertumskunde (RGA)**, 37 Bde., 2. Aufl., Berlin 1968–2008.

b) Atlanten

H. Kinder/W. Hilgemann, **dtv-Atlas zur Weltgeschichte. Karten und chronologischer Abriß**, Bd. I, München 1964 mit ND.

H. Bengtson/V. Milojčić (Hgg.), **Großer Historischer Weltatlas des Bayerischen Schulbuchverlages, Bd. I: Vorgeschichte und Altertum**, 6. Aufl., München 1978.

A.-M. Wittke/E. Olshausen/R. Szydlak, **Historischer Atlas der antiken Welt**, (= DNP Suppl. 3), Stuttgart u. a. 2007.

H. Jedin u. a. (Hgg.), **Atlas zur Kirchengeschichte**, Freiburg 1970.

c) Fachzeitschriften

JDAI = Jahrbuch des Deutschen Archäologischen Instituts, 1886 ff. (auch „JdI"; mit Beilage „Archäologischer Anzeiger" [AA])

MDAI (A) = Mitteilungen des Deutschen Archäologischen Instituts, Athenische Abteilung, 1876 ff. (auch „Athenische Mitteilungen" [AthMitt])

MDAI (I) = Mitteilungen des Deutschen Archäologischen Instituts, Abteilung Istanbul, 1933 ff. (auch „Istanbuler Mitteilungen" [IstMitt])

MDAI (R) = Mitteilungen des Deutschen Archäologischen Instituts, Römische Abteilung, 1886 ff. (auch „Römische Mitteilungen" [RömMitt])

GWU = Geschichte in Wissenschaft und Unterricht, 1950 ff.

HZ = Historische Zeitschrift, 1859 ff.

ZRG = Zeitschrift der Savigny-Stiftung für Rechtsgeschichte. Romanistische Abteilung, 1880 ff.

AncSoc = Ancient Society, 1970 ff.
Chiron = Chiron, Mitteilungen der Kommission für Alte Geschichte und Epigraphik des Deutschen Archäologischen Instituts, 1971 ff.
Historia = Historia, Zeitschrift für Alte Geschichte, 1950 ff.
JAH = Journal of Ancient History, 2013 ff.
JHS = Journal of Hellenic Studies, 1880 ff.
JLA = Journal of Late Antiquity, 2008 ff.
JRS = Journal of Roman Studies, 1911 ff
Klio = Klio, Beiträge zur Alten Geschichte, 1901 ff.
Tyche = Tyche. Beiträge zur alten Geschichte, Payprologie und Epigraphik, 1986 ff.

Gymnasium = Gymnasium. Zeitschrift für Kultur der Antike und humanistische Bildung
Hermes = Hermes, Zeitschrift für Klassische Philologie, 1866 ff.
MH = Museum Helveticum, 1944 ff.
RhM = Rheinisches Museum für Philologie, 1872 ff.

Gnomon = Gnomon, Kritische Zeitschrift für die gesamte klassische Altertumswissenschaft, 1925 ff.

Glossar

ABKLATSCH, Reproduktionsverfahren für Inschriften, mittels mechanischer Durchreibung auf Papier oder Latex.

ANNALISTISCH, ANNALISTIK, von latein. *annus* = Jahr; Geschichtsschreibung, die den Stoff jahrweise gliedert. Sehr verbreitet in der römischen Historiographie.

ANTHROPOLOGIE, von griech. *anthropos* = Mensch und *logos* = Wort, Lehre; die Lehre vom Menschen.

APPARAT, von latein. *apparare* = rüsten, anlegen; hier: Anmerkungsteil einer kritischen Edition oder wissenschaftlichen Untersuchung.

ARCHAIK, von griech. *arche* = Ursprung; aus der kunsthistorischen Einordnung entlehnte Bezeichnung für die frühgriechische Geschichte ca. vom 8.–6. Jh. v. Chr.

ARCHÄOLOGIE, von griech. *archaios* = alt und *logos* = Wort, Kunde; Altertumskunde.

ARCHETYPUS, von griech. *arche* = Anfang und *typos* = Vorbild, Beispiel; hier: ursprüngliche Version eines Textes, von der die Handschriftenüberlieferung abhängt.

AUTOPSIE, von griech. *autos* = selbst, *opsis* = das Sehen; Überprüfung und Augenscheinnahme am Objekt.

BIBLIOGRAPHIE, von griech. *biblos* = Buch und *graphein* = schreiben; Bücherliste, Bücherkunde.

BIOGRAPHIE, von griech. *bios* = Leben und *graphein* = schreiben; Lebensbeschreibung.

BOUSTROPHEDON, von griech. *bous* = Rind und *strephein* = drehen, wenden; Art und Weise, wie die Rinder beim Pflügen wenden; Inschrift, bei der die Zeilen abwechselnd in verschiedene Richtungen geschrieben sind (frühgriechisch).

CHRONOLOGIE, von griech. *chronos* = Zeit und *logos* = Wort, Lehre; Lehre von der Zeitrechnung.

CODEX, latein. = Baumstamm; ursprünglich für die mit Wachs überzogenen und beschrifteten Holztafeln; in Buchform gebundenes Werk.

CURRICULUM, von latein. *curriculum* = Ablauf; Lehrplan.

DEMOGRAPHIE, von griech. *demos* = Volk und *graphein* = schreiben; Bevölkerungslehre.

DEMOTISCH, vgl. Hieroglyphen

DENDROCHRONOLOGIE, von griech. *dendron* = Baum; naturwissenschaftliche Datierungsmethode, die Holzobjekte nach dem Profil der Jahresringe datiert.

DIAKRITISCH, griech. *diakrisis* = Unterscheidung; hier: Bezeichnung für Editionszeichen in der Epigraphik und Papyrologie.

DIDAKTIK, von griech. *didaskein* = lehren; Unterrichtslehre.

DISKONTINUITÄT, Bezeichnung für die Unterbrechung eines zeitlichen Zusammenhangs.

DISSERTATION, von latein. *dissertatio* = Erörterung; Doktorarbeit.

DUNKLE JAHRHUNDERTE („Dark Ages“), die insbesondere schriftlosen Jahrhunderte der griechischen Geschichte zwischen dem Ende der Bronzezeit und Beginn der Archaik (ca. 12.–8. Jh. v. Chr.).

EDITION, von latein. *edere* = herausgeben; Ausgabe eines Textes.

EMENDATION, von latein. *emendare* = verbessern; hier: Korrektur eines antiken Textes durch den Herausgeber.

EMISSION, von latein. *emittere* = herausschicken; eine prägeorganisatorisch gemeinsam herausgebrachte Münzgruppe.

EPIGRAPHIC HABIT, engl. = epigraphische Gewohnheit; Art und Weise in der in einer bestimmten Zeit und/oder Region Inschriften gesetzt wurden.

EPIGRAPHIK ,von griech. *epi* = auf ... hinauf und *graphein* = schreiben; Inschriftenkunde.

EPOS, von griech. *eipein* = sagen; Heldengedicht.

ETHNOGRAPHIE, von griech. *ethnos* = Volk, *graphein* = schreiben; Völkerkunde.

EXKURSION, von latein. *excurrere* = hinauslaufen; Studienfahrt.

EXZERPT, von latein. *excerpere* = herausklauben; Kurzfassung oder Notizen zum Inhalt einer Quelle oder eines Sekundärwerkes.

FASTI, von latein. *fastus, dies fasti* = Gerichtstage; übertragen: (1) römischer Kalender; (2) Jahresliste der römischen Beamten; weiterhin mod. Bezeichnung für die listenartige Erfassung von Magistraten.

FASZIKEL, von latein. *fasciculus* = Bündelchen, Strauß; hier: Teillieferung eines Editionswerks.

FELLACHE, arab. = Bauer.

HABILITATION, von lat. *habilitare* = geeignet machen, befähigen; höchstrangige Hochschulprüfung, die die Lehrbefähigung in einem wissenschaftlichen Fach feststellt.

HANDBUCH, Gesamtdarstellung, die zumeist in monographischer Form den Stand der Forschung zusammenfasst.

HELLENISMUS, von J.G. Droysen eingeführte Epochenbezeichnung für die Jahrhunderte zwischen dem Herrschaftsantritt Alexanders d.Gr. (336 v. Chr.) bis zum Ende des Ptolemäerreiches (30 v. Chr.), in denen sich die griechische Kultur bis in den Orient ausbreitete.

HEURISTIK, von griech. *heuriskein* = finden; hier: erster Arbeitsschritt bei der Edition eines antiken Textes, Besorgung aller wesentlichen Handschriften.
HIERATISCH, vgl. Hieroglypen
HIEROGLYPHEN, von griech. *hieros* = heilig und *glyphein* = eingravieren; ‚heilige Schrift'. Eine schon in der griechisch-römischen Antike nur noch wenigen verständliche altertümliche Bilderschrift Ägyptens. Vereinfachte Varianten waren die ‚priesterliche' (HIERATISCH) und die ‚volkstümliche Schrift' (DEMOTISCH, von griech. *demos* = Volk).
HISTORIOGRAPHIE, von griech. *historia* = Forschung und *graphein* = schreiben; Geschichtsschreibung.
HUMANISMUS, von latein. *humanus* = menschlich, dem Menschen angemessen; frühneuzeitliche Phase der Wiederentdeckung der antiken Kultur (14.–16. Jh.).
IKONOGRAPHIE, von griech. *eikon* = bildliche Darstellung und *graphein* = schreiben; hier: die wissenschaftliche Bestimmung von Bildnissen.
IMPERATORISCHE AKKLAMATION, von latein. *Imperator* = Befehlshaber; *acclamare* = durch Zuruf bezeichnen; Ausrufung zum Sieger, später zum Kaiser.
INTERPOLATION, von latein. *interpolare* = auffrischen, umgestalten; Einfügung eines Kopisten in das Werk eines Autors.
ITERATION, von latein. *iterum* = wiederum; Wiederholung; hier: wiederholte Inbesitznahme eines Amtes oder einer Amtsgewalt.
ITINERAR, von latein. *iter* = Weg; Wegbeschreibung.
KLASSIK, von latein. *classis* = Gruppe, Klasse, mittellat. *classicus* = mustergültig, vorbildlich; aus der kunstgeschichtlichen Einordnung entlehnte Bezeichnung für die griechische Geschichte zwischen ca. 500 und 350 v. Chr.
KOLLATION, von latein. *conferre, collatus* = vergleichen; hier: Vergleich und Synthese verschiedener Handschriften eines antiken Textes.
KOLLOQUIUM, von latein. *colloquium* = Unterredung; zumeist Bezeichnung einer Lehrveranstaltung für Doktoranden und Examenskandidaten.
KOMMILITONE, von latein. *cum* = mit und *miles* = Soldat; Mitstreiter; hier: Mitstudent.
KONJEKTUR, von latein. *conicere* = zusammenwerfen, vermuten; hier: Textergänzung eines modernen Herausgebers.
KORRUPTEL, von latein. *corrumpere* = verderben; hier: verderbte Stelle in der Handschriftenüberlieferung.
LEGENDE, von latein. *legere* = lesen; das zu Lesende, hier: die Beischrift auf einer Münze.
LEKTORAT, von latein. *lector* = Leser, Vorleser; hier: Berufsfeld im Verlagswesen.

LEKYTHOS, im archäologischen Sprachgebrauch einhenkeliges Gefäß mit meist zylindrischem Körper auf abgesetztem Fuß, dazu enger Hals und trichterförmige Mündung; Behältnis für Salböl.

LIGATUR, von latein. *ligare* = verbinden; i. d. R. zwei zusammengeschriebene Buchstaben.

LINEARSCHRIFTEN, von latein. *linea* = Linie, Strich. Schrift aus abstrakten linienförmigen Zeichen. Die im 18. Jahrhundert v. Chr. auf Kreta einsetzende sogenannte Linear A-Schrift ist noch nicht entschlüsselt, die ab dem 15. (–12 Jh. v. Chr.) folgende Linear B-Schrift verweist bereits auf einen griechischen Dialekt.

MAJUSKEL, von latein. *maius* = größer; Großbuchstaben, im Gegensatz zu MINUSKELN, den Kleinbuchstaben.

MANUSKRIPT, von latein. *manus* = Hand und *scribere* = schreiben; Handschrift.

MARGINALIE, von latein. *margo* = Rand; Randbemerkung.

MEDAILLON, Schaumünze; nicht für den Umlauf vorgesehene Prägung in Münzform.

METHODE, von griech. *meta* = zwischen, inmitten und *hodos* = Weg; die systematische Herangehensweise.

MODUL, von latein. *modulus* = Maß, Maßstab; hier: Studiengangelement.

MONETARISIERUNG, von latein. *moneta* = Münze; die breite Einführung von Münzen als Zahlungsmittel in bestimmten Regionen.

MONOGRAPHIE, von griech. *monos* = allein und *graphein* = schreiben; Einzelschrift, Buch zu einem Thema.

NARRATIV, von latein. *narrare* = erzählen.

NUMISMATIK, von griech. *nomisma* = Brauch, Sitte, gesetzmäßiges Maß, Münze; latein. *nummus* = Geld, Münze; Münzkunde.

OKZIDENT, von latein. *occidens* = Sonnenuntergang, Westen; Abendland.

ONOMASTIK, von griech. *onoma* = Name; Namenskunde.

OPAC, Abkürzung für: Online Public Access Catalogue.

OPTIMATEN, von latein. *optimus* = der Beste; Anhänger der ‚Senatspartei' in den römischen Bürgerkriegen der späten Republik (ca. 133–30 v. Chr.).

ORIENT, von latein. *oriens* = Sonnenaufgang, Osten; Morgenland.

OSTRAKON, pl. Ostraka: griech. = Tonscherbe; hier: beschriftete Scherbe.

PALIMPSEST, von griech. *palin* = wieder, neuerdings und *psaein* = reiben; wiederbeschriebener Papyrus.

PARADIGMA, von griech. *paradeigma* = Muster, Beispiel; hier: Denkströmung, v. a. Forschungsrichtung.

PARAPHRASE, von griech. *para* = neben, *phrazein* = sagen; Inhaltsangabe.

PERIPLUS, von griech. *peri* = um, herum und *plein* = segeln, schiffen; Küstenbeschreibung.

POPULAREN, von latein. *populus* = Volk; ‚Volksfreunde'; spezifische Form der Politikgestaltung in den Bürgerkriegen der späteren römischen Republik (ca. 133–30 v. Chr.).

PROSOPOGRAPHIE, von griech. *prosopon* = Gesicht, Maske, Person und *graphein* = schreiben; Personenkunde.

PROSPEKTION, von latein. *prospicere* = vorausschauen; hier: verschiedene archäologische Methoden, um ein potenzielles Grabungsareal vorab zu erkunden.

PUBLIZISTIK, von latein. *publicus* = öffentlich; Lehre von den Medien und der öffentlichkeitswirksamen Vermittlung.

QUMRAN-ROLLEN, nach dem Fundort am Toten Meer benannte Schriftrollen, unter denen sich insbesondere die Texte einer jüdischen Gruppe aus frühchristlicher Zeit befinden.

RECENSIO, vgl. Rezension.

RENAISSANCE, franz. = Wiedergeburt; frühneuzeitliche ‚Wiedergeburt' der antiken Kultur (14./15. Jh.).

REPETITORIUM, von latein. *repetere* = wieder in Angriff nehmen; Überblickskurs.

REZENSION, von latein. *recensere* = aufzählen, erzählen; hier: entweder Herstellung eines antiken Textes (*Recensio*) oder wissenschaftliche Buchbesprechung (Rezension).

REZEPTION, von latein. *recipere* = wiederaufnehmen; hier: Art und Weise, wie die Antike, insbesondere antike Autoren, in späterer Zeit verstanden und verarbeitet wurden.

RHETORIK, von griech. *rhetor* = Redner; Redekunst.

SEEVÖLKER, ägyptischen Inschriften entnommene Bezeichnung für die über See kommenden Invasoren in den östlichen Mittelmeerraum vom Ende des 14. bis ins 12. Jh. v. Chr.

SEMINAR, von latein. *seminarium* = Pflanzschule; zentrale universitäre Lehrveranstaltung.

SIGNATUR, von latein. *signare* = bezeichnen, kenntlich machen; Bücherkennung in Bibliotheken.

STEMMA, griech. für Binde; bei den Römern Kranz um die Ahnenbilder, daher übertragen: Stammbaum.

STOICHEDON, von griech. *stoichein* = in einer Reihe stehen; hier: Inschrift mit gleichen Abständen aller Buchstaben (klassische griechische Zeit).

STRATIGRAPHIE, von latein. *stratum* = das Hingebreitete, die Grundlinie und griech. *graphein* = schreiben, beschreiben; Schichtenkunde.

SURVEY, Oberflächenbegehung eines – häufig zur Ausgrabung vorgesehenen – Territoriums und Kartierung der an der Oberfläche erkennbaren Spuren menschlicher Tätigkeit.

TESTIMONIUM, von latein. *testari* = bezeugen; hier: Zitate antiker Texte in einer anderen antiken Schrift.

TEXTKRITIK, von griech. *krinein* = scheiden, entscheiden; hier: Methode zur Erarbeitung einer wissenschaftlichen Edition.

THESAURUS, von griech. *thesauros* = Schatz, Vorrat; Bezeichnung für umfangreiche Materialzusammenstellungen, insbesondere für Wörterbücher.

TOPOS, griech.: Ort, Platz; daher Gemeinplatz.

TRADITION, von latein. *traditio* = Schenkung; hier Handschriftenüberlieferung.

TRANSKRIPTION, von latein. *transcribere* = umschreiben; Umschrift, z. B. in Groß- und Kleinschreibung mit getrennten Wörtern.

TUTORIUM, von latein. *tueri* = schützen, sicherstellen; hier: Begleitkurs zu einer Lehrveranstaltung.

UNIVERSALGESCHICHTE, von latein. *universum* = Weltall; Geschichtsschreibung mit umfassendem Anspruch, besonders verbreitet ab der hellenistischen Zeit.

Literaturnachweise

Die hier zusammengestellten Nachweise beziehen sich auf Zitate, die im Interesse der besseren Lesbarkeit im jeweiligen Kontext nicht belegt sind.

1. Alte Geschichte in Vergangenheit und Gegenwart

S. 19: Das Zitat zur Bestimmung von Epochenübergängen als „breite Streifen allmählicher Veränderungen" findet sich bei H. Aubin, Vom Absterben antiken Lebens im Frühmittelalter, Antike und Abendland 3, 1948, 88–119 auf 89; vgl. auch ders., Die Frage nach der Scheide von Altertum und Mittelalter, HZ 172, 1951, 245 – 263.

S. 22: Zu der Auffassung, die Sicherung und Erschließung des Quellenmaterials sei die wichtigste Aufgabe der Alten Geschichte, vgl. G. Alföldy, Die Alte Geschichte und die Erforschung des Historischen, in: ders., Die römische Gesellschaft. Ausgewählte Beiträge, Stuttgart 1986, 12–39, insbes. 18 ff.; das Walser-Zitat findet sich bei M. Walser, Ein springender Brunnen, Frankfurt/Main 1998, 9.

S. 22 f.: Das Zitat von Hans-Werner Goetz findet sich in H. W. Goetz, Proseminar Geschichte: Mittelalter, Stuttgart 1993, 19; Benedetto Croces Formel, alle Geschichte sei Zeitgeschichte, wird zitiert bei J. Le Goff, Geschichte und Gedächtnis, Frankfurt/New York 1992, 144 mit Verweis auf B. Croce, Die Geschichte als Gedanke und Tat, Hamburg 1944.

S. 24: Zur Antike als dem „nächsten Fremden" vgl. U. Hölscher, Die Chance des Unbehagens. Drei Essais zur Situation der klassischen Studien, Göttingen 1965, 81; ders., Das nächste Fremde. Von Texten der griechischen Frühzeit und ihrem Reflex in der Moderne, hg. v. J. Latacz u. M. Kraus, München 1994.

S. 24 f.: Zur „relativen Naturnähe" der Antike vgl. Ch. Meier, Was soll uns heute noch die Alte Geschichte? In: ders., Entstehung des Begriffs „Demokratie". Vier Prolegomena zu einer historischen Theorie, Frankfurt/Main 1970, 151–181, 174; zur Antike als „methodischem Exerzierfeld" ebd. 158.

S. 25: Zum höheren Reflexionsgrad, durch den sich das althistorische Arbeiten auszeichne, vgl. D. Timpe, Alte Geschichte und die Fragestellung der Soziologie, HZ 213, 1971, 1–12, 11.

S. 30: Zum Winckelmann-Zitat vgl. J. J. Winckelmann, Gedanken über die Nachahmung der griechischen Werke in der Malerey und Bildhauerkunst, 2. vermehrte Aufl., Dresden/Leipzig 1756, 2.

S. 32: Das Zitat von Wolf findet sich in F.A. Wolf, Darstellung der Alterthums-Wissenschaft nach Begriff, Umfang, Zweck und Werth, in: ders./Ph. Buttmann (Hg.), Museum der Alterthumswissenschaft 1, 1807, Neudruck Berlin/Weinheim 1986, 5.

S. 33: Rankes berühmtes Zitat, jede Epoche sei „unmittelbar zu Gott", findet sich in L. v. Ranke, Über die Epochen der neueren Geschichte, historisch-kritische Ausgabe, hg. v. Th. Schieder und H. Berding (= Aus Werk und Nachlass II), München 1971, 59f.

S. 38: Zur übermäßigen Spezialisierung innerhalb der Alten Geschichte vgl. Ch. Meier, Die Welt der Geschichte und die Provinz des Historikers, in: ders., Die Welt der Geschichte und die Provinz des Historikers. Drei Überlegungen, Berlin 1989, 11–33; die Warnung vor einem „zu viel" an Forschung stammt von A. Winterling, Über den Sinn der Beschäftigung mit der antiken Geschichte, in: K.-J. Hölkeskamp u. a. (Hgg.), Sinn (in) der Antike. Orientierungssysteme, Leitbilder und Wertkonzepte im Altertum, Mainz 2003, 403–419.

2. Die Quellen der Alten Geschichte und ihre Hilfs- und Nachbardisziplinen

S. 43: Das Zitat zur Definition, was Quellen sind, findet sich bei P. Kirn/J. Leuschner, Einführung in die Geschichtswissenschaft, 6. Aufl., Berlin/New York 1972, 29.

S. 44 f.: Zur Unterscheidung zwischen Tradition und Überresten vgl. J. G. Droysen, Historik, hg. von P. Leyh, Bd. 1, Stuttgart 1977, 67 ff., zusammenfassend 400 f. und 426–428; außerdem E. Bernheim, Lehrbuch der historischen Methode und der Geschichtsphilosophie, 5. u. 6. Aufl., Leipzig 1908, 255 ff.; ders., Einleitung in die Geschichtswissenschaft, ND Leipzig 1912, 79 ff.; zur Unterscheidung zwischen „primärem Material" und „geformter Überlieferung" vgl. H. Bengtson, Einführung in die Alte Geschichte, 8. Aufl., München 1979, 62 ff.

S. 48: Das Zitat zur Frage, wie viel an römischer Literatur im Verlauf der Überlieferung verlorenging, findet sich bei M. Fuhrmann, Geschichte der römischen Literatur, Stuttgart 1999, 14 f.

S. 56: Zur Methode Herodots vgl. W. Nippel, Ethnographie und Anthropologie bei Herodot, in: ders., Griechen, Barbaren und „Wilde": Alte Geschichte und Sozialanthropologie, Frankfurt 1990, 11–29; außerdem H. Strasburger, Herodot und das perikleische Athen, Historia 4, 1955, 1–25; ders., Herodots Zeitrechnung, Historia 5, 1956, 129–161.

S. 59: Das Zitat zur Quellenforschung bei Livius findet sich bei J. v. Ungern-Sternberg, Capua im zweiten punischen Krieg. Untersuchungen zur römischen Annalistik, Vestigia 23, München 1975, 2.

S. 83: Das Zitat zur *lex Irnitana* findet sich bei H. Galsterer, DNP 7, 1999, 120 f., s. v.

S. 88: Das Zitat zur Inschrift auf dem Konstantinsbogen findet sich bei H. Brandt, Geschichte der römischen Kaiserzeit. Von Diokletian und Konstantin bis zum Ende der konstantinischen Dynastie, Berlin 1998, 134.

S. 128: Das Zitat zur visuellen Kommunikation stammt aus A. H. Borbein/T. Hölscher/P. Zanker, Einleitung, in: dies. (Hgg.), Klassische Archäologie. Eine Einführung, Darmstadt 2000, 7–21, 7.

3. Arbeitstechniken und Darstellungsformen

S. 136: Das berühmte Ranke'sche Diktum stammt aus dem Vorwort zur „Geschichte der romanischen und germanischen Völker", vgl. L. v. Ranke, Geschichte der romanischen und germanischen Völker (2. Aufl.), Sämtliche Werke Bd. 33, Leipzig 1874, VII.

S. 136 f.: Zur Unterscheidung zwischen Fakten der Vergangenheit und historischen Fakten vgl. E. H. Carr, Was ist Geschichte? 4. Aufl., Stuttgart u. a. 1974, 10–12, das wörtliche Zitat ebd. 12.

S. 138: Jacob Burckhardt zum Charakter der Geschichte als Konstrukt der Gegenwart zitiert bei E. H. Carr, Was ist Geschichte? 4. Aufl., Stuttgart u. a. 1974, 54 mit Anm. 63.

S. 139: Zur Definition der historischen Untersuchung vgl. M. I. Finley, Quellen und Modelle in der Alten Geschichte, Frankfurt a. M. 1987, 13.

Personenregister

Geographisches und ethnisches Register

Sachregister

Bildnachweis

Abb. 1: Grafik Blum / Wolters

Abb. 2: akg-images

Abb. 3: akg-images / Erich Lessing

Abb. 4: Aus: F. Steffens, Lateinische Paläographie, Trier 1909, Tafel 13; Ex. der ULB Darmstadt

Abb. 5: Nach: H. Hunger/O. Stegmuller u. a., Geschichte der Textüberlieferung der antiken und mittelalterlichen Literatur, Bd. 1, Zürich 1961, S. 386

Abb. 6: Cicero, Marcus Tullius: Scripta quae manserunt omnia, Fasc. 17., Orationes in L. Catilinam quattuor / hrsg. von T. Maslowski, München / Leipzig: K. G. Saur 2003, S. 31

Abb. 7: Cicero, Marcus Tullius: Scripta quae manserunt omnia, Fasc. 17., Orationes in L. Catilinam quattuor / hrsg. von T. Maslowski, München/ Leipzig: K. G. Saur 2003, S. 1

Abb. 8: akg-images / Nimatallah

Abb. 9: akg-images / Rabatti Domingie

Abb. 10: Aus: PUTZGER. Atlas und Chronik zur Weltgeschichte, S. 45. © Cornelsen Verlag, Berlin 2002

Abb. 11: Nach: M.G. Schmidt, Einführung in die lateinische Epigraphik, 3. Aufl., Darmstadt 2015, S. 24

Abb. 12: Dr. Helmut Schareika, Gau-Algesheim

Abb. 13: Dr. Helmut Schareika, Gau-Algesheim

Abb. 14: Rheinisches Landesmuseum Bonn

Abb. 15: ILS 2244

Abb. 16: akg-images/ Bildarchiv Monheim

Abb. 17: Grafik SchreiberVIS, Bickenbach

Abb. 18: University of California, Berkely, The Bancroft Library

Abb. 19: R. Wolters

Abb. 20: Grafik Blum / Wolters

Abb. 21: R. Wolters

Abb. 22: Universität Tübingen, SNG Tü 1631

Abb. 23: Institut für Numismatik und Geldgeschichte, Universität Wien (Galvano)

Abb. 24: Institut für Numismatik und Geldgeschichte, Universität Wien (NZK)

Abb. 25: Universität Tübingen, SNG Tü 583

Abb. 26: Universität Tübingen, SNG Tü 584

Abb. 27: Universität Tübingen, SNG Tü 586

Abb. 28: Universität Tübingen, SNG Tü 556

Abb. 29: Aus: R. Göbl, Antike Numismatik, München 1978, Abb. 3139 (RIC 620)

Abb. 30: Universität Tübingen (RIC I^2 266)

Abb. 31: Nach: D. R. Walker, The Metrology of Roman Silver Coinage, Part III, Oxford 1978, 141 (Feinere Analysen liefert ein noch laufendes Projekt von Kevin Bucher und Matthew Ponting. Vgl. vorerst diess., The Metallurgy of the Roman Silver Coinage. From the Reform of Nero to the Reform of Trajan, Cambridge 2014).

Abb. 32: Nach: H. Krefeld, Hellenika, 4. Aufl., Frankfurt am Main 1968

Abb. 33: akg-images / Nimatallah

Abb. 34: akg-images / Gerard Degeorge

Abb. 35: akg-images / Nimatallah

Abb. 36: Startseite L' Année philologique

Abb. 37: R. Wolters

Abb. 38: H. Blum

Abb. 39: H. Blum

Abb. 40: H. Blum

Abb. 41: H. Blum

Abb. 42: Grafik SchreiberVIS, Bickenbach

Abb. 43: Aus: Pomponius Mela, Geographie des Erdkreises, hrsg. von H. Philipp, Leipzig 1911

Abb. 44: Staatsbibliothek zu Berlin. Original in der Österreichischen Nationalbibliothek, Wien

Abb. 45: Römisches Museum Augsburg

Abb. 46: akg-images / Elekta

Abb. 47: Slg. des Archäologischen Instituts der Universität Tübingen